OS PRE SIDEN TES

OS PRE SIDEN TES

A história dos que mandaram e desmandaram no Brasil, de Deodoro a Bolsonaro

Rodrigo Vizeu

2023

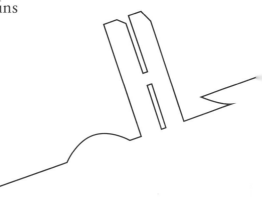

Copyright © 2019 por Rodrigo Vizeu

Todos os direitos desta publicação são reservados à Casa dos Livros Editora LTDA.

Nenhuma parte desta obra pode ser apropriada e estocada em sistema de banco de dados ou processo similar, em qualquer forma ou meio, seja eletrônico, de fotocópia, gravação etc., sem a permissão do detentor do copyright.

Diretora editorial: Raquel Cozer
Coordenadora editorial: Malu Poleti
Editora: Diana Szylit
Copidesque: Adriana Fidalgo
Revisão técnica: Tiago Santos
Revisão: Renata Lopes Del Nero, Carol Vieira, Daniela Georgeto e Camila Berto Tescarollo
Capa: Douglas Lucas
Projeto gráfico: Typo Studio
Diagramação: Anderson Junqueira e Mayara Menezes
Pesquisa iconográfica: Ricardo Souza e Rodrigo Vizeu

Os pontos de vista desta obra são de responsabilidade de seu autor, não refletindo necessariamente a posição da HarperCollins Brasil, da HarperCollins Publishers ou de sua equipe editorial.

Dados Internacionais de Catalogação na Publicação (CIP)
Angélica Ilacqua CRB-8/7057

V848p	Vizeu, Rodrigo
	    Os presidentes : a história dos que mandaram e desmandaram no Brasil, de Deodoro a Bolsonaro / Rodrigo Vizeu. — Rio de Janeiro : HarperCollins Brasil, 2019.
	    336 p. : il.
	
	    Bibliografia
	    ISBN 978-85-9508-627-2
	
	    1. Brasil - Política e governo - História 2. Presidentes - Brasil - História I. Título II.

	CDD 981
19-1867	CDU 94(81)

HarperCollins Brasil é uma marca licenciada à
CASA DOS LIVROS EDITORA LTDA.
Todos os direitos reservados à Casa dos Livros Editora LTDA.
Rua da Quitanda, 86, sala 601A — Centro
Rio de Janeiro, RJ — CEP 20091-005
Tel.: (21) 3175-1030
www.harpercollins.com.br

*Para Mariana,
primeira a apostar nesta
história de presidentes.*

Sumário

Com quantos presidentes se faz uma República no Brasil, por Lilia Moritz Schwarcz 9

Introdução **14**

1 Deodoro da Fonseca (1889-1891), o homem errado 17

2 Floriano Peixoto (1891-1894), brutal e popular 24

3 Prudente de Morais (1894-1898), guerra no sertão e atentado na capital 29

4 Campos Sales (1898-1902), todo o poder às oligarquias 35

5 Rodrigues Alves (1902-1906), presidente do Rio de Janeiro 41

6 Afonso Pena (1906-1909), o primeiro a morrer no cargo 47

7 Nilo Peçanha (1909-1910), uma novidade na Presidência 52

8 Hermes da Fonseca (1910-1914), a volta dos militares 56

9 Venceslau Brás (1914-1918), guerra, greve e gripe 65

10 Delfim Moreira (1918-1919), doente e breve 72

11 Epitácio Pessoa (1919-1922), rachaduras no regime 76

12 Artur Bernardes (1922-1926), o país sob sítio 83

13 Washington Luís (1926-1930), a soberba precede a ruína 90

14 Getúlio Vargas (1930-1945), revolucionário e ditador 98

15 Eurico Gaspar Dutra (1946-1951), o interlúdio 115

16	Getúlio Vargas (1951-1954), ele voltou	123
17	Café Filho (1954-1955), transição tumultuada	133
18	Juscelino Kubitschek (1955-1960), Brasília e dívidas	140
19	Jânio Quadros (1961), a renúncia	149
20	João Goulart (1961-1964), o golpe	156
21	Castelo Branco (1964-1967), as fundações da ditadura	166
22	Costa e Silva (1967-1969), o presidente do AI-5	177
23	Emílio Garrastazu Médici (1969-1974), crimes e milagres	187
24	Ernesto Geisel (1974-1979), tensão e distensão	197
25	João Figueiredo (1979-1985), o regime escreve seu fim	207
26	José Sarney (1985-1990), por ele ninguém esperava	219
27	Fernando Collor (1990-1992), voto direto e *impeachment*	231
28	Itamar Franco (1992-1994), hiperinflação e Plano Real	243
29	Fernando Henrique Cardoso (1995-2002), vaidade e reeleição	251
30	Luiz Inácio Lula da Silva (2003-2010), amor e ódio	264
31	Dilma Rousseff (2011-2016), queda econômica e política	282
32	Michel Temer (2016-2018), reformas e escândalos	297
33	Jair Bolsonaro (2019-), pandemia e pandemônio	312

Referências **331**

> **"** Nossos governos vivem a envolver num tecido de palavras os seus abusos, porque as maiores enormidades oficiais têm certeza de iludir, se forem lustrosamente fraseadas. O arbítrio palavreado, eis o regime brasileiro."

— *Rui Barbosa*

> **"** O poder é muito bom, não adianta querer enganar."

— *Carlos Lacerda*

> **"** Não são os cargos que dão liderança. Os cargos têm um mandato certo. As lideranças, quando são lideranças, permanecem no tempo."

— *Ulysses Guimarães*

Com quantos presidentes se faz uma República no Brasil

Lilia Moritz Schwarcz

Houve um tempo em que, para "passar de ano", as crianças precisavam declinar os nomes de todos os presidentes do Brasil. A tarefa não era nada fácil, mas tampouco tão difícil; ainda mais quando comparada à dos "colegas" americanos e europeus. O fato é que o Brasil teve muitos presidentes da República. Só não teve mais, pois, em 1822, viramos um país independente, mas com o formato de uma monarquia cercada de repúblicas por todos os lados.

Talvez por isso, nossa Primeira República, que se iniciou em 1889 com um golpe civil-militar, nasceu divulgando, nas imagens oficiais e na propaganda política, a ideia de juventude. Adotamos a imagem de uma mulher branca de peitos (quase) descobertos, cabelos esvoaçantes e um barrete frígio na cabeça — numa alusão aos símbolos da República Francesa — e tratamos de jogar os problemas e a barbárie da escravidão no colo da extinta monarquia. Quem sabe tal batalha imagética nos ajude a entender o caráter oscilante do começo de nossa vida republicana, e de seus presidentes militares, e porque hoje somos uma República, mas cujo hino é aquele da monarquia.

Não que nos falte um Hino da República, a despeito de ele não ser nosso Hino Nacional. E Rodrigo Vizeu o cita, neste belo e oportuno livro, a partir da estrofe mais emocionante: "Liberdade, liberdade, abre as asas sobre nós". Gostaria, porém, de lembrar de outra parte do mesmo hino de 1890: "Nós nem cremos que escravos outrora tenham havido em tão nobre país". O sistema escravocrata havia terminado apenas há um ano e meio, sendo o Brasil a última nação ocidental a abolir tal regime de trabalhos forçados e que contou com mão de obra africana compulsória, e já ninguém lembrava dele? Isso mostra como a república brasileira nasce escondendo, não incluindo vasta parte da população e disfarçando o tamanho da desigualdade herdada da escravidão, mas que continua a grassar no país.

Portanto, a palavra de ordem, "liberdade", tão cara aos mores do republicanismo, soava forte no hino, mas não no dia a dia do regime.

A monarquia também estendeu sua assombração por sobre os primeiros presidentes civis da República, os quais, a despeito de professarem seu rompimento com o antigo regime, como bem revela Vizeu, eram basicamente formados (como não podia deixar de ser) na escola do Império, que se notabilizou, entre outras coisas, na busca de perpetuar as bases do poder político e econômico vigentes e muito espelhados, naquele contexto, nas riquezas que provinham do café, o nosso ouro negro.

Vizeu segue em frente, com os presidentes brasileiros fazendo de tudo um pouco: foram duros e liberais, cumpriram mandato ou o interromperam, tiveram vida fácil ou muito difícil, foram populares ou muito criticados, autoritários ou democráticos, conheceram contestações pacíficas ou violentas, adotaram a República ou fizeram dela um badulaque.

Os presidentes traz, portanto, um compilado dessas tantas histórias, muitas vezes divertidas, por vezes tristes, sempre saborosas. Resultado de uma iniciativa de Vizeu, que tem imenso pendor e jeito de historiador, o livro representa o resultado de um *podcast* idealizado pelo autor para a *Folha de S.Paulo*. Apresentado de forma simpática pelo próprio jornalista — que também cuidou da pesquisa, da produção e do roteiro — o programa inspirou-se na série *Presidential* do jornal *The Washington Post*, que contou a história dos presidentes norte-americanos durante a traumática eleição de 2016.

Vizeu chamou seu *podcast* de "Presidente da Semana" e, de abril a outubro de 2018, tratou de um personagem diferente, terminando a tarefa no calor da hora, com o último episódio versando sobre o processo eleitoral em que Jair Bolsonaro sagrou-se vencedor.

O *podcast* foi um sucesso, o que mostrou como os brasileiros estão interessados em entender seu passado e, a partir dele, encontrar pistas para compreender o assombro do presente. Tudo indica que este livro seguirá a mesma trilha. No total desfilam 32 presidentes, muito bem narrados e analisados pelo jornalista, que dialogou com cientistas políticos, historiadores, antropólogos, advogados, jornalistas e economistas. Alguns dos retratados ganharam mais espaço na obra, com dois comentaristas de visões opostas, por conta de suas gestões ainda hoje polêmicas e sujeitas a todo tipo de discórdia. Outros passaram ligeiro, assim como continua efêmera a sua memória. O resultado é um livro que se lê como pãozinho quente: já conhecemos os nomes e o final da história, mas aguardamos avidamente pelas "cenas dos próximos capítulos".

Esse é também um livro plural. Se Vizeu é o maestro dessa orquestra, ele não permite que a virtuose de um músico se sobreponha aos demais instrumentistas. Os convidados do jornalista, boa parte deles advindos da academia, tomaram parte do *podcast*, e, já naquela circunstância, deixaram gravadas não só suas vozes, como ênfases e interpretações distintas. É certo que trataram de presidentes e contextos variados, mas também incluíram marcas próprias de suas disciplinas e preocupações específicas, falando não só de política, como de cultura e de narrativas históricas.

Ao transpor o material agora para livro, o jornalista não abriu mão da variedade de opiniões, só deu a elas um formato diverso: incluiu novas informações e primou por caprichar na concisão necessária a uma obra como essa, que abarca um período temporal tão longo. Vizeu introduz e conduz o destino de cada presidente que o Brasil conheceu, e seus colaboradores entram nessa fiada a partir de comentários mais pontuais, mas que, de forma semelhante, tornam a condução do livro menos previsível.

Outro desafio que a obra apresenta é entender "com quantos presidentes se constrói", ou não se constrói, se interrompe, "uma República". República é um termo antigo e que carece de definição única. Também não possui um único desenvolvimento e, por isso, até hoje, se mantém como conceito ambivalente. De toda maneira, a forma que guardamos é herdeira do modelo construído na antiguidade greco-romana, que pressupõe que só existe República quando se conta com uma comunidade política formada por pessoas livres: uma Politeia. A República também pode ser definida como uma comunidade política na qual os indivíduos são capazes de se manter unidos para lidar com interesses, bens e direitos comuns.

O par oposto a esse regime é a tirania, isto é, o governo de poucos e que restringe a liberdade dos cidadãos, os critérios de justiça e as normas de direito. Toda República prima, igualmente, por buscar construir instituições estáveis e que permitem o jogo saudável entre os cidadãos e o Estado. "República" significa, pois, "coisa pública" — bem comum —, em oposição ao bem particular: a *res privata*.

O problema é que, pensada nesses termos, a República brasileira e seus vários presidentes nunca foram exatamente republicanos. Isto é, não pode haver República sem valores republicanos, e, por aqui, como se verá neste livro, muitas vezes, nossos presidentes deixaram de atentar para o interesse pelo coletivo, para a virtude cívica e para os princípios próprios ao exercício da vida pública. Nesse conjunto de retratos de nossos chefes do Planalto, chama atenção como são poucos aqueles descritos a partir do exercício dos direitos sociais e democráticos; qual seja, incentivando a participação na riqueza coletiva: o pleno exercício ao direito à saúde, à educação, ao emprego, à moradia, ao transporte e ao lazer, sem discriminação de cor, raça, religião, classe, sexo, gênero ou região.

Diante disso, muitas vezes, nossos presidentes surgem um pouco apequenados, pois presos a seus próprios interesses, com o Estado se comportando de maneira patrimonial e colocando as questões privadas na frente das públicas.

Vê-se melhor a paisagem a partir da linha do horizonte, e *Os presidentes* vem preencher uma lacuna importante, ao não se limitar às personalidades do passado e chegar até o nosso presente. Nesse *tour* vemos passar chefes de estado militares e civis; presidentes populistas e aqueles de verve autoritária; presidentes liberais, mas também os intervencionistas; desenvolvimentistas e neoliberais; governos de exceção e aqueles eleitos e desenvolvidos de maneira democrática.

O conjunto também tem a capacidade de destacar especificidades. Nesses mais de cem anos, tivemos apenas uma mulher na chefia do Estado, que caiu por um processo de *impeachment*. Só um presidente civil foi eleito sem curso superior completo, o mesmo que ostentava seu passado operário. Michel Temer foi nosso presidente mais velho, com seus 75 anos, e, Fernando Collor de Mello, o mais novo, foi eleito para o cargo aos 40. Vale lembrar que o primeiro apenas concluiu o que restava do mandato a que foi eleito como vice, e o segundo saiu antes que caísse por *impeachment*.

Mas este livro se tornou ainda mais urgente e necessário em função do momento em que vivemos, tão marcado por polarizações políticas, intolerâncias, recessão e níveis elevados de desemprego. É possível ver que, na nossa história, toda vez que a crise se avoluma, ganha espaço o nosso déficit republicano, localizado bem no seio da comunidade política. Nessas horas, abrimos mão de uma agenda ética capaz de transformar o sistema político eleitoral e o comportamento partidário; de atacar a corrupção dentro e fora do governo; de combater a violência que segue roubando nossa liberdade de circular nas ruas; de atacar de maneira consistente à desigualdade social que ameaça nossa democracia e de eleger presidentes com genuína vocação democrática.

O problema é que, sendo assim frágil, nossa República continua vulnerável, e seus presidentes, muitas vezes, presos a modelos herdados e aprimorados na longa duração, que nos levaram a entender os chefes de Estado como "pais" que governam de forma voluntariosa — sem mostrar respeito a acordos públicos —; a acreditar que o papel democrático do líder do Executivo se limita a ganhar eleições nas urnas; a apostar no personalismo de suas decisões e no populismo de seus atos.

A história que Rodrigo Vizeu aqui nos conta, com tanta propriedade, mostra como, em nossa curta vida republicana, conhecemos momentos de democracia plena, com os presidentes atuando como tal, e outros em que tivemos à frente chefes do Planalto que tolheram os direitos mais básicos do cidadão: de vida e morte, de circulação, bem como a liberdade de expressão.

Como se pode imaginar, este livro não comporta uma conclusão derradeira e tampouco um "viveram felizes para sempre". Mas, no inacabamento reside seu maior trunfo: não se trata de fazer "concurso de melhor presidente", ou propor votação para condenar alguns e elevar outros. Melhor é poder enxergar esse país a partir dessa fresta do poder: os chefes de Estado que o Brasil conheceu, com suas virtudes, idiossincrasias, méritos, defeitos e ambiguidades. A importância de um livro, como *Os presidentes*, talvez esteja na possibilidade que ele tem de nos fazer, também, sonhar. Quanto mais o presidente honrar com o "contrato" amplo que estabeleceu com os cidadãos de seu país, mais próximo estará da boa utopia da República. Quanto mais ela ou ele afastarem-se da disposição de sua comunidade política, mais longe se encontrarão do republicanismo e da democracia, a qual, desde os gregos, sempre foi definida como um projeto inconcluso e que não permite ponto final. Aliás, ele (o ponto final), na verdade, nunca existiu. De tanto tentarmos inventá-lo, ele já virou reticências…

Introdução

Os presidentes da República Velha eram todos iguais. Quem foram mesmo os presidentes da República Velha? Depois teve Getúlio, o pai dos pobres. E que grande alegria foi o governo JK. Jango queria implantar o comunismo. Foi revolução, não golpe. No tempo da ditadura que era bom. Se Tancredo não tivesse morrido, teria dado tudo certo. Collor era um louco. Itamar era o do Fusca? Fernando Henrique deixou uma herança maldita. Lula só deu certo porque seguiu a receita de FHC. O Brasil só cresceu porque a economia mundial ia bem. Lula foi o pai dos pobres. Dilmãe. Fora, Dilma. *Impeachment*. Golpe. Fora, Temer. Fica, Temer. Bolsonaro vai acabar com a democracia. Bolsonaro vai salvar o Brasil.

Lugares-comuns costumam ser peremptórios, não dando margem a transigências. Quem vê a política e a história sob o prisma das certezas absolutas prefere enxergar o mundo em termos de heróis ou vilões, bons e maus, amigos e inimigos. Não desfruta das nuances que tornam os personagens e os momentos históricos mais instigantes.

Deodoro da Fonseca foi bem diferente de Rodrigues Alves, que quase nada tinha em comum com Artur Bernardes. Presidentes da Primeira República eram detentores tanto de mentalidades modernizadoras quanto de preconceitos arraigados. Getúlio ampliou os direitos sociais, assim como perseguiu opositores. Dava-se melhor com a ditadura do que com a democracia, o que não exclui o fato de que era um político engenhoso. Os anos JK tiveram otimismo e um acelerado endividamento do país. Jânio não era louco. Jango não era radical, mas era pressionado por eles. Castelo Branco arquitetou o golpe e ajustou as contas públicas.

O Brasil cresceu sob a ditadura, que tomou as más decisões que depois afundaram a economia e o próprio regime. A esquerda armada combateu o governo autoritário, mas sonhava com seu próprio autoritarismo. Geisel vivia atormentado pela morte acidental do filho e tinha conhecimento dos assassinatos cometidos pelo Estado. O governo Sarney foi um caos, mas ali se consolidou a democracia brasileira. Collor foi Collor, mas sua administração desafiou o estatismo reinante desde sempre.

Fernando Henrique e Lula são responsáveis por grandes acertos e grandes erros. O *impeachment* de Dilma foi tanto legal quanto oportunista. A eleição surpreendente de Jair Bolsonaro refletiu uma compreensível indignação popular com a classe política que dá as cartas desde a redemocratização — e que, a propósito, continuou a dá-las aliada ao pretenso *outsider*. Ademais, sua agenda reacionária e autoritária está no DNA de um número significativo de brasileiros.

Constatar as sutilezas da política não a torna menos interessante. Ao contrário, mostra que ela é feita de gente de carne e osso, capaz de feitos impressionantes, sejam eles gloriosos ou nefastos.

À complexidade e à ambiguidade dos personagens se somam enredos que parecem, por vezes, inacreditáveis. Nossa história política só é tediosa para quem boceja com guerras, tomadas violentas de poder, conchavos, traições e intrigas. Ou quem se enfada com golpes, suicídios, tentativas de assassinato, mortes inesperadas, prisões presidenciais e contestações violentas e pacíficas — e tantas vezes criativas e bem-humoradas — vindas da população.

Ulysses Guimarães dizia que a sociedade, submetida a tantos ciclos políticos, militares e econômicos, sempre acaba vencendo, mesmo ante a inércia ou o antagonismo do Estado. Esta história será sobre aqueles que, vindos da sociedade, chefiaram o Estado. E sobre de que lado ficaram e quais vitórias e derrotas obtiveram e impuseram os homens e a mulher que ocuparam a Presidência da República.

Este livro nasceu da pesquisa feita para o *podcast* Presidente da Semana, idealizado, produzido e apresentado por mim e publicado pela *Folha de S.Paulo*. No fim de 2017, esbocei o plano de contar em áudio a história dos presidentes do Brasil, inspirado pela série Presidential, produzida durante a eleição americana de 2016 pelo jornal *The Washington Post*.

A versão brasileira partiu da mesma premissa — episódios sobre cada mandatário — e foi publicada de abril a outubro de 2018, fechando a quente (jargão jornalístico sobre fatos apurados e escritos no calor dos acontecimentos) com um capítulo sobre o então presidente eleito. Fiquei a cargo de pesquisa, produção, roteiro e narração, enquanto Victor Parolin fez a direção de som e a edição sonora, além de sugerir ótimas soluções para a narrativa em áudio.

Felizmente, a história política do Brasil despertou muito mais interesse do que havíamos previsto, e o Presidente da Semana foi um sucesso de crítica e audiência, com milhões de acessos em diferentes plataformas de *podcast*. Venceu o Prêmio Folha 2018 na categoria Especial e, mais importante, aproximou muita gente de nossa história e de tantas excelentes obras publicadas sobre ela.

A série em áudio contou com participações de historiadores, cientistas políticos, economistas, advogados e jornalistas. Suas valiosas entrevistas ao *podcast* não poderiam deixar de ser utilizadas neste livro. Sou grato ao tempo e à disposição de José Murilo de Carvalho, Laurentino Gomes, Ana Luiza Backes, Lilia Moritz Schwarcz, Mary Del Priore, Isabel Lustosa, Carlos Daróz, Pedro Doria, Christian Edward Cyril Lynch, Heloisa Starling, Jorge Ferreira, Daniel Aarão Reis, Carlos Fico, Marcos Napolitano, Angela Moreira, Clóvis Rossi, Brasilio Sallum Jr., Monica de Bolle, Vinicius Torres Freire, André Singer, Demétrio Magnoli, Celso Rocha de Barros, Carlos Pereira, Boris Fausto e Ives Gandra Martins.

Além das importantes obras pesquisadas e elencadas nas páginas finais, agradeço algumas das fontes de materiais textuais e audiovisuais: o Projeto República, da Universidade Federal de Minas Gerais; o Centro de Pesquisa e Documentação de História Contemporânea do Brasil, da Fundação Getulio Vargas; o Memorial da Democracia, iniciativa da Fundação Perseu Abramo e do Instituto Lula; e os acervos dos jornais *Folha de S.Paulo*, *O Estado de S. Paulo*, *O Globo* e *Jornal do Brasil*. Sou grato ainda ao jornalista Elio Gaspari, autor de monumental obra em cinco volumes sobre a ditadura, que me recebeu para uma conversa sobre os presidentes militares.

Este livro é dividido em 33 capítulos, um sobre cada presidente. Estão mencionados na obra, mas não ganharam o mesmo destaque, aqueles que passaram como relâmpagos pela Presidência da República, como José Linhares (1945-1946), Carlos Luz (1955), Nereu Ramos (1955-1956) e Ranieri Mazzilli (1961 e 1964), e os seis membros das duas juntas militares que brevemente governaram o país (1930 e 1969). Tampouco nomeiam capítulos os eleitos que não tomaram posse, Júlio Prestes e Tancredo Neves.

1

Deodoro da Fonseca (1889-1891), o homem errado

Deodoro da Fonseca (primeira fila, quarto, da esquerda para a direita) com Gastão de Orléans, o Conde d'Eu (primeira fila, terceiro, da esquerda para a direita), marido da princesa Isabel, e outros integrantes do Exército brasileiro, 1885.

Sem sucumbir a complexos de vira-lata, façamos uma breve comparação entre o primeiro presidente do Brasil, Manuel Deodoro de Fonseca, e o dos Estados Unidos, George Washington. À primeira vista, há semelhanças.

Nascido em Alagoas, em 1827, na alvorada do Brasil independente e monárquico, Deodoro seguiu a tradição de sua família e ingressou no Exército. Comandou um batalhão durante a Guerra do Paraguai (1864-1870), destacando-se por atos de bravura e seguindo uma trajetória ascendente no meio militar imperial nos anos seguintes, o que lhe garantiu o respeito da tropa e a patente de marechal. Washington também iniciou sua carreira como oficial militar em defesa dos interesses do regime que estava no poder — no caso, a coroa britânica. Em dado momento, ambos se voltaram contra os governos aos quais haviam servido. Lideraram movimentos que, lá, levaram aos Estados Unidos independentes do Reino Unido e, cá, ao Brasil republicano.

Os pontos em comum se encerram aí. Washington deixou para a história uma imagem de bem-sucedido estadista e líder militar; o homem certo na hora certa de um jovem país. É o principal dos "pais fundadores" (*founding fathers*) dos Estados Unidos e enfeita notas de dólar. Deodoro até já figurou em cédulas de cruzeiro, mas são poucos os brasileiros que o veem como herói nacional, apesar das tantas vias públicas a que empresta o nome. Sua chegada ao poder foi errática, e seu governo breve e de poucos feitos terminou com uma fracassada tentativa de guinada autoritária. O primeiro presidente do Brasil foi o homem errado que não soube aproveitar sua hora.

No início de 1889, ninguém poderia imaginar que o marechal brasileiro terminaria o ano como um líder do movimento responsável por derrubar dom Pedro II e o próprio regime monárquico. Deodoro se considerava próximo do imperador, e os dois integravam a mesma geração — o marechal tinha 62 anos de idade, e o monarca completaria 64 no fim daquele ano. O militar estava longe de ser um republicano e falava da vontade de um dia acompanhar o caixão de dom Pedro.

Para entender como o praticamente monarquista Deodoro se tornou personagem central do nascimento da República, é preciso ter em mente o ressentimento que os militares vinham cultivando em relação ao governo central desde o início do Brasil imperial, quando quem mandava era um amálgama formado pela família real, nobres, políticos civis (chamados pejorativamente de "casacas") e proprietários rurais. Os militares só acumularam prestígio depois da vitória na Guerra do Paraguai.

Mas prestígio militar não era suficiente. Eles queriam espaço e voz também no debate público. Segundo o historiador José Murilo de Carvalho, os militares achavam que eram eles os capazes de dirigir o país, e não os bacharéis letrados, em geral formados em direito, que não pensariam no país e não seriam dotados do mesmo grau de patriotismo. A elite civil, que tinha uma cultura política de isenção das Forças Armadas em relação à política, evidentemente não aceitava essa teoria.

A mágoa dos fardados com os casacas só aumentava, e essa questão militar era um dos vários problemas que a monarquia enfrentava em seus anos finais. O incômodo foi captado pelo movimento republicano civil, liderado por políticos e intelectuais, como Quintino Bocaiúva e Aristides Lobo. Embora estridente nos jornais e nas ruas, o movimento era ruim de voto entre a pequena elite que tinha o direito de eleger seus representantes. Para conseguir mais força, o republicanismo atraiu para perto de si o Exército, sobretudo os jovens de patentes mais baixas — a Marinha era mais fiel a dom Pedro II, e a Aeronáutica, bem, ainda não existiam aviões.

Entretanto, os estudantes da Escola Militar não eram fortes o suficiente para derrubar a monarquia e, como lembra José Murilo de Carvalho, "nenhum dos outros propagandistas da república no Exército tinha tanta autoridade no oficialato superior como Deodoro". O marechal amigo do imperador resistia a comandar o levante planejado para meados de novembro de 1889, citando sua saúde precária.

"Proclamação da República", de Benedito Calixto, 1893.

Os republicanos partiram então para o vale-tudo, divulgando pelo Rio de Janeiro boatos sobre supostos planos de perseguição imperial contra Deodoro. Foi o que enfim fez o velho alagoano ceder e confrontar o governo, embora o desenrolar de acontecimentos tenha sido bem diferente do representado na pintura de Benedito Calixto, na qual um épico e bem organizado levante militar, tendo Deodoro ao centro, anuncia o alvorecer de uma nova era.

Naquela manhã de 15 de novembro de 1889, um adoentado Deodoro montou em seu cavalo, juntou-se a soldados no Quartel General do Exército no Campo de Santana, no Rio de Janeiro, e depôs o ministério do visconde de Ouro Preto, avisando que um novo gabinete seria organizado segundo uma lista de nomes que ele levaria a dom Pedro II. Era uma inédita e relevante intervenção do Exército no governo do país, mas sem uma explícita mudança de regime. Segundo relatos, no momento-chave de sua atuação no episódio, ele teria dado vivas ao imperador, e não à República. Nem sequer houve uma proclamação da República diante da população, conta José Murilo de Carvalho:

Só no final da tarde que saiu um manifesto. A República foi proclamada na Câmara Municipal do Rio — a única proclamação formal que houve — e ainda de forma estranha, com a adição de um "provisoriamente".

O republicano Aristides Lobo escreveu no *Diário Popular* que "o povo assistiu àquilo bestializado, atônito, surpreso, sem conhecer o que significava. Muitos acreditaram seriamente estar vendo uma parada". Também atônito ficou o Império, que sucumbiu rapidamente mesmo diante do levante atrapalhado com saudação ao imperador. Para evitar reações populares, que não aconteceram, a família imperial foi tirada do país de madrugada. Dom Pedro II não criou obstáculos a seus algozes republicanos, reclamando apenas do horário ingrato do envio ao exílio: "Não sou negro fugido. Não embarco nessa hora. Os senhores são uns doidos!". Para José Murilo de Carvalho, o idoso imperador poderia ter resistido ao levante, o que certamente faria seu pai, dom Pedro I, que tinha melhores relações com os militares e poderia tê-los mobilizado:

As forças que estavam no Quartel-General em 15 de novembro eram muito superiores às que, junto com Deodoro, cercaram o edifício. Os chile-

nos inclusive ofereceram a dom Pedro II um navio de treinamento para que ele ali se recolhesse até que se organizasse a resistência. Mas o imperador respondeu que isso era indigno. O monarquista André Rebouças sugeriu que eles organizassem uma reação nas províncias, o que ele também negou. Dom Pedro II estava muito doente, com diabetes, e já tinha dito antes que, se não o quisessem, podiam mandá-lo embora sem problemas. Ele ficou totalmente apático.

Assim, imposta aos trancos e solavancos, nasceu a República brasileira, tendo como primeiro líder um não republicano. Durante a maior parte de seus pouco mais de dois anos no poder, o marechal Deodoro não foi presidente, mas chefe de um governo provisório, período em que o país se desfez da Constituição Imperial de 1824 e deu início a uma nova constituinte, para que fossem estruturadas as regras do novo regime. Foi uma época marcada por caça às bruxas, censura à imprensa e eliminação de nomes, títulos e símbolos da era monárquica.

Em seu afã mudancista, os republicanos inventaram uma nova bandeira para o Brasil que basicamente copiava a americana, só que em verde, amarelo e azul. Deodoro reagiu, deixando transparecer seu apreço aos símbolos do regime que ele mesmo derrubara. "Senhores, mudamos o regime, não a Pátria! Nossa bandeira é reconhecidamente bela e não vamos mudá-la de maneira nenhuma!", protestou. A estrutura da bandeira se manteve, com o losango amarelo sobre o fundo verde, sendo o brasão imperial substituído pelo círculo azul com os dizeres "Ordem e Progresso", referência ao mote do positivismo, linha de pensamento que inspirava tanto republicanos quanto militares.

O chefe também vetou o estabelecimento de um novo hino nacional, para o qual houve até concurso e uma cerimônia em homenagem ao vencedor. Diante dos protestos da população, que detestou a nova música, Deodoro concordou com seu bom povo e fez o seguinte arranjo: o hino nacional não mudaria (a letra só surgiria anos mais tarde, em 1922), e a música vencedora do concurso ganharia o prêmio de consolação ao se tornar o obscuro "Hino da Proclamação da República":

Liberdade! Liberdade!
Abre as asas sobre nós!

Das lutas na tempestade
Dá que ouçamos tua voz!

Se parece familiar, é provavelmente pelo fato de uma adaptação dos versos ter sido usada no samba-enredo da Imperatriz Leopoldinense, no Carnaval de 1989, ano do centenário da Proclamação da República.

Liberdade! Liberdade!
Abre as asas sobre nós
E que a voz da igualdade
Seja sempre a nossa voz

Apenas em fevereiro de 1891 Deodoro seria eleito de fato presidente da República. Em um pleito indireto realizado pelo Congresso, situação excepcional estabelecida pela Constituição para a primeira eleição presidencial, o chefe do governo provisório venceu por 129 votos a 97 o político civil e republicano histórico Prudente de Morais, que se tornaria mais tarde o terceiro presidente brasileiro. A margem não tão folgada da eleição mostrava a desconfiança da elite civil, mesmo a republicana, em relação ao velho marechal amigo do imperador.

Enfim presidente de direito, Deodoro governou em clima de crise política e econômica. Era centralizador e comprava briga com os políticos, que queriam controlar seus poderes e mantê-lo submetido à nova Constituição, que foi promulgada pelo Congresso, e não outorgada, como fora a anterior, pelo imperador Pedro I. Em um autogolpe no início de novembro de 1891, Deodoro dissolveu o Congresso Nacional, suspendeu direitos, perseguiu a imprensa e decretou estado de sítio (medida excepcional em que o governo suspende, com aval do Legislativo, direitos e garantias dos cidadãos durante situações emergenciais). A ideia era governar com poderes ditatoriais, mas o golpe não vingou, o marechal não teve apoio da Marinha e se viu forçado a renunciar no fim do mesmo mês.

Sem completar seu mandato, nosso primeiro presidente se afastou da vida pública cheio de mágoas e morreu pouco depois, em agosto de 1892. Para José Murilo de Carvalho, Deodoro, que carecia de habilidade política, nunca sentiu que pertencia à Presidência e agia como se ainda funcionasse o parlamentarismo imperial — conhecido como "parlamentarismo às avessas", em que os imperadores sempre tinham a palavra final. Além disso, criou muitas inimizades; chegou a desafiar seu ministro Benjamin Constant para um duelo durante uma reunião ministerial. Conta o historiador:

Ele era uma pessoa franca, generosa, bom soldado, mas totalmente despreparado para fazer política e exercer a função de presidente. É uma figura pela qual eu até sinto certa simpatia — uma pessoa ingênua —, mas totalmente limitada.

A forma como foi parida a República colocou as Forças Armadas no centro da política nacional, cenário que já se via em nossos vizinhos da América Latina, mas que aqui tinha sido adiado pelas características do sistema imperial. O sentimento de paternidade do Exército em relação ao regime que ele mesmo fundou floresceria em muitos outros momentos de nossa história. O primeiro deles seria no governo imediatamente posterior ao de Deodoro.

2

Floriano Peixoto (1891-1894), brutal e popular

Retrato de Floriano Peixoto, por Oscar Pereira da Silva, 1923.

Floriano não montou no cavalo, não liderou levante militar nem virou pintura famosa, mas também teve papel decisivo na derrubada de dom Pedro II. Ele, que era outro marechal alagoano veterano da Guerra do Paraguai, detinha, em novembro de 1889, um cargo de destaque na hierarquia do Exército imperial, sendo também responsável pelas tropas da corte. Observou quieto os ventos da mudança soprarem as Forças Armadas em direção ao republicanismo.

Quando o visconde de Ouro Preto, então primeiro-ministro (o título exato à época era "presidente do conselho de ministros"), ordenou-lhe que atacasse os rebeldes do 15 de novembro, negou. Achando que Floriano se acovardava, o chefe do governo imperial lembrou-lhe de que a situação não era mais difícil do que a enfrentada pelas tropas do Brasil no Paraguai. Ouviu a seguinte resposta: "Mas lá tínhamos pela frente inimigos, e aqui somos todos brasileiros". A insubordinação do marechal ao visconde selou o fim da monarquia.

Em seus nove meses como vice de Deodoro, Floriano foi decorativo. Até que, com a renúncia do primeiro presidente, formou-se um impasse político: de acordo com a Constituição de 1891, seria preciso uma nova eleição caso a chefia do Executivo ficasse vaga antes de cumpridos dois anos de mandato. O discreto ex-vice de 52 anos de idade começou então a mostrar que sabia fazer política, articulando com aliados o entendimento de que tal regra não valia para aquele primeiro mandato presidencial.

Com o poder nas mãos, as diferenças biográficas entre os dois marechais começam a se sobrepor às semelhanças. Naquele início de República, com crises políticas e econômicas em profusão na capital federal e pelo país, a inabilidade de Deodoro amplificava o caos. O sucessor agiu de forma distinta ao impor sua liderança. Para José Murilo de Carvalho, o segundo presidente do Brasil é um enigma:

Nunca teve vocação ou treinamento para a política, nem uma ascendência no Exército como Deodoro, e, ainda assim, não se furtou a exercer seu poder de mando quando chegou à Presidência.

Floriano ganhou o apelido de Marechal de Ferro pela forma como lidou com dois grandes levantes armados que aconteceram durante seu governo: a Revolta da Armada e a Revolução Federalista. Na primeira, que incluía desejos de restauração monárquica, uma Marinha insatisfeita com o governo cobrou novas eleições, enchendo a baía de Guanabara de navios de guerra e bombardeando o Rio de Janeiro. Na segunda, um conflito militar inicialmente ligado a questões internas da política gaúcha ganhou dimensão nacional ao dividir apoiadores de um governo forte e centralizado e defensores de mais descentralização e autonomia para os estados na República recém-nascida.

Floriano reprimiu os focos de revolta com violência. Ao tomar de volta Desterro, capital de Santa Catarina, tropas fiéis ao governo federal executaram ao menos 185 federalistas revoltosos como vingança. Com toque de sadismo, a cidade foi rebatizada pelos vitoriosos de Florianópolis, em homenagem ao presidente.

O marechal também decretou estado de sítio e prendeu opositores. Ouviu que ministros do Supremo Tribunal Federal (STF) poderiam conceder *habeas corpus* a adversários do governo e assim reagiu: "Se os juízes concederem *habeas corpus* aos políticos, eu não sei quem amanhã lhes dará o *habeas corpus* de que, por sua vez, necessitarão".

Além de recorrer à força, investiu na política de bastidores. Diferentemente de Deodoro, preservou as relações com os civis, reabrindo o Congresso no começo de sua administração. Conseguiu, assim, o apoio do Legislativo e da poderosa elite agrária de São Paulo para fortalecer o aparato de repressão do governo federal. Ali, estabeleceu o tipo de aliança civil-militar que em tantos outros momentos daria as caras na história do país. Afirma José Murilo de Carvalho:

Ele não era um político, mas foi suficientemente inteligente para entender que não podia brigar muito com os paulistas. Floriano fez quase que um acordo tácito com eles, que tinham a maior força no republicanismo civil, para combater essas revoltas. As lideranças paulistas também fizeram seu cálculo. O Sul, ameaçando se separar do Brasil, e o Rio tumultuado causavam um enorme impacto na economia. A essa gente interessava que houvesse estabilidade para que se pudesse fazer negócios. Os paulistas perceberam que, se deixassem Floriano botar ordem no país, depois eles certamente ganhariam qualquer eleição. Floriano poderia até ter votos no Rio, mas fora da capital e das principais cidades estaria tudo controlado. A lógica foi: "deixa ele fazer o trabalho sujo; depois nós assumimos o poder".

Os paulistas acertaram no cálculo: conseguiram eleger o sucessor de Floriano, o civil Prudente de Morais. Com o que talvez eles não contassem é que o estilo do presidente e a defesa que ele fez do Rio de Janeiro contra os ataques da Marinha rebelada contribuíram para fazer surgir em torno dele uma corrente política que iria durar mesmo depois de ele deixar o cargo de presidente. O Brasil acumula em sua história getulismo, malufismo, brizolismo, lulismo, bolsonarismo e tantos outros "ismos", mas tudo começou com o florianismo, o que faz do Marechal de Ferro um pioneiro no culto à personalidade.

O presidente era apoiado pelas baixas patentes do Exército, em especial pela juventude militar doutrinada pelo positivista Benjamin Constant. Ao virar símbolo da luta contra a corrupção e a tradição política carcomida do Império, mobilizou camadas médias e baixas da população do Rio de Janeiro no que ficou conhecido como "movimento jacobino", de fortes cores nacionalistas. Segundo José Murilo de Carvalho:

A construção de Floriano como líder partiu menos dele que das próprias massas enamoradas. Ele não falava, não fazia discursos, não recebia os diplomatas. Era absolutamente grosso e mal-educado, deixando inclusive de receber um embaixador francês, que, ao ir à sua casa, foi atendido por uma ama de leite com uma criança no colo.

No entanto, isso, de alguma maneira, fascinou pequenos proprietários, alguns intelectuais e jovens oficiais do Exército. Na Revolta da Armada, havia batalhões patrióticos formados por essas pessoas. Ele fez o que achava que tinha que fazer e despertou esse entusiasmo, sobretudo com uma imagem de guardião do Tesouro Nacional contra bandalheiras. Não creio que Floriano planejasse esse quase fanatismo.

Floriano não fez um governo democrático em que a lei funcionasse normalmente, exemplo disso foi a ameaça ao STF. A garantia de direitos era muito precária. O Congresso, porém, foi mantido aberto. É correto dizer que ele foi o consolidador da República, pois combateu revoltas e entregou o governo de certa forma pacificada. Teve a habilidade política que Deodoro não teve, mas sem a ideia de se manter no poder ou de criar um governo militar. Acho que percebeu que não era viável.

Floriano Peixoto concluiu, em novembro de 1894, o mandato abandonado por Deodoro da Fonseca. Apesar do apoio popular, afastou-se da política e morreu meses depois, em junho de 1895, aos 56 anos de idade. O marechal saiu da história, mas seus apaixonados apoiadores, os florianistas jacobinos, ainda persistiriam. E, antes de desaparecerem, cometeriam um atentado contra um presidente da República.

3

Prudente de Morais (1894-1898), guerra no sertão e atentado na capital

Retrato de Prudente de Morais, por Almeida Júnior, 1890.

Prudente José de Morais Barros não era o ser humano mais socialmente estimulante do mundo. Era fechado, sério, não apreciava gracejos ou piadas.

Eleito presidente em março de 1894, o formal e metódico político paulista de 53 anos de idade chegou ao Rio de Janeiro duas semanas antes da posse, marcada para 15 de novembro. Na estação de trem, estranhou que não houvesse ninguém do governo federal para recepcioná-lo.

Resignado, foi para o hotel e pouco depois pediu uma audiência com o presidente Floriano Peixoto. Para surpresa do eleito, o marechal mandou avisar que estava sem tempo para receber o sucessor.

No dia da posse, Prudente continuou a crer no protocolo, arrumou-se e aguardou no salão do hotel. Ninguém foi buscá-lo e o eleito teve de ir à posse, no Senado, em um calhambeque alugado. Pois Floriano repetiu a desfeita e faltou à passagem de cargo. Foi um ministro quem transmitiu o cargo ao primeiro civil a presidir o Brasil, e o primeiro eleito pelo voto direto dos brasileiros — mais exatamente os homens, com mais de 21 anos de idade e alfabetizados, submetidos a outras restrições, como o sufrágio aberto, e não secreto, o que abria a porteira das pressões políticas sobre os eleitores.

Àquela altura, Prudente de Morais provavelmente já havia entendido que não podia esperar nada da administração anterior, e não deve ter se surpreendido ao precisar recorrer a uma carona do embaixador da Inglaterra para conseguir ir do Senado ao Palácio do Itamaraty, à época sede do Poder Executivo. Para completar o cenário, chegando lá, o local estava abandonado, carente até de mobília.

Perder tempo com ressentimentos diante da afronta era, porém, um luxo. O governo Floriano havia sido mais ordenado que o de Deodoro, mas a jovem República ainda precisava lidar com problemas econômicos graves e a persistência da guerra civil no Sul. Como se não bastasse, o novo presidente tinha contra si uma oposição duríssima e saudosa do antecessor militar. E da qual faziam parte elementos dispostos a derramar sangue pelo que acreditavam.

Nascido em Itu, Prudente tinha 5 anos de idade quando seu pai, um tropeiro, chicoteou um escravo que reagiu, matando o agressor. O órfão tratou de estudar e se formou pela Faculdade de Direito de São Paulo, berço de boa parte dos governantes brasileiros. O advogado se tornou político no Império. Foi vereador, deputado provincial e depois deputado na Assembleia Geral, versão monárquica do Congresso.

Inicialmente membro do Partido Liberal, envolveu-se com o movimento republicano, como muitos dos políticos ligados à elite agrária de São Paulo, que queriam ver sua crescente importância econômica convertida em protagonismo político, o que consideravam não ocorrer a contento na corte carioca de dom Pedro II.

Embora sisudo, o deputado Prudente se mostrou um bom articulador, logo se tornando umas das lideranças da chamada "propaganda republicana". Envolveu-se ainda na causa abolicionista, defendendo o fim do regime escravocrata — de maneira lenta, gradual e conservadora, como convinha aos produtores rurais.

De membro da pequena e barulhenta oposição republicana durante o Império, Prudente passou a personagem central na República. Foi governador de São Paulo, senador, candidato derrotado à Presidência e presidente da Assembleia Nacional Constituinte que formulou a primeira Carta do novo regime.

Deveria ser óbvio que um presidente da República fosse um republicano histórico e convicto, mas a verdade é que Prudente foi o primeiro dessa estirpe a ocupar o cargo. Deodoro e Floriano embarcaram na República mais por mágoa da caserna com o Império do que por amores pelo novo regime.

Com sua biografia de civil, advogado, eleito pelo voto direto e comprometido com o ideal republicano, seria Prudente um *founding father* brasileiro, um análogo aos pais fundadores dos Estados Unidos? Teríamos um Thomas Jefferson de Itu? Para o jornalista e escritor Laurentino Gomes, Prudente evoca outro presidente americano: Abraham Lincoln (1809-1865).

Eram fisicamente parecidos, altos, com barba escura, partiam o cabelo do mesmo jeito, as mesmas covas da face, vestiam-se do mesmo jeito. Os dois eram advogados, assumiram a Presidência mais ou menos com a mesma idade, lideraram as piores guerras civis que os Estados Unidos e o Brasil enfrentaram [Guerra Civil americana e Guerra de Canudos]. Os dois sofreram atentados — a diferença foi que Lincoln morreu e Prudente sobreviveu. Ele tinha ideais muito parecidos com os da República dos Estados Unidos, pois essa era a característica do Partido Republicano Paulista. Enquanto no Rio havia republicanos jacobinos e radicais ligados a Floriano, os republicanos de São Paulo eram grandes admiradores da república liberal americana.

Laurentino vê em Prudente de Morais a ponte entre os governos militares de Deodoro e Floriano e o do civil Campos Sales, no qual foi desenhado o acordo entre as elites rurais de São Paulo e Minas Gerais, que definiria a Primeira República por mais de três décadas. Ao assumir essa transição, Prudente se dedicou a desmilitarizar a máquina estatal deixada pelos marechais e a chegar a um acordo de paz com os revoltosos do Sul, concedendo-lhes anistia. Suas decisões, porém, desagradaram os apoiadores de Floriano Peixoto, que viam no civil um presidente vacilante, excessivamente conciliador e prudente —para usar um trocadilho que a imprensa da época adorava.

Para complicar as coisas, a saúde de Prudente era precária. Com cálculos renais, o presidente se afastou mais de uma vez do cargo para tratamento. Quem ficava no lugar era o vice-presidente Manuel Vitorino, ligado aos florianistas, que não era exatamente conhecido pela lealdade ao presidente. Em um dos afastamentos de Prudente, em 1896, Vitorino estava tão certo de que ficaria na cadeira de vez que trocou ministros e até adquiriu uma nova sede para a Presidência, o Palácio do Catete, que seria utilizado para este fim até 1960, quando a capital foi transferida para Brasília.

À lista de problemas se adicionava a famigerada Guerra de Canudos, que eclodiu a partir de 1896, quando as autoridades decidiram subjugar um vilarejo rebelado no sertão da Bahia que resistia a pagar impostos e contestava a autoridade da República. O movimento rebelde de Canudos era guiado sobretudo por fanatismo religioso misturado a aspirações teocráticas do líder local, Antônio Conselheiro, mas o governo convenceu a opinião pública de que aquilo era um foco de restauração da monarquia financiado pelo exterior.

Contra qualquer expectativa, os sertanejos miseráveis e famintos de Conselheiro derrotaram três ofensivas do governo, o que, além de indicar a bravura dos revoltosos, falava muito do baixo nível das tropas oficiais do país à época. No quarto ataque, decidido por Prudente, as Forças Armadas derrotaram a cidade a um custo brutal de vidas, inclusive de mulheres e crianças.

A responsabilidade última pelo massacre da população de Canudos tisna a imagem de temperança e diálogo do presidente, embora também seja verdade que, após a série de derrotas do governo na Bahia, era elevada a pressão sobre Prudente no Rio para que a situação fosse resolvida a todo custo, de modo que a população da capital federal celebrou a vitória sobre os rebeldes do sertão.

Organizou-se uma festa para receber as tropas vindas da Bahia, em 5 de novembro de 1897. Interessado em colher os frutos políticos da campanha militar, Prudente marcou presença na celebração. E foi ali que, durante a cerimônia, um anspeçada do 10° Batalhão de Infantaria, Marcelino Bispo, saiu das fileiras de seu agrupamento e apontou uma pistola em direção ao presidente, que já havia sido objeto de ameaças de morte por florianistas jacobinos. Com sua cartola, Prudente afastou a arma. O agressor foi dominado, mas conseguiu puxar a espada e matar o ministro da Guerra, Carlos Bittencourt.

A suspeita do complô para matar Prudente de Morais recairia sobre o florianista Manuel Vitorino. O vice golpista, na definição de Laurentino Gomes, vinha observando com atenção a erosão da popularidade de Prudente diante da oposição dos jacobinos e do desgaste em Canudos, e sabia que existia uma oportunidade de assumir a Presidência em caso de queda do titular.

Houve várias evidências de que Manuel Vitorino realmente estava envolvido na conspiração, mas ele nunca foi oficialmente indiciado. O autor do atentado acabou morrendo na cadeia, enforcado misteriosamente com um lençol. O inquérito citou várias pessoas, mas nunca chegou realmente ao mandante. Como o país estava vindo de um período traumático, com degolas, massacres e fuzilamentos em massa no Sul, e depois com a morte de 25 mil pessoas em Canudos, Prudente de Morais achou melhor abafar tudo. Creio que foi ele quem impediu que esse inquérito resultasse num desgaste ainda maior para o processo político brasileiro pós-proclamação da República.

O atentado pode ter matado um ministro, mas salvou o governo. A oposição jacobina ficou desmoralizada e sumiu, e a vida do presidente ficou bem mais fácil. Entre o atentado e o fim do mandato de Prudente, em 1898, pouco mais de um ano se passou, e o presidente, antes impopular, conseguiu terminar confortavelmente sua administração, sendo ovacionado nas ruas ao deixar o cargo. Para Laurentino, haveria aí um exemplo de certa tradição de vitimismo na história política brasileira, na qual personagens questionados se tornam heróis instantâneos depois de sofrer uma violência — o suicídio de Getúlio Vargas é o símbolo maior desse costume.

Com o clima político mais ameno do seu fim de mandato, Prudente conseguiu fortalecer o poder civil na República.

Os civis, que tinham embarcado em uma canoa golpista em 1889, na proclamação da República, perceberam que era preciso botar ordem na casa, que deixar essa república jovem e recém-estabelecida na mão dos militares era algo instável e perigoso. Prudente não foi um tipo que prende e arrebenta, como Floriano Peixoto. Não era exuberante, e agiu de forma muito cautelosa e cuidadosa. Aquele trem que estava descarrilando depois dos primeiros anos de República foi recolocado nos trilhos por ele.

O saldo do governo Prudente de Morais foi uma República menos tumultuada, que deixaria as elites políticas e econômicas do país mais à vontade para montar um complexo sistema de oligarquias que se perpetuaria no poder por décadas, sem muita voz para a opinião popular. Mas Prudente apenas fincou os alicerces desse sistema; quem botaria o edifício de pé seria Campos Sales.

Campos Sales (1898-1902), todo o poder às oligarquias

Presidente Campos Sales (segundo, da esquerda para a direita) em visita à Argentina, c. 1900.

Na lógica eleitoral de hoje, são bastante reduzidas as chances de sucesso de um presidente impopular, hostilizado nas ruas, de estilo pomposo, distante do povo e, ainda por cima, entusiasta de corte de gastos e austeridade fiscal. Mas, sob a precária democracia da Primeira República, não há limites para os sonhos de um mandatário desse naipe. Sobretudo se tiver sido ele o criador de todos os mecanismos de perpetuação no poder dos mesmos grupos de sempre. Esse foi Manuel Ferraz de Campos Sales.

Depois de Prudente de Morais, o Brasil emplacou seu segundo republicano de raiz no comando da República. Campos Sales era ainda mais pioneiro no movimento que contestou a dinastia dos Bragança. Tal qual Prudente, foi um dos únicos deputados da oposição republicana eleitos na corte de dom Pedro II. Além disso, esteve entre os signatários do Manifesto Republicano de 1870, integrando depois a Convenção de Itu de 1873, na qual os republicanos atacaram a hipótese de um Terceiro Reinado e lançaram as bases do Partido Republicano Paulista.

Ter sido um personagem central da chamada propaganda republicana não era a única credencial do cidadão para presidir o Brasil naqueles primeiros momentos do novo regime. Integrante da elite política da virada do século XIX para o XX, ele exibia o currículo perfeito para alguém que almejasse o cargo máximo da nação: herdeiro de família rica e produtora de café, formado pela Faculdade de Direito de São Paulo, ministro da Justiça de Deodoro da Fonseca, senador de 1891 a 1896 e presidente (equivalente da época a governador) do estado de São Paulo de 1896 a 1897. No suspeito sistema de voto da Primeira República, obteve mais de 90% dos votos.

Empossado aos 57 anos de idade na Presidência de um país endividado e de inflação altíssima, escolheu a crise econômica como problema a ser enfrentado. A intenção já aparecia em um manifesto lançado quando ainda aguardava para tomar posse:

O problema financeiro é, no geral consenso, o grande problema nacional. A restauração das finanças é obra ingente que se impõe às preocupações patrióticas do governo da República. Não há, portanto, lugar para os vastos programas da administração, que aliás se incompatibilizam com a situação do Tesouro, tal como ela se desenha. Muito terá feito pela República o governo que não fizer outra coisa senão cuidar das suas finanças.

Com essa ideia na cabeça, Campos Sales viajou para a Europa em busca de um empréstimo para o Brasil. Obteve 10 milhões de libras esterlinas, dando como garantia as rendas da alfândega do Rio de Janeiro e até da rede de abastecimento de água da capital. O presidente também mandou queimar dinheiro para reduzir a inflação, suspendeu investimentos, obras e reajustes salariais. E elevou impostos. Para controlar o devido recolhimento de tributos, o governo colava selos nas mercadorias liberadas. A prática rendeu ao mandatário o apelido de Campos Selos.

Tantas medidas de austeridade causavam insatisfação na população, mas, de acordo com o estilo da elite política da época, a popularidade não estava no topo da lista de prioridades de Campos Sales.

Uma espécie de desprendimento em relação à democracia e ao povo permeia a história do paulista. Ainda durante a monarquia, ele integrava a ala dos republicanos que advogava prudência nos ímpetos mudancistas, até mesmo quanto à escravidão, que Campos Sales só passou a combater às vésperas da abolição, em 1888. Em outra oportunidade, afirmou preferir a atração de imigrantes italianos em vez de armênios sob o argumento de que os primeiros seriam mais dóceis e menos exigentes sobre condições de higiene e de trabalho. Ao organizar uma viagem à Argentina, a primeira visita oficial de um presidente brasileiro ao exterior, fez restrições à presença de negros na tripulação. Uma reação veio por meio de artigo do líder abolicionista negro José do Patrocínio, que escreveu:

Estão de novo fazendo na Marinha escolha de marinheiros pela cor da pele. Serão preferidos os brancos ou mulatos disfarçados na tripulação dos navios que vão conduzir o sr. Campos Sales ao rio da Prata. Dizem que esta estulta seleção é recomendada por S. Ex. que não quer que os argentinos desconfiem que haja negros e mestiços no Brasil. [...] Para impedir que o Brasil seja uma vasta mestiçagem, era preciso começar por uma providência: o sr. Campos Sales não ir ao rio da Prata.

Não há ninguém, que vendo pálpebras empapuçadas de S. Ex., o seu nariz carnudo, os seus beiços aberingelados e grossos, a sua cor de prato de pó de pedra, e sobretudo a sua pera característica, saudade involuntária de sua verdadeira raça; não há ninguém, sobretudo em terra onde prepondere o branco, capaz de enganar-se a respeito do sangue de S. Ex. [...] Qualquer estudante de antropologia descobre logo no sr. Campos Sales a testa do moçambique e os quadris do cabinda; na suas pernas curtas o tapuia, como no chorado de sua voz o algarvio que serviu de veículo às outras raças. Deu-se com o sr. Campos Sales o processo de refinação do açúcar mascavo: S. Ex. é branco de segunda, como de segunda é a qualidade deste açúcar.

O reacionarismo de Campos Sales não se restringia a questões étnico-raciais. No início do regime republicano, ele defendeu que o governo Deodoro da Fonseca evitasse perder tempo com política e apenas decretasse a nova Constituição, sem passar por uma Assembleia Constituinte. Também articulou no Congresso, como senador, medidas de exceção e repressão pelo governo federal.

Com tal histórico, não surpreende que, quando chegou à Presidência e precisou estabelecer medidas econômicas difíceis, Campos Sales tenha preferido reservar suas sensibilidades para a classe política, e não para a plebe. De olho em alianças, construiu então o que foi sua obra mais importante e duradoura como presidente: a política dos governadores. O sistema, como indica o nome, foi um acordo entre o governo federal e os estaduais, descendo também aos níveis locais.

Na época, não havia Justiça Eleitoral, o voto era aberto — e não secreto como hoje —, e para onde se olhava havia o chamado "voto de cabresto", com controle de eleitores por chefes locais e fraudes no processo de votação. A ida dos brasileiros às urnas era certeza de confusão pelo país, com diferentes grupos contestando os resultados. Para acabar com a briga, Campos Sales resolveu que o governo federal passaria a apoiar os candidatos da situação nos estados — assim, quem estivesse no poder nele ficaria. Em troca, os governadores articulariam a vitória e dariam aval a senadores e deputados fiéis ao poder federal. Dessa forma, o presidente conseguiria a aprovação no Congresso de tudo que quisesse. Para todo o sempre.

Os governadores compreensivamente apreciaram a ideia e a reproduziram nos municípios com os prefeitos. E assim se perpetuariam no poder pelo país os chamados coronéis. Adeus, oposição.

A doutora em ciência política Ana Luiza Backes recorda que no Império as províncias — que se tornariam os estados sob a República — eram governadas por indicados do imperador. Ao chegar ao poder, os diferentes grupos regionais republicanos passaram a cobrar a garantia de que apenas eles decidiriam as nomeações em seus estados. No entanto, nem Deodoro, nem Floriano, nem Prudente concederam plenamente esses poderes, em alguns casos até destituindo governadores. Mas a coisa mudaria de figura com Campos Sales.

Ele chega e diz: "Se vocês me garantem apoio à política econômica, eu garanto que a gente não se mete com os representantes de vocês". Isso significa que a oposição não tem vez. Foi o que garantiu a oligarquização do poder ao longo da República Velha. Só são reconhecidos como vencedores os candidatos que vêm referendados pela máquina do governador. Com isso, limita-se a representação política e não há compromisso com a verdade eleitoral. É assim que os grupos que estão no poder no início do século XX se perenizam até 1930. Claro que vai haver momentos de tensão, mas em princípio o controle dos estados foi total. Esse arranjo do coronelismo permitiu o apoio à política econômica e aos acordos de crédito internacional num curto espaço de tempo, mas legou uma estrutura extremamente fechada e oligarquizada. O Parlamento nacional deixou de ser instância de representação, e remeteu-se aos estados a definição do poder.

A política dos governadores não foi a única articulação relevante da presidência de Campos Sales. Ele estruturou ainda o rodízio de mineiros e paulistas no comando do país, a chamada "política do café com leite", uma referência a produtos produzidos pelos dois mais ricos e populosos estados da época, São Paulo e Minas Gerais. Com uma falha aqui e outra ali, a dobradinha duraria três décadas.

Campos Sales teve sucesso ao sanar as contas do governo federal, e, ao fim do mandato de quatro anos, entregou ao sucessor uma situação mais confortável. Também conseguiu, com suas estratégias políticas, manter no poder os grupos de sempre, a começar pelo presidente seguinte, seu amigo Rodrigues Alves.

O sucessor tinha um detalhe peculiar no currículo: governou São Paulo durante a monarquia e foi conselheiro do Império. Campos Sales encontraria uma maneira edulcorada de explicar a eleição para a Presidência de um ex-aliado de dom Pedro II apenas treze anos depois da proclamação da República:

Será um belo espetáculo ser elevado ao supremo posto pelos republicanos de nascimento, um ex-servidor da monarquia, convertido e ganho para o serviço da República.

Mas a impopularidade cobra sua fatura, e as boas notícias para Campos Sales vão desaparecendo à medida que seu governo se aproxima do fim, em 1902. Com o sumiço de aliados incomodados com sua impopularidade, o presidente chegou a reclamar de como estava sozinho. Se Prudente de Morais saiu ovacionado do Palácio do Catete, Campos Sales foi alvo de uma chuva de vaias e xingamentos de um povo irritado com o arrocho e o corte de gastos. Policiais tiveram que protegê-lo na estação ferroviária enquanto populares lançavam pedras nas janelas do trem que levou o paulista de volta a São Paulo.

5

Rodrigues Alves (1902-1906), presidente do Rio de Janeiro

Rodrigues Alves (sentado) e família, 1913.

Rio de Janeiro, 14 de novembro de 1904. Alunos da Escola Militar da Praia Vermelha, que formava oficiais do Exército brasileiro, marcham em direção ao Palácio do Catete, sede da Presidência da República. Sob o comando de um general, os jovens entram em choque com forças fiéis ao governo federal. Discutia-se a hipótese de pôr à força um senador de oposição na cadeira presidencial. Havia algum tempo que a revolta popular reinava na capital do Brasil, com barricadas, bondes em chamas e estabelecimentos saqueados. Com militares aderindo à rebelião, o governo perigava cair.

Assessores correram até o presidente Francisco de Paula Rodrigues Alves e alertaram: diante da iminência de um golpe militar, seria mais sensato que Sua Excelência se abrigasse em um navio. O mandatário pequenino, fisicamente frágil e adepto de armação pincenê, respondeu: "É aqui o meu lugar e daqui só morto sairei".

Com saldo de centenas de mortos e feridos, o governo conseguiu esmagar os revoltosos da Escola Militar e enviou parte dos conspiradores para uma prisão no Acre, recém-anexado ao Brasil graças à diplomacia do barão do Rio Branco. Com a vitória nas mãos, Rodrigues Alves explicou a decisão anterior:

Tive a visão do que ia acontecer, caso me retirasse para bordo. Correria a notícia de que o presidente tinha fugido. A cidade seria talvez dominada pelos revoltosos. E a única solução que me apresentaria seria a da renúncia vergonhosa.

O que havia convulsionado a capital da República não foi um clamor de alta carga política ou um desejo profundo de mudanças das estruturas. Não havia sido o caso de ruas tomadas por gritos em favor do comunismo ou da volta da monarquia. O presidente quase fora derrubado porque o governo realizava uma campanha de vacinação no Rio de Janeiro. Um episódio histórico que não deixa de conferir certo verniz de tradição ao delirante movimento antivacina dos dias atuais.

A Revolta da Vacina, em 1904, pode ser explicada, em parte, porque o país tinha na Presidência um homem obcecado por saneamento, limpeza e urbanização, mas que nem sempre tinha traquejo político para tratar desses temas naquele Brasil do começo do século XX.

A sistemática figura nasceu em 1848 em uma família rica de produtores de café de Guaratinguetá, no Vale do Paraíba, no interior paulista. O garoto aproveitou os privilégios do berço de ouro e tratou de estudar, passando pelo célebre Colégio Pedro II e pela Faculdade de Direito de São Paulo. Também deu sorte de se casar com Ana Guilhermina Borges, oriunda de família rica, o que ampliou a fortuna do marido. À trajetória de fazendeiro e advogado somou a carreira política.

Ao contrário de seus antecessores imediatos, Campos Sales e Prudente de Morais, Rodrigues Alves embarcou tarde na canoa republicana, depois de anos de serviços prestados à monarquia. Nos estertores do regime imperial, cumpriu mandatos de deputado pelo Partido Conservador e de governador da então província de São Paulo. Em 1888, a princesa Isabel lhe outorgou o título de conselheiro, o que fazia dele um integrante do Conselho de Estado, órgão consultivo do imperador Pedro II. Não era uma função que importasse alguma coisa do ponto de vista prático, mas funcionava como um agrado que a família real distribuía a seus protegidos. Proclamada a República, Rodrigues Alves continuou a usar o título monárquico até o fim da vida. Os republicanos, que buscavam o apoio do experiente político paulista, achavam por bem não tocar no assunto.

O conselheiro soube navegar pelas águas do novo regime. Depois do 15 de novembro de 1889, foi deputado federal, senador, ministro da Fazenda dos governos Floriano Peixoto e Prudente de Morais e novamente presidente de São Paulo, que de província imperial se tornou estado da federação. Com tal trajetória, a Presidência da República quicava em sua direção, o que ocorreu em 1902, com direito a duas heranças do antecessor e amigo Campos Sales: uma eleição fácil, ocorrida já sob o arranjo oligárquico arquitetado pelo antecessor, e finanças nacionais relativamente em ordem.

Com dinheiro em caixa, o novo presidente, com 54 anos de idade, pôde botar em prática sua fixação por ordem e higiene. Em sua primeira mensagem ao Congresso, afirmou que o objetivo do governo era modernizar e sanear o Rio de Janeiro, transformando a capital em uma vitrine do Brasil para o mundo. Para tanto, seria preciso derrubar cortiços, abrir avenidas largas e vacinar a população. Seu plano era deixar a cidade dos morros, becos e vielas com um traçado mais objetivo, por meio de grandes bulevares e linhas retas.

A historiadora e antropóloga Lilia Moritz Schwarcz lembra que o Rio de Janeiro daquele início de século XX era uma capital suja, tomada por pragas e esgotos a céu aberto — assim como muitas capitais europeias, diga-se. Acrescentava-se ao quadro uma população em rápido crescimento graças ao inchaço do funcionalismo público e da chegada de um intenso fluxo de estrangeiros e brasileiros de outras regiões do país. Para Lilia Schwarcz, a cidade acanhada, construída nos séculos anteriores, estava ficando grande demais e precisava passar por uma reforma urbana. Mas ela também pondera:

Por outro lado, o modelo de embelezamento escolhido por Rodrigues Alves significava retirar do Rio os costumes que ele considerava — e não só ele — pouco civilizados e bárbaros. Os termos eram esses para se referir a populações pouco acostumadas com a convivência urbana. O centro do Rio, por exemplo, era um local de convivência de uma população sobretudo afrodescendente, que tinha naquela região seus batuques, lundus e rituais. No lugar disso, o novo modelo a ser seguido era europeu, que visava tornar o Rio os novos trópicos civilizados. Rodrigues Alves acreditava que era preciso fazer da capital o grande teatro do poder das elites do Brasil, dentro de um imaginário europeu e sobretudo parisiense.

O sonho de Rodrigues Alves era ter a seu lado uma versão brasileira do barão Haussmann, o prefeito de Paris da segunda metade do século XIX que abriu grandes avenidas e deu à capital francesa o aspecto grandiloquente, e em boa medida homogêneo, que ela tem até hoje. Sem seu Haussmann, o presidente se contentou com Francisco Pereira Passos, prefeito escolhido para comandar a reforma urbana do Rio de Janeiro, e o médico sanitarista Osvaldo Cruz, que ganhou do presidente carta branca para promover uma ampla vacinação contra a varíola na capital.

A campanha de saúde pública foi imposta à população, gerando comoção entre quem não considerava trivial um agente do governo levantar a manga ou a saia de uma mulher para espetar uma agulha. Também sobrava desinformação sobre efeitos supostamente mortais da vacina, e não apenas entre os menos escolarizados. Cidadãos com formação sólida, naturalmente não em medicina, uniram-se à grita antivacina. Foi o caso do célebre jurista e senador Rui Barbosa, que em 1904 discursou:

A lei da vacina obrigatória é uma lei morta. Assim como o direito veda ao poder humano invadir-nos a consciência, assim lhe veda transpor-nos a epiderme.

[...] Logo não tem nome, na categoria dos crimes do poder, a temeridade, a violência, a tirania a que ele se aventura, expondo-se, voluntariamente, obstinadamente, a me envenenar, com a introdução, no meu sangue, de um vírus, em cuja influência existem os mais fundados receios de que seja um condutor da moléstia ou da morte.

Ao longo de sua vida pública, Rodrigues Alves ganhou uma inusitada fama de dorminhoco, que incluía o apelido Soneca, com direito a charges o retratando de pijamas e marchinhas de Carnaval dedicadas ao suposto sono infinito. Entre as hipóteses para a origem do chiste estão motivos simples, como um genuíno apreço por dormir ou uma constante estafa pelo excesso de trabalho e estudo. Para outros, seria uma suposição a partir dos hábitos reservados e caseiros do presidente, que, viúvo aos 43 anos de idade e com nove filhos para criar, não era dado à boemia. Para Lilia Schwarcz, a mais certeira explicação para o apelido Soneca está nas dormidas no ponto do presidente quando o assunto era trabalhar com habilidade política. Embora não faltasse lógica à campanha de vacinação, ela deveria ter sido mais bem comunicada à população.

O Soneca esqueceu de combinar com o povo, não promoveu campanha de informação acerca do que era a vacinação. Corria o boato de que, como a vacina era extraída a partir de vacas, as pessoas ficariam com cara de bezerro. Ele criou esse exército de vacinadores que entravam nas casas e levantavam as saias das moças, criando uma opinião contra o governo sobre uma medida que poderia ter sido popular. Rodrigues Alves tinha tal apego por sua formação técnica para bem governar que acreditava não ser preciso conversar. É claro que podemos jogar tudo na conta da sociedade da época e chamá-la de machista e ignorante. Ao mesmo tempo, é função do bom governante encontrar meios para falar com o povo. E nem o presidente nem Osvaldo Cruz investiram em uma política de informação.

Apesar dos erros, o presidente logrou fazer boa parte do que tinha planejado no Rio de Janeiro. Mas ele tinha sido eleito para governar o país, e não a capital. Em um período em que o café do Sudeste vivia uma crise de preços e os ganhos vinham, por exemplo, da borracha da Amazônia, sua passagem pelo cargo deu pouca atenção ao que ia além dos limites do Rio de Janeiro.

Ele priorizou o Rio como porta de entrada real e simbólica do país — real porque era de onde saía o café, circulavam as mercadorias e funcionava a máquina estatal; e simbólica porque queria combater a forma deteriorada como o Brasil era visto no exterior, como um país de grandes epidemias.

No começo de 1906, seu último ano na Presidência, os governadores de São Paulo, Minas Gerais e Rio de Janeiro se reuniram em Taubaté (SP) para organizar um plano de empréstimos e subsídios para reverter os prejuízos dos cafeicultores. Entre as medidas propostas, o governo compraria o excedente produzido. Assim, o contribuinte cobriria os prejuízos dos magnatas do café. Pois Rodrigues Alves, mesmo sendo um cafeicultor posto na Presidência graças ao grande acordo nacional das oligarquias rurais, não ratificou o chamado Convênio de Taubaté. O presidente higienista incluiu as contas públicas em suas inquietações saneadoras.

A elite produtora se vingou, não permitindo a eleição do sucessor que ele tinha planejado, o também paulista Bernardino de Campos. Seguiu-se a política do café com leite e o escolhido foi o vice-presidente mineiro Afonso Pena, que, por sua vez, lançou uma chapa com o fluminense Nilo Peçanha como vice. Ambos eram entusiastas do acordo para salvar a lavoura do café, e ambos apoiados pelo senador gaúcho José Gomes Pinheiro Machado, cacique político que se tornava cada vez mais essencial na Primeira República e que veria seu poder ascender nas presidências seguintes.

Apesar da perda de força política no fim do mandato e da insólita Revolta da Vacina, o paulista deixou o cargo ainda querido pela população. No fim das contas, a vacinação e a urbanização do Rio de Janeiro renderam frutos que agradaram muita gente, e o presidente de reduzida altura que foi ridicularizado pela imprensa por suas roupas antiquadas e seu chapéu-coco quando tomou posse, em 1902, ganhou então outro apelido: Papai Grande lá do Catete.

Fora do cargo, partiu para uma temporada na Europa com a família e passou uns anos afastado da política. Mas errou quem pensou que Soneca ficaria deitado em berço esplêndido. Com o tempo, ele voltaria à política e seria novamente eleito presidente da República, em 1918, mais de uma década depois de deixar o cargo.

6

Afonso Pena (1906-1909), o primeiro a morrer no cargo

Afonso Pena, c. 1906.

Se tem um presidente que deixaria os maniqueístas confusos, é Afonso Pena.

Seu nome não costuma soar familiar para os brasileiros. Exceções podem ser encontradas no aeroporto de Curitiba, que leva seu nome; em Belo Horizonte, onde ele batiza uma das principais avenidas da cidade; ou em outros locais de Minas Gerais, como Santa Bárbara. Na cidade histórica, está o mausoléu que guarda os restos mortais daquele que ali nasceu, tendo sido presidente do estado (governador) na última década do século XIX. Só que o pouco lembrado Pena também presidiu o Brasil. Foi o primeiro a não ser alagoano ou paulista, representando a estreia das poderosas oligarquias políticas mineiras no centro do poder nacional.

Sua administração de dois anos e sete meses não foi capaz de garantir um espaço em nossa disputada mitologia política, mas a história desse presidente guarda certa utilidade para os dias atuais, em que se torna cada vez mais comum que pessoas vejam figuras públicas como heróis, santos ou mitos. Ou, do outro lado do espectro, como demônios indignos do ar que respiram.

De um lado, Afonso Pena advogou em defesa da abolição da escravatura. Como deputado na Câmara durante o Império, votou favoravelmente à Lei Áurea, que seria sancionada pela princesa Isabel em 13 de maio de 1888. Cobrava a substituição do trabalho cativo pela mão de obra assalariada como forma de oxigenar o país e a economia. Trouxe também os primeiros japoneses ao Brasil e organizou as colônias europeias no Sul. Como parlamentar, defendeu mudanças na legislação para ampliar o direito ao voto, bastante restrito durante a monarquia. O espírito mudancista também o fez, como governador de Minas Gerais, defender a transferência da capital do estado de Ouro Preto para Belo Horizonte. Entre suas realizações como presidente estão a modernização e a profissionalização do Exército. Exibia ainda preocupação em proteger a economia nacional e nosso principal produto de exportação, o café.

Quando as coisas são colocadas dessa forma, que baita sujeito parece ser Afonso Pena, não é mesmo? Porém, há outras maneiras de ver sua biografia.

Monarquista convicto durante o reinado de Pedro II, Pena se recusou a assinar um manifesto republicano sob a justificativa de que o povo não tinha educação suficiente para conviver com uma forma de governo na qual fosse chamado a participar com frequência. É verdade que era favorável à abolição, mas de forma conservadora, lenta e gradual, incluindo indenizações paga aos proprietários — uma defesa comum entre a elite política de então.

Como ministro do Interior durante o Império, uma das pastas que ocupou durante o regime, sua gestão atuou no aprisionamento de escravos fugidos e em processar abolicionistas que auxiliassem nas fugas, de acordo com a legislação que antecedia a Lei Áurea. Seu apoio ao trabalho assalariado em substituição ao cativo era em favor dos imigrantes, e não necessariamente dos ex-escravos, e melhor seria se fossem estrangeiros europeus acompanhados de suas famílias. Como governador de Minas Gerais, recusou-se a receber chineses que, segundo ele, não eram qualificados. E, uma vez no Palácio do Catete, a defesa que fez do café serviu aos interesses dos grandes produtores. Diferentemente do que fez o antecessor Rodrigues Alves, Pena aprovou o Convênio de Taubaté, colocando os recursos do contribuinte a serviço da proteção da elite cafeicultora.

A vida do presidente é um exemplo, portanto, de que a política é mais ambígua do que pode parecer à primeira vista. E de que é uma boa ideia pensar duas vezes antes de cair de amores por personagens públicos. Ademais, é preciso ter em conta, e isso não vale apenas para Afonso Pena, que a história não pode ser analisada de maneira anacrônica, isto é, julgando figuras do passado com os critérios atuais.

Às vésperas de completar 59 anos de idade, o mineiro recebeu a Presidência da República das mãos do paulista Rodrigues Alves em 15 de novembro de 1906. A Presidência trocou de mãos, mas à primeira vista a única mudança, de fato, havia sido o estado de nascimento do mandatário. De novo tínhamos um bacharel de direito com longa carreira política no Império antes de aderir ao novo regime republicano. Mais uma vez, um conselheiro do imperador. O país continuou até mesmo a ser governado por uma figura pequenina, de cavanhaque e de óculos de armação pincenê.

Com o governo iniciado, Pena começou a exibir suas diferenças em relação ao antecessor. Decidiu abrir a torneira das verbas públicas aos produtores de café. Também governou mais conectado com as questões nacionais, enquanto Rodrigues Alves concentrara energias em modernizar à força a capital da República.

Antes mesmo de tomar posse, Pena fez um inédito giro de três meses para conhecer o país que iria governar. Aos olhos de hoje, uma conduta obrigatória e nada surpreendente, mas é do Brasil do início do século XX que estamos falando, com uma população e uma economia em larga medida restrita ao litoral e com o eixo de poder fincado nos estados do Sudeste. Além disso, as vias terrestres rareavam em direção ao interior, e os deslocamentos dependiam de morosas viagens de navio por rios ou ao longo da costa.

O novo governo se ocupou da construção de ferrovias e da instalação de fios de telégrafo pelo país. Nessa empreitada, teve papel importante o militar e sertanista Cândido Rondon, um mato-grossense descendente de índios que desbravou regiões inóspitas do país e estabeleceu relações com populações indígenas. Ao se embrenhar pelo interior do Brasil, Rondon foi, na opinião da historiadora Lilia Schwarcz, um símbolo dos anos Afonso Pena.

O governo Pena teve um papel grande na interiorização do país. Por mais que ele tenha sido eleito por conta dos arranjos da política do café com leite, foi um presidente que não se ateve apenas a um papel regional. Dedicou--se a mais do que à proteção do café.

Entre as preocupações do presidente estava a manutenção da própria influência. Mais especificamente, a própria sucessão. Em meados de 1909, Pena já havia começado a articular uma candidatura de sua confiança para a eleição presidencial de março do ano seguinte. O preferido era seu ministro da Fazenda, Davi Moretzsohn Campista, um carioca com vida política em Minas Gerais. Sim, imperava a lógica do café com leite, mas se três paulistas governaram sucessivamente antes de Pena, que mal haveria em marcar um ponto extra para Minas Gerais?

O presidente sabia brigar, mas não era o único disposto a jogar pesado na articulação. O ministro da Guerra, marechal Hermes da Fonseca, sonhava com o Palácio do Catete e vinha trabalhando para angariar apoiadores no mundo político. O mais poderoso deles era Pinheiro Machado, o senador gaúcho que dava as cartas na Primeira República e que via ali uma chance de ampliar seu poder junto à cadeira presidencial. Pena resistia ao plano por considerar um retrocesso o Brasil voltar a ter um militar na Presidência depois de quatro mandatos de civis. Já Hermes argumentava que os membros das Forças Armadas tinham direito a almejar o posto máximo da nação. A queda de braço entre presidente e ministro foi se tornando pública e insustentável.

Enquanto a disputa se desenrolava, Pena ficou com a saúde bastante debilitada em razão de uma pneumonia. Em nada contribuíram a dor da perda de um filho e de um irmão, além do estresse do confronto político.

Em uma reunião tensa, o presidente se dirigiu de forma exaltada e severa a Hermes da Fonseca, que se demitiu. Pouco depois do episódio, Afonso Pena morreu, no dia 14 de junho de 1909. A morte menos de um mês depois da reunião áspera levou ao surgimento de lendas sobre o encontro. Uma delas dava conta de que a violência da confrontação fora tamanha que o ministro da Guerra chegou a jogar sua espada sobre a mesa do presidente. Não chegou a tanto, mas colou no marechal a pecha de que contribuiu para a morte de Afonso Pena. O estigma não tiraria de Hermes da Fonseca a Presidência. Mas, antes de isso acontecer, o mandato em curso precisaria ser concluído, o que seria feito por um vice-presidente que fugia de alguns padrões dos líderes políticos da época.

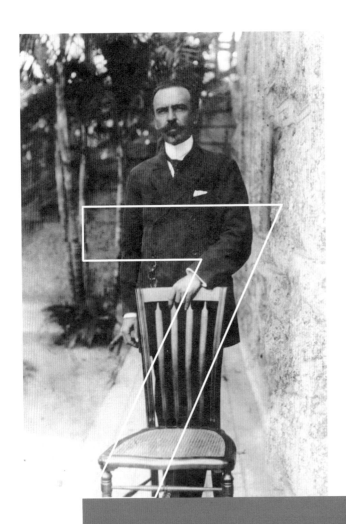

7

Nilo Peçanha (1909-1910), uma novidade na Presidência

Nilo Peçanha, c. 1910.

Desde a chegada dos portugueses, em 1500, o Brasil nunca teve um chefe de Estado com uma origem e uma cor da pele tão parecida com a maior parte da população do país quanto Nilo Procópio Peçanha, que se tornou presidente da República em 14 de junho de 1909. É hoje pouco lembrado, mas há quem o considere nosso único presidente negro, cem anos antes de os Estados Unidos elegerem Barack Obama.

Além dos traços miscigenados, Nilo teve origem humilde. Embora sua mãe tivesse ascendência na alta sociedade do norte fluminense, seu pai era pequeno agricultor e padeiro. A família vivia em um sítio simples, em um lugar chamado Morro do Coco, em Campos dos Goytacazes, no Rio de Janeiro, e o filho ajudava o pai na padaria.

Apesar das dificuldades, o jovem conseguiu estudar direito em São Paulo e no Recife, obtendo o passaporte para a elite da época. Garoto prodígio, envolveu-se nos movimentos republicano e abolicionista, e com apenas 23 anos de idade foi eleito deputado federal pelo Rio de Janeiro, participando da elaboração da primeira Constituição da República, promulgada em 1891.

O currículo não foi suficiente, porém, quando Nilo quis se casar com Anita de Castro Belisário de Sousa, herdeira de uma família da alta aristocracia do Império. O estigma da origem de Nilo falou mais alto, e a noiva teve de fugir para casar com o futuro presidente do Brasil. Amigas e parentes pararam de falar com ela, até mesmo sua mãe, que era filha de um visconde e de uma baronesa. Nilo e Anita se casaram em 1895, quando ele estava no segundo mandato de deputado federal.

Naquele Brasil do começo do século XX, o político fluminense ia se equilibrando entre preconceitos e sua meteórica ascensão. No livro *Histórias de Presidentes*, Isabel Lustosa registra que o principal tema das sátiras e caricaturas sobre Nilo eram "a cor de sua pele e sua fisionomia que evidenciavam traços de nossos ancestrais africanos". Verbete sobre ele do Museu Afro Brasil, em São Paulo, registra:

> As dificuldades e preconceitos impostos pela sociedade racista, aos negros e mestiços, fez com que o político negasse constantemente suas origens africanas através de discursos e maquiagens que escondiam sua pele escura nas fotografias. [...] Nos contextos das disputas políticas, o advogado era constantemente descrito como "mulato". [...] Há quem afirme que a elite da sua cidade natal o chamava de "o mestiço do Morro do Coco".

A conduta do presidente se explica quando contextualizada em uma época em que a abordagem das questões raciais estava a anos-luz de distância da atual. O embranquecimento de imagens era algo corriqueiro; posicionar-se como liderança negra, não.

Ao comentar a trajetória profissional de Peçanha, a historiadora Mary Del Priore dá ênfase à tradição brasileira de miscigenação, na qual as fronteiras entre brancos, negros e pardos eram tênues. Como resultado, afirma, o preconceito racial declarado ou velado convivia paradoxalmente com posições de destaque na sociedade eventualmente ocupadas por não brancos.

Nilo Peçanha era um mulato, o que nós hoje chamaríamos de pardo, que faz sua ascensão no momento em que existe um pensamento racialista no Brasil, mas também um pensamento antirracista. A "pardização" da sociedade brasileira estimulou essas pessoas a buscar educação e mobilidade social, e nós vamos encontrar esses grupos no grande comércio, na política, entre proprietários rurais etc.

Da Câmara, Nilo foi eleito governador do Rio de Janeiro. O jovem político tinha um estilo mais descontraído e bem-humorado que seus colegas políticos veteranos e fazia campanha de uma maneira hoje óbvia, mas que soava inusitada para os antigos oligarcas: viajava para se promover e pedir votos. A prática, incomum à época, de fazer discursos em praças públicas para se fazer conhecido do eleitor chegou a ser apelidada de nilismo, conta Mary Del Priore. Tal tática, somada a uma hábil articulação política de bastidores, cacifou o fluminense para o posto de vice na chapa do mineiro Afonso Pena.

Sua chegada acidental à Presidência depois da morte do titular tinha ainda outro tom novidadeiro. Desde a fundação da República, uma mesma geração se revezava na cadeira presidencial. Eram militares e políticos nascidos no máximo em meados do século XIX e que haviam tido destaque ainda durante o reinado de dom Pedro II e, depois, ocupado posições de liderança desde os primórdios da República. Eram homens formados no antigo regime e que, naquele fim de primeira década do século XX, estavam em sua maioria na casa dos 60 anos de idade — anciãos para o padrão da época. Fugindo a esse padrão ao tomar posse com apenas 41 anos de idade,

Nilo manteria o título de pessoa mais jovem a ocupar a Presidência por oito décadas, até Fernando Collor, o atual recordista, chegar lá aos 40.

O novo presidente usou o curto tempo que tinha para levar adiante ações da administração anterior, como as expedições de Cândido Rondon para contatar tribos indígenas e interligar o país pelo telégrafo. Também criou o Ministério da Agricultura, o que se alinhava aos interesses dos produtores de café — além de, quando presidente do Rio de Janeiro, ter dado aval ao Convênio de Taubaté, que protegeu os cafeicultores. Por fim, incentivou a educação numa época em que, como lembra Mary Del Priore, o trabalho infantil em fábricas e manufaturas era bastante comum.

Na política, ganhou espaço o senador gaúcho Pinheiro Machado, que tinha discordâncias com Afonso Pena, mas se dava muitíssimo bem com Nilo. Livre para atuar, o poderoso parlamentar expandiu seu poder, e, por vezes, o jovem presidente foi apontado como peão no tabuleiro do experiente senador. Nilo avalizou a candidatura presidencial do protegido de Pinheiro, o marechal Hermes da Fonseca, mas, com o tempo, o chefe do Executivo deixou de fazer as vontades do aliado e os dois romperam.

Eleito e empossado Hermes da Fonseca, Nilo Peçanha ficou um par de anos recolhido. Entretanto, voltou ao Senado, ao governo do Rio de Janeiro e, ainda, serviu como ministro das Relações Exteriores do presidente Venceslau Brás (1914-1918).

O tempo passou, e o homem que havia dançado conforme a música do pacto oligárquico quando ocupou a Presidência se transfigurou em crítico desse mesmo sistema viciado. Em 1922, decidiu desafiar o arranjo e se lançar à disputa presidencial contra o mineiro Artur Bernardes, o nome da vez do café com leite, mas a tentativa de voltar ao Catete esbarrou na vitalidade de um esquema que ainda levaria alguns anos para ruir. Nilo Peçanha morreu aos 56 anos de idade, em 1924, dois anos depois de sua derrota presidencial. Jamais testemunhou o colapso do sistema que decidiu apenas tardiamente combater.

Hermes da Fonseca (1910-1914), a volta dos militares

Hermes da Fonseca em seu casamento com Nair de Tefé, 1913.

A eleição presidencial de 1910 tirou do eixo o tradicional acerto entre as oligarquias paulista e mineira à frente do país. Em vez de um sereno arranjo de bastidores em torno de algum político de qualquer um desses estados, instalou-se uma disputa competitiva entre um gaúcho, o marechal Hermes da Fonseca, e um baiano, o senador Rui Barbosa.

Os dois se chocavam com a ordem das coisas naquele momento. O primeiro era militar, coisa que não se via na Presidência havia dezesseis anos e alicerçava sua candidatura sobre seu prestígio nas Forças Armadas e o apoio do poderoso senador Pinheiro Machado, além de ser o preferido do governo federal. O segundo era um dos principais nomes da elite política civil e, caso raro no início do século XX, um liberal. Contra o jugo das oligarquias e suas eleições viciadas, defendia o voto secreto, a abertura econômica e o Estado de Direito. Naquela eleição, o baiano vivia ótima fase. Em 1907, havia sido o enviado brasileiro à Conferência de Paz de Haia, de onde voltou com a fama de desempenho genial e o apelido de Águia de Haia.

A disputa entre as duas novidades gerou a primeira eleição moderna do Brasil, com comícios, reuniões de campanha e outros eventos que levavam à participação de mais cidadãos no debate eleitoral. A empolgação das ruas — no caso, de parcelas dos moradores de grandes cidades — girava, sobretudo, em torno da chamada campanha "civilista" promovida por Barbosa, movimento que defendia que o país fosse governado por um civil, e não por um militar.

Mas, em um tempo de cartas marcadas, voto de cabresto e fraudes, não existia eleitor mais forte do que o Palácio do Catete. Assim, apesar dos esforços da campanha do baiano, a inverossímil contagem oficial registrou pouco mais de um terço de votos para Barbosa — foi a disputa presidencial pelo voto direto mais apertada até então.

A partir da vitória do marechal Hermes, saíam de cena os bacharéis de direito e voltavam ao centro do poder os militares. Para o azar da nação, não tínhamos ali um dos exemplares mais brilhantes da caserna: Hermes da Fonseca crescera na vida com a ajuda de sua agenda de contatos, e sua fama de pouco inteligente o perseguiria por toda a vida.

O gaúcho nasceu em 1855 em um verdadeiro berço verde-oliva. Seu pai, o alagoano Hermes Ernesto, foi marechal e, ligado ao Partido Conservador do Império, governou Mato Grosso e Bahia. Um tio e um primo foram governadores de Alagoas. Outro tio era ninguém menos que Manuel Deodoro da Fonseca, o primeiro presidente do Brasil.

Dessa forma, mesmo que lhe faltasse brilhantismo, Hermes obteve boa educação e ingressou na carreira militar, tal qual seus parentes.

Na monarquia, foi ajudante de ordens de Gastão de Orléans, o conde d'Eu, marido da princesa Isabel, além de ter comandado a artilharia do Exército imperial. Sendo sobrinho de quem era, participou das articulações do golpe de 1889 e atuou como secretário-militar do tio. No ano de 1890 foi promovido de capitão a major e, em seguida, a tenente-coronel. Ascensão veloz, não?

Com o fracasso do autogolpe e a consequente renúncia de Deodoro, a vida do ainda jovem Hermes ficou menos confortável, e ele chegou a ser preso em 1892 por se manifestar contra uma medida do presidente seguinte, marechal Floriano Peixoto. Mas os ponteiros entre militares logo se acertariam e Hermes prosseguiria em sua carreira ascendente, tendo papel de destaque na repressão da Revolta da Armada (rebelados da Marinha contra Floriano, em 1893) e da Revolta da Vacina (o povo contra Rodrigues Alves, em 1904).

Tanta fidelidade aos poderes estabelecidos lhe garantiria a promoção a marechal em novembro de 1906, mesmo mês em que seria nomeado ministro da Guerra do recém-empossado presidente Afonso Pena. No cargo, o militar fez importantes contribuições para a modernização do Exército, cujo amadorismo ficara evidente, por exemplo, na dificuldade em derrotar até mesmo os sertanejos famintos de Canudos sob Prudente de Morais.

O ministro Hermes ampliou efetivos, criou o serviço militar obrigatório e investiu em equipamentos e treinamento de oficiais no exterior, o que lhe angariaria respeito da tropa.

Foi então se tornando uma liderança central das Forças Armadas. Enquanto isso, ganhava tração a ideia de uma energia militar que poderia limpar o Brasil da corrupção. Melhor ainda se o responsável por refundar a política depois de anos de esquemas viciados de oligarcas e bacharéis civis fosse um familiar do proclamador oficial da República (logo se vê que, àquela altura, poucos se lembravam do desastre que fora o governo Deodoro da Fonseca de quase vinte anos antes).

O discurso era bonito, mas a realidade é que, para ter chances no jogo bruto da Primeira República, Hermes da Fonseca precisava de um padrinho veterano em movimentar essas peças. E foi aí que se encaixou Pinheiro Machado, que no mesmo ano se tornaria líder do Partido Republicano Conservador, em teoria criado para reunir os descontentes com a política do café com leite. Na prática, servia para fazer as vontades de Pinheiro.

A união da velha raposa da política com o novo líder de um Exército mais forte e confiante deu certo do ponto de vista eleitoral. Com Hermes no Catete, a influência de Pinheiro Machado se expandiu tanto que comentaristas chegavam a se referir ao senador como uma espécie de presidente indireto do Brasil. Em uma das muitas piadas que se faziam sobre o marechal, certa vez Hermes teria confidenciado a seu vice Venceslau Brás: "O Pinheiro é tão bom amigo que chega a governar pela gente".

Formou-se então um caldo que reunia os seguintes ingredientes: (1) um novo presidente eleito com a promessa de trazer um choque de ética militar à velha política; (2) uma aliança que pretendia trazer novas forças políticas ao baile das oligarquias mineira e paulista; (3) as manipulações de um senador astuto sobre um presidente com fama de intelectualmente limitado.

Tal mistura levou Hermes a bater de frente com a política dos governadores, gestada muito antes por Campos Sales, ainda no fim do século XIX. Em funcionamento desde então, o sistema mantivera no poder as mesmas elites locais em um acordo com o poder federal. A razão nobre do arranjo era dar autonomia aos estados sem deixar de respeitar o ideal federalista da República. Na realidade, a coisa desandara e criara um coronelato vitalício que controlava, por meio de eleições fajutas, Executivos e Legislativos, estendendo tentáculos pelo Judiciário e pela imprensa dos estados.

A receita do novo governo federal para acabar com isso foi uma recém-nascida "política das salvações": intervenções militares que visavam substituir os governantes dos estados por sangue novo. No caso, sangue de amigos da nova administração.

Como opina a historiadora Isabel Lustosa:

Na época, perpetuava-se um sistema fechado e uma democracia de araque. Hermes da Fonseca tenta fazer a mudança por meio da força, em uma perspectiva que via os militares como salvadores da pátria, que se erguem quando a corrupção ou qualquer outra coisa parece abusiva. O presidente, e até sua família, representa essa ideia de que, diante de uma elite cor-

rupta, era papel dos militares estabelecer uma nova ordem. Isso deixa de levar em conta a plasticidade da política, que é feita de outras regras, elementos, negociações para as quais os militares talvez não estivessem tão preparados.

Inicialmente, a política das salvações funcionou, e o governo federal conseguiu substituir, na marra, administrações de estados do Norte e do Nordeste. Salvador, por exemplo, foi bombardeada por tropas federais, com saldo de mortos e feridos. Tarefa bem mais difícil seria derrubar as oligarquias de estados como São Paulo e Minas Gerais. Não apenas Hermes não conseguiu fazê-lo, como houve casos de "salvações" revertidas posteriormente pelos grupos políticos locais.

O saldo da derrota da truculência federal foi o enfraquecimento político do presidente da República, situação que se agravou em dezembro de 1913, quando o marechal decidiu recorrer a um estado de sítio para tentar pôr dissidentes sob controle.

Lidar com as oligarquias pode ter sido o maior desafio que Hermes enfrentou, mas não foi o único. Em 22 de novembro de 1910, com o novo presidente empossado havia apenas uma semana, um motim de marinheiros, liderado por João Cândido (que ficaria conhecido como Almirante Negro), tomou navios e informou ao governo federal que, caso os castigos físicos ainda em voga na Marinha não cessassem, o Rio de Janeiro seria bombardeado pelos rebeldes.

Depois de disparos e mortes na baía de Guanabara, a Revolta da Chibata, como ficou conhecida, terminou com o governo cedendo: Hermes prometeu anistiar os revoltosos e mudar as práticas arcaicas da força naval. Com o tempo, porém, o governo traiu o acordo — ex-revoltosos foram presos, banidos para seringais na Amazônia e até fuzilados. Entre os detidos estava Cândido, que foi expulso da Marinha.

E não acaba por aí. Outra revolta a assolar seu governo foi a Guerra do Contestado, que estourou em 1912 numa área disputada por Paraná e Santa Catarina. O confronto, que opôs posseiros e pequenos agricultores às autoridades locais e federais, tinha motivações sociais e políticas, mas também messiânicas, o que evocava Canudos. Os revoltosos só seriam derrotados no governo seguinte, com o custo de cerca de 10 mil mortos no conflito.

Em nota bem menos dramática, também causou dor de cabeça ao marechal presidente a constante chacota a que seu governo e sua pessoa eram submetidos pelos jornais. Pequenino e careca, Hermes fazia a festa dos chargistas, que adoravam desenhá-lo como uma bolota rechonchuda.

As sátiras tampouco esqueciam a fama de burro. Uma das anedotas dá conta de que, certa vez, Pinheiro Machado foi visitar o presidente, que estava de cama em um quarto fechado. "Assim Vossa Excelência não se cura, senhor presidente. Fica aí com estas janelas hermeticamente fechadas", afirmou o senador. Meses depois o adoentado era Pinheiro, e foi a vez de Hermes visitá-lo, presenciando a mesma cena. Repreendeu de volta o aliado: "Assim o senhor não se cura, senador. Fica aí com estas janelas 'pinheiristicamente' fechadas".

Em seu livro, Isabel Lustosa registra que, durante o governo Hermes, a polícia teria chegado a proibir que jornais dessem o burro como palpite no jogo do bicho. A preocupação seria preservar o marechal de qualquer dupla interpretação.

Maledicências costumam vir acompanhadas, e colou no presidente também uma fama de pé-frio. Episódios para confirmar a tese abundavam: a morte da primeira mulher no meio do mandato, a presença na reunião tensa que antecedeu a morte de Afonso Pena, o início do fim do ciclo da borracha na Amazônia em seu governo e até o fato de uma visita dele a Portugal ter coincidido com a queda da monarquia no país europeu. A reputação de azarado era tamanha que no Carnaval de 1915 uma enorme figa foi produzida para desejar sorte para seu sucessor, Venceslau Brás.

O marechal também deu suas contribuições ativas para não sair da boca do povo. Viúvo, o presidente de 58 anos de idade casou-se novamente em 1913 com Nair de Tefé von Hoonholtz, de 27. O país ganhava uma segunda e mais jovem primeira-dama, o que já seria o suficiente para animar a imprensa sensacionalista. Mas Nair não era só isso. Embora filha de um barão do império e neta de um conde da Prússia, desafiava as tradições. Publicava caricaturas em jornais, lançou moda ao usar calças e montava escanchada, isto é, com as pernas abertas em torno do cavalo, tal qual os homens, quando o considerado normal era a mulher montar de lado.

Como primeira-dama, decidiu promover saraus no Palácio do Catete. Em um deles, tocou em um violão o maxixe de autoria de Chiquinha Gonzaga chamado "Corta jaca". A letra dizia assim:

Esta dança é buliçosa
Tão dengosa
Que todos querem dançar
Não há ricas baronesas
Nem marquesas
Que não saibam requebrar, requebrar

Parece uma ótima forma de animar uma festa, mas o que se esperava em uma recepção presidencial nos anos de 1910 era música clássica e ponto final. Quando a primeira-dama decide tocar música popular brasileira, e ainda por cima com um violão, um instrumento então muito ligado às classes mais pobres, temos aí um escândalo nacional. A imprensa se esbaldou no "Corta Jaca Gate" e até o derrotado Rui Barbosa subiu à tribuna do Senado para vociferar contra o caso, mostrando mais uma vez nestas páginas que parte de suas ideias envelheceram muito mal:

Aqueles que deviam dar ao país o exemplo das maneiras as mais distintas e dos costumes mais reservados, elevaram o "Corta jaca" à altura de uma instituição social. Mas o "Corta jaca" de que eu ouvira falar há muito tempo, que vem a ser ele, senhor presidente? É a mais baixa, mais chula, a mais grosseira de todas as danças selvagens, irmã-gêmea do batuque, do cateretê e do samba. Mas nas recepções presidenciais o "Corta jaca" é executado com todas as honras de música de Wagner, e não se quer que a consciência deste país se revolte, que as moças se enrubesçam e que a mocidade se ria!

Para Isabel Lustosa, a forma com que Hermes da Fonseca vivia na berlinda da imprensa de sua época tem a ver, em parte, com o fato de o presidente ter desafiado o poder das oligarquias políticas do país, que controlavam — ou influenciavam — muitos jornais.

A gente sempre tem que considerar a política e a imprensa como atividades interessadas, que contribuem para destruir ou elevar a imagem de políticos. Hermes entra como uma força associada a um grupo que havia ficado afastado do poder desde Floriano Peixoto, os militares. Ele acaba sendo um desastre porque enfrenta as oligarquias que dominavam o país, e sai derrotado. Claro que sua imagem física e seu jeito ajudavam muito na construção desse personagem, mas é preciso levar em conta os interesses dessa oposição que era ligada a importantes jornais no Rio e em São Paulo, e que ajudaram a construir a imagem de Hermes.

Até quadrinha maldosa o presidente ganhou. Tudo começou em 1912, quando o barão do Rio Branco morreu e o governo Hermes, em respeito ao patrono de nossa diplomacia, tentou adiar o Carnaval para abril. Mas que ideia tentar mexer com a folia! A população do Rio de Janeiro não apenas ignorou a ordem governamental como pulou Carnaval duas vezes no ano, em fevereiro e abril. E veio a canção:

> Com a morte do barão
> Tivemos dois carnavá
> Ai que bom, ai que gostoso
> Se morresse o marechá

A praga das ruas não se concretizou, e o marechal Hermes não morreu durante o mandato. Depois de deixar o poder, passou alguns anos vivendo na Europa e só retornou ao Brasil em 1920. Foi recepcionado com festa por políticos e militares, e teve o nome lançado para a presidência do Clube Militar, associação que reúne membros das Forças Armadas.

O cargo teve peso político em vários momentos da história do Brasil, e aquele não seria diferente. O ex-presidente Hermes ainda aprontaria na vida pública. Em 1922, um ano antes de morrer, voltou a ser preso, dessa vez por se envolver com o tenentismo, certo movimento que chacoalharia algumas presidências adiante.

A imprensa pode ter tido sua cota de culpa em impulsionar a figura de Hermes como alguém meio trapalhão, mas também é fato que o marechal fracassou em sua tentativa de refundar a República. Para completar, seu mentor Pinheiro Machado, que chegara a nutrir sonhos de suceder o afilhado, não apenas fracassou em ser candidato como foi assassinado a punhaladas por um opositor em 1915. O arranjo entre São Paulo e Minas Gerais se restabeleceu firme e forte na eleição de 1914, que consagrou o vice de Hermes, o mineiro Venceslau Brás.

Apesar de todos os problemas políticos, o marechal deixou legados, como relativo respeito à liberdade de imprensa e uma atenção à classe trabalhadora na construção de vilas operárias, sendo a mais famosa delas no subúrbio de Marechal Hermes, no Rio de Janeiro. Além de ter melhorado as condições do Exército, sua presidência investiu em infraestrutura, com a construção de ferrovias e escolas. Sem dúvida ajudou bastante que tenha governado em um tempo em que as finanças do país iam bem, o que começaria a mudar ao fim de seu mandato, à medida que a economia mundial se fechava.

Em julho em 1914, estourou na Europa a Primeira Guerra Mundial, mas isso seria problema para o presidente seguinte, Venceslau, a quem Hermes passou, em novembro daquele ano, a recém-criada faixa presidencial, adereço instituído no governo do marechal.

Venceslau Brás (1914-1918), guerra, greve e gripe

Venceslau Brás (no centro, de chapéu), com a esposa, Maria Carneiro Pereira Gomes, seus filhos e outros, 1915.

A presidência de Hermes da Fonseca passou como um furacão pela vida política brasileira. O marechal tentara botar abaixo o edifício da República oligárquica, evocando ao mesmo tempo uma suposta superioridade moral dos militares e um desejo de tirar o sistema das mãos das elites civis que o comandavam havia tanto tempo. A isso se somava a insatisfação de estados com menos poder, como o Rio Grande do Sul de seu padrinho presidencial Pinheiro Machado.

Hermes fracassou na empreitada, e as velhas oligarquias de São Paulo e Minas Gerais decidiram dar um basta. Em 1913, ainda durante o governo do marechal, os governadores desses dois estados se reuniram na cidade mineira de Ouro Fino e ajustaram seus ponteiros. Era hora de voltar a governar alternadamente o país, sem surpresas eleitorais ou candidaturas novatas vindas da caserna ou de estados desejosos de mais poder. Quanta saudade do tempo em que presidenciáveis escolhidos em acordos de bastidores chegavam ao Palácio do Catete depois de vitórias de lavada.

O escolhido para o pleito de 1914 foi o então vice-presidente mineiro Venceslau Brás, de 46 anos de idade, que venceu com mais de 90% dos votos. A República do café com leite almejava ordem e previsibilidade, e Venceslau era o homem certo. Figura de cabelos bem cortados, bigodes aristocráticos e bochechas rosadas, era filho de político, estudou direito em São Paulo e passou por uma lista de cargos públicos, entre eles governador de Minas Gerais. Não era nenhum gênio, mas tampouco tinha a fama de estúpido de Hermes da Fonseca. Não era ousado, algo que vinha a calhar depois dos ímpetos do governo anterior. Era o clichê de mineiro pacato e de fala mansa.

Como vice do marechal, mal ia ao Rio de Janeiro, preferindo a discrição de sua fazenda no estado natal.

O jornalista e poeta Emílio de Meneses ironizou: "Moço de sorte, o Venceslau! É o primeiro caso que conheço de promoção por abandono de emprego!". Em outro momento, escreveu:

Nem ótimo, nem péssimo. Vai indo
Personificação do meio-termo,
Veio das vascas do governo findo
E é um paliativo no país enfermo
Ora galgando altura, ora caindo,

Ora na multidão, ora num ermo,
Alguns afirmam que é um talento lindo,
Outros que é um pobre e simples estafermo

O próprio presidente não negava a essência pouco aventureira, mas, para ele, isso depunha a seu favor. Certa vez, afirmou:

Para a vida, mais vale o bom senso e o equilíbrio do espírito do que os voos altaneiros das águias geniais. As águias, por isso que voam a grandes alturas, não veem com segurança as contingências do terreno onde a massa humana tem de agir.

Depois das emoções da era Hermes, Venceslau assumiu com a promessa de fazer um governo de "pacificação dos espíritos". Descobriria que o *timing* não era dos melhores. No fim das contas, seu governo precisou lidar com três sérios pepinos, que ficaram conhecidos como "3 Gs": a Guerra Mundial, que coincidiu com seu mandato, de 1914 a 1918; uma greve geral pelo país, em 1917; e a pandemia de gripe espanhola, iniciada em 1918.

Ao tomar posse, em novembro de 1914, o presidente não podia vislumbrar tantos problemas. Embora a Grande Guerra já tivesse começado, mantinha-se distante e sem envolvimento brasileiro. Mas, conforme foi avançando, o governo Venceslau começou a ser submetido a pressões de todos os lados, agravadas pelas dificuldades econômicas diante do comércio limitado por bloqueios navais.

O conflito havia estourado em julho daquele ano, depois de o herdeiro do trono do Império Austro-Húngaro, Francisco Ferdinando, ser assassinado por um nacionalista sérvio. Pode até parecer local, mas o incidente deflagrou um dos principais confrontos militares do século XX — afinal, o continente europeu estava mergulhado em nacionalismo e militarismo, e a paz até então se equilibrava sobre um complexo sistema de alianças entre os principais países.

De um lado, França e Reino Unido se interessavam em preservar sua longa hegemonia e seus impérios coloniais, mantendo ainda um acordo tácito com a Rússia czarista. Em contraposição ao trio, emergia um novo bloco de poder formado por estados nacionais mais recentes, Alemanha e Império Austro-Húngaro, que almejavam mais influência na Europa e no mundo. Em torno da primeira divisão de países orbitavam as demais nações do continente, estruturando uma rede de lealdades políticas e militares.

A morte do arquiduque deflagrou um efeito dominó, em que a ofendida Áustria-Hungria partiu para cima da Sérvia, que foi defendida pela Rússia, que, por sua vez, foi desafiada pela Alemanha, o que consequentemente trouxe para o conflito franceses e britânicos.

A Primeira Guerra ficou célebre por uma combinação de avanço tecnológico — que multiplicou metralhadoras, bombas e veículos motorizados — com uma estratégia arcaica de guerra de trincheiras, em que as tropas pouco conseguiam se mover. A mistura produziria mais de quatro anos de horror e carnificina, com um saldo de cerca de 20 milhões de mortos entre militares e civis.

Durante a maior parte do conflito, o longínquo e periférico Brasil se manteve neutro, tentando manter boas relações com os beligerantes. Em grande medida, o país pobre, rural e analfabeto se interessava pouco pelo que ocorria do outro lado do Atlântico. O frenesi de debates em torno do conflito se restringia ao pequeno topo da pirâmide de escolarizados que tinham acesso à imprensa e viviam em grandes cidades.

A guerra também costumava ser entendida por aqui em uma versão simplificada. De um lado, havia os favoráveis a França e Reino Unido, sobretudo em razão da simpatia da elite intelectual da época pela cultura francesa. Na política, um dos líderes desse grupo era o eterno presidenciável Rui Barbosa, derrotado por Venceslau e que advogava por uma tomada de posição clara do Brasil em favor dos aliados. Do outro lado do debate, ficavam os germanófilos, muitas vezes engajados em razão da origem alemã.

Os francófilos acusavam a Alemanha de ser um país bárbaro e militarista e estimulavam desconfianças sobre a lealdade ao Brasil por parte da expressiva colônia germânica do Sul, composta por muitos alemães natos. Em nada ajudava que circulassem pelo país mapas feitos na Alemanha antes da Guerra, exibindo uma América do Sul do futuro, dividida entre Estados Unidos, Reino Unido e Alemanha. Num desses mapas, o Sul e o Sudeste do Brasil virariam domínios do kaiser.

A gota d'água para tirar o Brasil da neutralidade foi o afundamento de navios brasileiros por submarinos alemães. Em 26 de outubro de 1917, o presidente enfim cedeu e declarou guerra: "Fica reconhecido e proclamado o estado de guerra iniciado pelo Império alemão contra o Brasil". O anúncio foi comemorado por Rui Barbosa:

> *Todos os povos civilizados estavam no dever de dar o seu concurso de sangue a esta tremenda carnificina criada pela Alemanha. Ao darmos este passo, o mais grave que temos dado, não se trata de irmos defender na Europa os interesses dos aliados — o Brasil vai defender-se a si mesmo, vai defender a sua existência moral e a sua existência política, vai defender a estabilidade de seu território.*

Apesar de todo o drama da Águia de Haia, a participação brasileira na Grande Guerra foi reduzida a alguns poucos pontos. A primeira contribuição foi a instalação de uma missão médica em Paris, com voluntários que ajudaram a tratar do enorme fluxo de feridos e mutilados que chegava das trincheiras. O país também enviou pilotos para a Inglaterra, que não chegaram a entrar em combate, mas treinaram e participaram de operações no canal da Mancha. Já um grupo de oficiais brasileiros se integrou ao Exército francês, e esses, sim, entraram em combate.

A mais ostensiva contribuição brasileira à causa aliada ocorreu meses depois da declaração de guerra e já perto do fim do conflito. Em julho de 1918, uma divisão naval com cerca de 1.500 marinheiros zarpou do Brasil com a missão de patrulhar, em busca de submarinos inimigos, a costa da África, subindo em direção ao Mar Mediterrâneo. Em uma escala em Serra Leoa, a esquadra entrou em contato com o vírus da gripe espanhola, o que causou baixas e atrasou a viagem.

A missão também ficou marcada por um episódio anedótico em que os marinheiros confundiram toninhas, parentes dos golfinhos, com um submarino alemão, causando um massacre de cetáceos. Nossos homens chegaram à Europa em novembro, um dia antes do fim do conflito, sem terem guerreado.

O episódio tem toda a cara daqueles casos pitorescos que alguns gostam de citar para rir da história brasileira, mas o historiador Carlos Daróz faz um alerta:

Se diante da magnitude do conflito a nossa participação não foi decisiva para a guerra, ela foi importante para o Brasil, produzindo modificações nos campos econômico, político, social e principalmente militar. Após o confronto, as Forças Armadas despertaram para a necessidade de modernização e reformulação, e tiveram o auxílio de missões estrangeiras. O país também ganhou um capital diplomático que não possuía. Na Conferência de Versalhes, que se seguiu ao armistício, o Brasil teve três cadeiras de delegados — mais que Portugal, que mandou mais de 20 mil soldados para lutar. Outro aspecto interessante é que, em função da interrupção do comércio marítimo internacional, houve um surto industrial no país, já que produtos que eram antes importados passaram a ser produzidos no país.

A presença de uma incipiente indústria levou à multiplicação no país da classe operária. Cada vez mais havia trabalhadores que ganhavam pouco, cumpriam longas jornadas e viviam em más condições — as típicas condições de trabalho extremamente insalubres daquele início de século XX. Além disso, esses trabalhadores sofreram durante a guerra em razão do aumento dos preços, fosse pela escassez de importados, fosse porque a exportação para os países europeus ávidos por alimentos contribuía para que os produtos encarecessem no Brasil.

Em um mundo pré-direitos trabalhistas, os operários também queriam menos trabalho noturno e infantil, mais segurança nas fábricas e direito a organização sindical e greve. As reivindicações eram banhadas pelo comunismo e pelo anarquismo, ideologias que ganhavam força à época e chegavam ao Brasil com as levas de imigrantes italianos e espanhóis.

Em julho de 1917, mesmo ano em que ocorria a Revolução Russa, estourou no Brasil a greve geral, sobretudo em São Paulo, mas também em outras cidades, como o Rio de Janeiro. Dezenas de milhares de trabalhadores marcharam em protesto, saques e depredações tomaram as ruas. A polícia reprimiu as aglomerações grevistas e houve mortos, entre eles uma criança, filha de um operário, e um jovem anarquista espanhol, José Martinez, cujo enterro parou São Paulo.

O clima de caos naqueles dias de greve permitia aos anarquistas sonhar com uma revolução no Brasil, mas a resposta de Venceslau Brás foi a decretação de estado de sítio e o combate ao movimento. Algumas reivindicações dos trabalhadores, porém, foram atendidas, como melhorias de condições de trabalho e um aumento salarial médio de 10%.

Misturando as imagens de repressor e negociador, Venceslau deixou o poder quatro dias depois do fim da Primeira Guerra, em novembro de 1918. Chegou a se envolver com política ocasionalmente, mas, como tantos de sua geração, desapareceu da vida pública depois do início da Era Vargas. Morreu em 1966, aos 98 anos de idade, sendo o mais longevo ex-presidente da história.

Sua presidência mostrou que o regime da Primeira República, com oligarcas, café e leite, tinha ares de um transatlântico que dificilmente iria a pique, mesmo diante de tempestades severas. Mas um *iceberg* começava a surgir no horizonte, em parte devido a todos aqueles acontecimentos. Os anos da guerra mundial produziram um país mais dinâmico, com mais indústrias, operários e vida urbana. Menos lavoura e mais cidade.

Os capitães desse navio ainda demorariam a entender isso. Naquele 1918, com uma firme mensagem de tradição e imobilismo político, o paulista Rodrigues Alves, que já governara o país no começo do século e que ingressava nos 70 anos de idade, voltou a vencer a corrida pela Presidência da República. Só que um dos "3 Gs" da era Venceslau, a gripe espanhola, continuava à solta e surgiria no caminho do presidente eleito.

10

Delfim Moreira (1918-1919), doente e breve

Delfim Moreira, c. 1918.

Delfim Moreira teve um papel tão coadjuvante na história do Brasil que não é de se estranhar que até em seu próprio capítulo ele soe secundário. Teve a chance de governar com a morte de Rodrigues Alves — e só por ser primo de Venceslau Brás. Ficou no poder por apenas oito meses, e, ao que parece, não teve muito a ver com as medidas adotadas por seu governo, um breve mandato que ficaria conhecido como "regência republicana".

Comecemos então com quem já havia ocupado seu lugar na história e estava com gostinho de quero mais: em 1918, doze anos depois de deixar uma bem avaliada presidência, Francisco de Paula Rodrigues Alves vencia, com quase 100% dos votos, mais uma eleição de cartas marcadas. Ele não esteve sumido por todo esse tempo: governou São Paulo de 1912 a 1916 e em seguida engatou um mandato no Senado.

Em 1917, o velho conselheiro do Império já apresentava saúde debilitada — compreensível, já que completara 69 anos de idade, o que legava a alguém *status* de ancião na época. Mas a política do café com leite dava direito à candidatura de um paulista como favorito à eleição presidencial de 1918; não havia muitas opções e o ex-mandatário reunia os apoios e competências necessários. Então, o Partido Republicano Paulista foi de Rodrigues Alves mesmo.

No mesmo ano, veio a gripe espanhola, que se espalhou pelo Brasil e matou mais de 35 mil pessoas em um país de cerca de 30 milhões de habitantes. O paulista deveria assumir o cargo em 15 de novembro daquele ano, mas contraiu a doença e não pôde tomar posse. Finalmente, entrou em cena o dono do capítulo: o mineiro Delfim Moreira, seu vice com 50 anos de idade, assumiu interinamente.

Quer dizer, quase entrou em cena.

Mesmo acamado, Rodrigues Alves se manteve às voltas com a administração do país. Morando próximo ao Catete, era visitado diariamente pelo interino, que manteve o ministério escolhido pelo titular. Mas a gestão em conjunto duraria pouco, já que o velho político paulista não resistiu à moléstia e morreu em janeiro de 1919, sem nunca ter sido oficialmente empossado para seu segundo mandato presidencial.

De acordo com a Constituição de 1891, uma nova eleição deveria ser realizada. Enquanto o pleito marcado para 13 de abril não vinha, quem ocuparia a Presidência seria o vice.

Tradicional político mineiro, Delfim estudara direito em São Paulo e fora deputado federal e governador de Minas Gerais. Durante a juventude, tivera intensa atividade política, mas o diferencial que o alçou à Vice-Presidência e depois à Presidência foi mesmo o fato de ser primo do ex-presidente Venceslau Brás.

Tal qual o parente, teve sua curta passagem pelo Catete marcada por constantes greves de trabalhadores. Seu governo entendia que a questão operária devia ser tratada pela polícia, e a resposta foi repressão, fechamento de sindicatos e expulsão de líderes anarquistas estrangeiros. A União Geral dos Trabalhadores do Rio de Janeiro foi extinta sob o entendimento de que era nociva à ordem pública e de que seus membros "constituíam um núcleo de agitadores, descambando para o terreno da anarquia".

Para combater o aumento do custo de vida, que estava na raiz de muitos dos protestos, o governo passou a fiscalizar e tabelar preços, medida famosa por não dar certo.

Ainda na economia, sua gestão precisou lidar com os déficits orçamentários surgidos no contexto da Primeira Guerra. Sem muitos recursos para investir, o governo se concentrou na capital federal, repetindo o foco do titular morto, Rodrigues Alves, na abertura de avenidas e melhorias na infraestrutura urbana do Rio de Janeiro.

A verdade, porém, é que, mesmo ocupando o cargo máximo da nação, Delfim Moreira teve pouco a ver, de forma geral, com as decisões do próprio governo. Segundo relatos da época, o presidente apresentava problemas mentais, alternando momentos de lucidez com outros de total alienação da realidade. As explicações para o que acometia o mandatário variam: senilidade precoce, mal de Alzheimer, esclerose ou sífilis. O concreto é que, diante da situação deplorável de Delfim, quem tomava a maior parte das decisões era seu ministro de Viação e Obras Públicas, Afrânio de Melo Franco.

Abundavam histórias de comportamentos bizarros do presidente enfermo. Certa vez, teria aparecido de casaca e, alertado pelo chefe do cerimonial que não havia solenidade prevista, reagiu com irritação: "Não tenho que lhe dar satisfações. Preciso sair agora mesmo. Ordeno-lhe que mande os batedores acompanharem meu automóvel". O destino seria uma loja em que o presidente queria comprar um colarinho.

Em outro episódio, Rui Barbosa tomava um longo chá de cadeira enquanto aguardava ser recebido por Delfim quando percebeu que, de vez em quando, olhos apareciam pela fresta da porta do gabinete presidencial. Quando o senador baiano olhava de volta para a porta, ela era fechada. Por alguma razão, o presidente espionava sua visita. Barbosa, que tantas vezes tentou sem sucesso chegar ao Catete, desabafaria: "Que estranho país é o Brasil, onde até um louco pode ser presidente da República e eu não posso".

Com a saúde precária, o presidente pouco participou das articulações em torno da eleição presidencial extraordinária que escolheria seu sucessor. Limitou-se a se opor ao nome do outrora espionado Barbosa. O eleito em abril seria Epitácio Pessoa, empossado na Presidência em 28 de julho de 1919. Depois de oito meses como titular, Delfim Moreira assumiu então a vice-presidência, cargo para o qual fora originalmente eleito. E até mesmo essa função exerceria pouco, morrendo em julho de 1920.

O jornalista e escritor Pedro Doria comenta essa presidência tão efêmera e esquecida:

Delfim Moreira, apesar de acidental, é um presidente absolutamente sem nenhuma importância. Até porque é um período em que pouca coisa acontece de relevante. E imediatamente depois o Brasil entra em um furacão. Nada acontecia, o país estava tranquilo e de repente tudo começa a se desmontar, mas aí ele já tinha saído da Presidência. Então é razoável que ninguém se lembre muito do Delfim como presidente.

O início do desmonte da Primeira República ocorreria sob a guarda do sucessor de Delfim.

Epitácio Pessoa (1919-1922), rachaduras no regime

Epitácio Pessoa (sentado, sexto, da esquerda para a direita) na comissão constituinte da Liga das Nações, em Paris, França, 1919. O brasileiro chefiava a delegação brasileira na Conferência de Versalhes, que se seguiu à Primeira Guerra Mundial, quando foi eleito presidente.

Nem só de São Paulo e Minas Gerais viveu a política do café com leite, e a eleição de lavada do paraibano Epitácio Pessoa em 1919 está aí para provar isso.

A morte de Rodrigues Alves e a necessidade de fazer uma eleição presidencial às pressas naquele ano pegaram de calças curtas os oligarcas de São Paulo e Minas Gerais. Aliás, a escolha do idoso e doente ex-presidente para disputar novamente o Palácio do Catete já havia sido um sinal de que começavam a faltar opções entre a velha guarda da política brasileira.

É verdade que havia um deles na ativa e ainda disposto a se tornar presidente: Rui Barbosa. Mas o senador baiano era o oposto dos valores da maioria da elite política da época: um defensor da liberdade política e econômica, da democracia ampliada e do voto secreto. E lá estava ele de novo como candidato a presidente na eleição de 1919. O pleito extra poderia ser enfim a sua chance.

Sem um nome competitivo e consensual em seus estados, os poderosos do café com leite foram buscar algo que, à primeira vista, parecia uma novidade política. Epitácio Lindolfo da Silva Pessoa nasceu em 1865 em Umbuzeiro, na Paraíba. Além de ser do Nordeste, região que ainda não tinha dado ao país presidentes pelo voto direto, Epitácio estava prestes a completar 54 anos de idade, o que fazia dele alguém da nova geração.

Mas esse paraibano estava bem mais no centro do *establishment* político brasileiro do que sugere o básico de sua biografia. Caçula de cinco filhos de um coronel que também era senhor de engenho no interior da Paraíba, Epitácio ficou órfão aos 7 anos de idade. Sua educação coube então a um tio materno, o barão de Lucena, então presidente (governador) da província de Pernambuco e influente político do Império e do começo da República.

Os caminhos se abriram para o menino, que estudou direito no Recife, tornou-se promotor e, por meio das conexões familiares, foi para o Rio de Janeiro e se aproximou do círculo íntimo do governo Deodoro da Fonseca.

Com contatos, hábil politicamente, carismático e bonito para quem aprecia a combinação de topete e bigode de pontas finas, Epitácio floresceu na capital da República.

Foi deputado federal, ministro da Justiça de Campos Sales, procurador-geral da República e ministro do STF. Da corte, descolou uma aposentadoria sob a justificativa de que sofria de crises na vesícula. As dores não deveriam ser tão terríveis assim, já que em seguida ele passou alguns anos no Senado e virou chefe da missão brasileira na Conferência de Versalhes, que definiu os termos do pós-Primeira Guerra.

Na Europa, Epitácio foi surpreendido pela escolha de seu nome como presidenciável, mas aparentemente a notícia não foi tão bombástica a ponto de fazer o candidato voltar ao Brasil. Este nem sequer pisou no país para fazer campanha, enquanto seu adversário, o incansável Barbosa, rodava o Brasil. Ainda assim, em mais um exemplo de como era azeitada a máquina eleitoral das oligarquias da Primeira República, o paraibano obteve mais de 70% dos votos, selando a última derrota do senador baiano em uma eleição presidencial — ele morreu em 1923, sem jamais chegar ao Catete.

Pedro Doria explica a escolha das oligarquias por esse nome de transição para governar o país até 1922:

Primeiro, Epitácio não era alguém que tinha ambição de ser candidato à Presidência, então não disputaria poder com os oligarcas tradicionais. Segundo, era um negociador nato. Terceiro, era um bom e velho conservador no sentido de que não tinha intenção de mudar o status quo. Era alguém com quem dava para ter sempre diálogo, que não pretendia nenhuma mudança brusca no regime. E era um nome para entrar em disputa com Rui Barbosa e vencer, sem deixar que um liberal chegasse à Presidência da República.

A gestão Epitácio ocorreu enquanto mudanças profundas começavam a aparecer na sociedade brasileira, sendo a mais politicamente relevante delas nas Forças Armadas. Elas tinham sido tratadas como instituições coadjuvantes durante a maior parte da Primeira República, exceções feitas aos governos iniciais de Deodoro e Floriano e, anos depois, ao conturbado período de Hermes da Fonseca. Mas a área militar havia passado por mudanças profundas nos últimos anos. Depois de iniciativas do próprio Hermes e como consequência dos ventos da Primeira Guerra Mundial, a caserna estava maior, mais equipada e mais organizada.

Desde 1913, a nova Escola Militar do Realengo, no Rio, selecionava, depois de criterioso concurso, aspirantes a oficiais que eram formados de maneira bem mais profissionalizada do que antes, lançando as bases do que seria a futura elite fardada. Para se ter uma ideia, da primeira turma formada na instituição, saíram Luís Carlos Prestes e Eduardo Gomes, personagens proeminentes da política brasileira do século XX. Em épocas não muito distantes se formaram Humberto Castelo Branco, Artur da Costa e Silva, Emílio Garrastazu Médici e Ernesto Geisel. Afirma Doria:

> *Eles são formados dentro de uma ideologia de que nada representa de forma tão pura os melhores anseios da pátria que o Exército. É toda uma ideia de que o soldado não mente, segue a hierarquia, prepara-se e estuda. Diante da corrupção no país, esses militares vão se convencendo de que a única saída para a República é eles passarem pelo poder, de que é preciso apear o governo para instituir de fato a democracia.*

Realengo era também um caminho para a ascensão social de setores mais modestos da classe média, enquanto outra forma de subir na vida, como cursar direito, costumava ser um privilégio dos mais ricos. Politizada e escolarizada, essa juventude militar se tornava crescentemente insatisfeita com a falta de voz que tinha na Primeira República, na qual tudo era decidido por casacas e oligarcas rurais.

A inquietação se transforma em ação quando esses oficiais de baixa patente aos poucos se organizam politicamente, dando forma a um movimento que entraria para a história: o tenentismo. Às suas cobranças se somam as de outros setores crescentes na virada para os anos 1920, como operários, funcionários públicos e profissionais liberais urbanos — toda uma gente que se via sem lugar no arranjo da República oligárquica criada no fim do século XIX, quando o país tinha metade da população que teria três décadas depois.

> *O tenentismo representa uma tensão que começa a aparecer com muita força dentro da República brasileira. É uma turma nova que quer ter poder e interferir nas decisões. São representantes de uma nova classe média, de um novo espírito que até então não tinha tido acesso à estrutura de poder. Essa sensação de injustiça é muito forte em 1920, 1921 e 1922, assim como o é uma percepção de que as eleições são todas fraudadas, de que a democracia é uma farsa, de que os dados são marcados para que você não tenha chance de interferir de forma alguma. E de repente aparece uma turma que diz que quer mudar isso.*

Os ânimos se acirraram ao longo do governo Epitácio até chegar à prova de fogo da eleição presidencial de março de 1922. Durante a campanha, o movimento tenentista se opôs ao nome escolhido para ser presidente pelo velho esquema do café com leite: o governador de Minas Gerais, Artur Bernardes. Além do fato de verem no mineiro o símbolo da ordem apodrecida, os militares o detestavam em razão da divulgação pela imprensa de supostas cartas de Bernardes em que o marechal Hermes da Fonseca era chamado de "sargentão sem compostura".

Àquela altura, o ex-presidente chefiava o Clube Militar e tinha virado um queridinho da jovem oficialidade. O governador de Minas Gerais sempre negou a autoria das cartas, que são consideradas falsas, mas sua má fama no seio da família tenentista se instalou de vez.

As oligarquias de estados menos influentes farejaram que aquela podia não ser uma eleição normal, e viram ali uma chance de contestar o mando mineiro-paulista. As elites políticas gaúcha, pernambucana e baiana decidiram então apoiar a candidatura presidencial do ex-presidente fluminense Nilo Peçanha. Para os padrões das eleições sem disputa da Primeira República, até que o opositor foi bem, com mais de 40% dos votos, mas os dados marcados mais uma vez triunfaram.

Também como sempre, os derrotados promoveram uma grita geral contra as fraudes do sistema eleitoral. Havia uma diferença: desta vez, gente do Exército estava ao lado deles.

Preocupado com o que poderia acontecer, o presidente Epitácio Pessoa convocou uma reunião com políticos aliados no Palácio do Catete antes do reconhecimento oficial da vitória de Bernardes. Afirmou que havia o risco de o eleito não conseguir ser empossado e, caso fosse, de não concluir seu mandato.

Não houve, porém, consenso sobre declarar Nilo Peçanha vencedor, tampouco uma forma que não parecesse flagrantemente ilegal de impedir Bernardes de ser presidente. Todos decidiram nada decidir, e a instabilidade no país continuou.

O governo federal não parou de reprimir grupos que contestavam a vitória do mineiro. A temperatura da crise subiu em 2 de julho de 1922, quando o marechal Hermes decidiu dar pitaco na confusão e acabou preso por ordem do presidente da República. Seu Clube Militar foi fechado. O ex-presidente foi libertado no dia seguinte, mas o encarceramento do marechal amado pelos tenentes pegou mal, e foi uma das deixas para que um levante militar fosse marcado para o dia 5 de julho para derrubar a República de Epitácio e Bernardes.

O plano era impedir a posse do presidente eleito, marcada para novembro. Faltou, porém, organização e ânimo da tropa. A insurreição generalizada imaginada inicialmente se restringiu a algumas unidades militares no Rio de Janeiro, em Niterói e em Mato Grosso.

Na capital federal, o que ficou para a história foi a resistência no Forte de Copacabana, em que militares de baixa patente combateram tropas fiéis ao governo federal. A troca de tiros e bombas foi intensa, até que, no dia 6 de julho, um pequeno grupo de rebeldes que rejeitava a rendição marchou pela avenida Atlântica, em Copacabana, em direção ao Palácio do Catete e às centenas de soldados legalistas que faziam obstáculo.

Os jovens revoltosos ficaram conhecidos como os 18 do Forte, embora seja controverso seu número exato.

Entre mortos, feridos e presos, dois virariam ícones da história do tenentismo: Antônio de Siqueira Campos, que morreria meses antes de ver os tenentistas enfim chegarem ao poder com Getúlio Vargas, em 1930, e Eduardo Gomes, que apoiaria e depois se desencantaria com o getulismo.

Esses caras, de certa forma, começam com o levante de 1922 e só terminam em 1964. Quase todas as tentativas de golpe no Brasil têm um tenente daquela época envolvido. Mas quando eles estavam em 1922, não era algo reacionário, mas revolucionário, vindo do anseio da população pelo aumento da democracia contra um regime caquético.

Derrotado o levante, Epitácio governou até o fim de seu mandato sob estado de sítio, o que foi mantido depois no acuado e violento governo Bernardes. Fora da Presidência, o paraibano voltou ao Senado e chegou a apoiar as articulações em torno da tomada do poder por Getúlio em 1930. Afinal, seu sobrinho, João Pessoa, havia sido o vice da candidatura presidencial do gaúcho e, assassinado, tornou-se pivô da revolução que pôs fim à Primeira República.

Mas as boas relações do ex-presidente com o novo regime durariam pouco. Marcado pelo trauma de julho de 1922, Epitácio cobrava que o governo Getúlio fosse civil, sem influência dos tenentes. Segundo ele, não ficava "bem ao Brasil no conceito do estrangeiro submeter-se a uma ditadura de militares". Declarou: "Se os chefes da revolução atual entendem que ela é a continuação e o fecho da que tentou depor-me, não há lugar para mim entre os seus colaboradores". O ex-presidente rejeitou convite para ser embaixador em Washington e, depois de se encontrar com o novo chefe do país, previu: "Getúlio pretende perpetuar-se no poder. Não fará o plebiscito nem convocará as eleições para a Constituinte".

Votação para compor uma Constituinte até houve, mas parte da profecia se concretizou. Morto em 1942 vítima de mal de Parkinson, Epitácio Pessoa pôde testemunhar a metamorfose em uma ditadura do governo Vargas, que jamais poderia ter chegado aonde chegou sem o crucial apoio dos tenentes de vinte anos antes.

Ao morrer, o paraibano já estava, havia algum tempo, afastado da vida pública, como tantos políticos daquela já velhíssima Primeira República. Pedro Doria faz um paralelo entre a presidência do paraibano e certo período mais recente:

> O governo Epitácio Pessoa é o governo Michel Temer. É um governo durante o qual vai ficando claro que a maneira corrente de pensar o país está acabando e não é mais viável. O pacto essencial que sustentava uma maneira de governar acabou, e era preciso organizar uma mudança. Epitácio passou a primeira metade do mandato com tranquilidade. Na segunda, tentou sobreviver e manter intacto o regime da Primeira República. Pode ser resumido como um cara de espírito pacato, negociador, que pretendia fazer um governo sem grandes impactos. No entanto, todo o sistema começa a entrar em colapso, e ele vai tentar manter o troço de pé desesperadamente.

Prosseguir ladeira abaixo seria uma missão para Artur Bernardes.

12

Artur Bernardes (1922-1926), o país sob sítio

Artur Bernardes, 1922.

Em 15 de outubro de 1921, o governador de Minas Gerais, Artur da Silva Bernardes, descobriu que não era exatamente amado pela população do Rio de Janeiro. Tinha ficado famoso como suposto autor de cartas com insultos contra o ex-presidente e ídolo dos militares Hermes da Fonseca, entre outras impropriedades. As missivas eram falsas, mas todo mundo sabe como é difícil domar *fake news*. E isso era um grande problema, uma vez que Bernardes estava se lançando para disputar a eleição presidencial do ano seguinte.

Foi nesse clima de animosidade que Bernardes desembarcou naquele dia na capital federal para iniciar sua campanha ao cargo máximo da República. A recepção popular foi de vaias contra seu cortejo, que precisou ser cercado por um aparato de segurança. Não seria o único exemplo do repúdio carioca ao político mineiro. No Carnaval antes da eleição, marcada para março de 1922, fez sucesso uma marchinha que, em diferentes versões, cantava o seguinte:

> *Rolinha, desista, abaixe esta crista*
> *Embora se faça uma "bernarda" a cacete*
> *Não vais ao Catete*
> *Não vais ao Catete*
>
> *Ai, seu Mé, ai, seu Mé*
> *Lá no Palácio das Águias, olé*
> *Não hás de pôr o pé*

Cabe aqui um pouco de contexto. "Palácio das Águias" era uma das formas como era chamado o Palácio do Catete, sede do governo federal. "Rolinha" e "seu Mé" eram apelidos de Bernardes. O primeiro diminuía a figura do governador mineiro. O segundo, mais específico, referia-se ao fato de o presidenciável ter um rosto longo e afinado, daqueles que remetem imediatamente à imagem de um carneiro. "Mé".

Acuado, inseguro e sem conseguir impor respeito, o mineiro responderia com agressividade aos críticos, fossem eles opositores ferozes ou meros sátiros. Quando ele chegou, contra a previsão da marchinha, ao Catete, até mesmo os compositores de "Seu Mé" foram chamados para dar explicações à polícia. Foi uma pequena e patética amostra de uma presidência marcada por vingança, autoritarismo e brutalidade que, hoje, tantas décadas depois, é amplamente desconhecida dos brasileiros.

Apesar de tudo, sua chegada à Presidência aos 47 anos de idade não foi nenhuma surpresa: as oligarquias de São Paulo e Minas Gerais ainda dominavam o país, e Bernardes não estava disposto a abrir mão do que entendia como o direito natural de uma liderança política do café com leite. Mas as coisas já começavam a mudar, e, fosse pela ascensão política e econômica de outros estados, ou por mudanças que tornavam a sociedade mais complexa, a oposição ao governo federal atingiria, em seu mandato, níveis inéditos.

Nascido em Viçosa, na Zona da Mata mineira, em uma família remediada, trabalhou para bancar os estudos, tornou-se bacharel em direito na capital paulista e casou com a filha de um senador que lhe abriu as portas para a política. Construiu sua carreira, primeiro como deputado federal e depois como governador e presidente, com frieza e sisudez. Apreciava latim, a norma culta da língua portuguesa e a religião católica. Não apreciava senso de humor.

Antes de assumir a presidência, depois das chacotas e da crise política e militar que colocou em risco sua posse, chegou a falar que "o presidente esquecerá as injúrias feitas ao candidato". Foram palavras ao vento. Uma vez no poder, Artur Bernardes abriu a caixinha de vinganças. Atacou o antecessor Epitácio Pessoa, que havia ventilado a hipótese de impedir sua posse; arquitetou derrotas eleitorais de adversários nos estados, entre eles um aliado de seu rival na eleição presidencial, o fluminense e ex-presidente Nilo Peçanha; e descartou anistias para a baixa oficialidade militar que contestou sua vitória em julho de 1922.

Para uma ofensiva tão ampla, o presidente se armou com o estado de sítio durante quase todo o seu mandato. Assim, uma medida que deveria ser excepcional tornava-se regra, com o governo perseguindo, prendendo e torturando adversários, fossem eles jovens militares ou operários anarquistas. Um campo de concentração para prisioneiros foi montado em Clevelândia, no extremo norte do Amapá. Conhecida como Inferno Verde, a cadeia amazônica era completamente insalubre e os presos eram submetidos a trabalhos forçados, torturas e fome. Dos cerca de novecentos enviados ao local, quinhentos morreram.

A repressão foi facilitada pela aprovação no Congresso de uma revisão da Constituição que restringiu o direito ao *habeas corpus* e ampliou o poder do governo federal para intervir nos estados. Além disso, uma nova lei de imprensa facilitou processos contra jornais críticos ao governo, e a polícia do Distrito Federal, que costumava ser comandada por um bacharel em direito, foi entregue a um general.

O jornalista Assis Chateaubriand, que, entre outras coisas, se tornaria um dos principais barões da imprensa no século XX, escreveu sobre o presidente:

> Assim como os escorpiões moram na umidade dos porões abandonados, a vermina dos prejuízos do dr. Artur Bernardes se aninha no misticismo tenebroso da sua alma, que deles fez uma divindade negra, em obséquio a qual celebra as missas do terror [...]. O ódio é nele, como no sertanejo, uma força inextinguível, que o acompanha com a fatalidade de uma tara.

Já o próprio mandatário assim se justificava:

> *Vim para o governo da República com o propósito inabalável de servir à nação e de assegurar-lhe a paz e promover-lhe o progresso, dentro da ordem e da lei; mas os políticos ambiciosos e os maus cidadãos não me têm deixado tempo para trabalhar, obrigando-me a consumi-lo quase todo em fazer política.*

Vê-se que o presidente parecia não compreender que pudesse ser alvo de oposição, o que acabou por isolá-lo. Afirma Pedro Doria:

> *Ele vinha de um sistema no qual o jogo era muito simples: ele era o governador de Minas, portanto tinha o direito de ser presidente. Como assim se vai questionar isso? Como assim Pernambuco, Bahia, Rio de Janeiro e Rio Grande do Sul cogitam se opor? Dá para perceber em todo movimento de Bernardes que por trás há um homem estupefato que vê o país derretendo ao seu redor.*

Assustado e temendo a deposição, o imperial presidente reage, redobrando seu perfil irredutível, o que estimularia novas contestações. Mas, apesar da repressão do governo, as revoltas dos jovens militares continuavam. Em 5 de julho de 1924, exatamente dois anos depois do levante do Forte de Copacabana, foi a vez de o tenentismo desafiar o governo em São Paulo. Em uma aliança com integrantes da Força Pública paulista, ancestral da atual Polícia Militar, os tenentes tomaram o governo do estado e se entrincheiraram na capital para, depois, descer até o litoral e depor Bernardes no Rio de Janeiro.

Muito menos conhecida que a revolta dos 18 do Forte, a tomada de São Paulo durou mais tempo — quase um mês — e foi bem mais sangrenta que sua antecessora carioca.

Em resposta, o governo federal ordenou que o Exército atacasse São Paulo com bombardeios por aviões, disparos de tanques e destruição de edifícios civis. Cadáveres se espalharam pelas ruas da capital paulista. Para Pedro Doria, a reação de Bernardes foi destemperada:

São Paulo era o grande poder industrial brasileiro, boa parte do PIB do Brasil já dependia dela. São várias as fábricas que ele põe no chão com bomba de canhão, o que é essencialmente burro. Ele estava botando abaixo a capacidade de produção do país por alguns anos. Por mais que exista uma personalidade que transmita frieza, Bernardes não estava fazendo um cálculo. Mesmo que fosse alguém que partisse do princípio de que matar alguns brasileiros não seria problema, ele nem sequer estava refletindo sobre o comprometimento econômico do país. Simplesmente reage, muito em face de sua compreensão de que era presidente: mandava e pronto.

Derrotados, os tenentes rebelados que conseguiram escapar da capital paulista se tornaram parte do que viria a ser a Coluna Prestes, uma marcha de revoltosos que, sob a liderança de Miguel Costa e Luís Carlos Prestes, pretendia rodar o país até derrubar o governo na capital federal.

Os jovens oficiais não contavam, porém, com o vácuo logístico que encontrariam pelos sertões brasileiros. Estradas eram péssimas, e comida e munição rareavam. Os conflitos com o Exército pelo caminho nem eram o maior dos problemas: graves mesmo eram os encontros com capangas de líderes políticos locais, estes, sim, conhecedores do terreno. Tampouco deu certo o plano de despertar o povo para a necessidade de extinguir a República oligárquica, talvez porque, de acordo com relatos, os próprios revoltosos cometessem crimes contra as populações locais.

A Coluna Prestes se dispersou sem jamais atingir seu objetivo, mas ganhou ares lendários graças ao tratamento bondoso que recebeu da imprensa dos grandes centros urbanos do país. Segundo Pedro Doria, o mito da marcha pelo Brasil profundo seria combustível extra para o movimento que, com significativa ajuda tenentista, levou Getúlio Vargas ao poder em 1930.

Mas cá estamos em 1926, quando, lançando mão de todo o aparato repressivo a seu alcance, Artur Bernardes conseguiu finalizar seu mandato e transmitir a faixa ao sucessor, Washington Luís. A queda da Primeira República, porém, já estava armada.

Washington Luís nunca teve chance, pois o regime já tinha acabado na prática no governo anterior. Quando Bernardes chegou ao poder, havia duas questões no Brasil: a primeira era a movimentação social da classe média ascendente e dos operários que não tinham poder de decisão, e inevitavelmente precisariam de espaço político. A segunda eram os estados que queriam mais poder. Quando nesse momento-chave chega à Presidência alguém que nem sequer cogita a possibilidade de negociar espaços, a Primeira República implode. Se existe alguém que pode ser responsabilizado pelo fim abrupto do regime foi Artur Bernardes, por conta de sua incapacidade de entender o que acontecia no Brasil. Quando Washington Luís chega, as pontes haviam sido todas dinamitadas pelo antecessor.

A violência ofusca avanços que ocorreram naqueles quatro anos: quando não estava ocupado perseguindo quem desafiava seu poder, Bernardes sancionou o embrião do que seria a Previdência Social, a restrição ao trabalho infantil e o direito a quinze dias de férias remuneradas ao trabalhador. O Estado, porém, não tinha muita vontade de fiscalizar, e pouca coisa mudou, de fato, naquele momento.

Meses depois de deixar o Catete, Bernardes foi eleito senador e, mais uma vez, foi confrontado com a indisposição do povo carioca em relação à sua pessoa. O Senado precisou ser cercado por soldados para proteger o ex-presidente da fúria da multidão que o vaiava e o insultava. Um senador adversário foi à janela parabenizar os populares pela "reação cívica" contra o "sicário de Viçosa".

No estado natal a situação era mais cômoda. Bernardes manteve sua influência em Minas Gerais por muito tempo, mesmo depois do fim da Primeira República e da chegada de Getúlio ao poder. Apoiador do levante de 1930, o ex-presidente oscilou entre posições favoráveis e contrárias ao novo governo. Por ter se oposto ao getulismo, foi preso e exilado. Na ditadura do Estado Novo (1937-1945), ficou sob uma espécie de prisão domiciliar. Com a queda do regime, o ex-presidente, convertido em perseguido político, elegeu-se deputado federal.

Como boa memória nunca foi um forte dos brasileiros, foi o Artur Bernardes antigetulista que passou a ser lembrado depois de sua morte, em 1955, aos 79 anos de idade. Os pecados presidenciais de três décadas antes importaram menos para a multidão que foi a seu enterro e para a imprensa que o celebrou como grande democrata. Adjetivo curioso para quem tantas vezes optou por escalar conflitos e criou o Inferno Verde de Clevelândia.

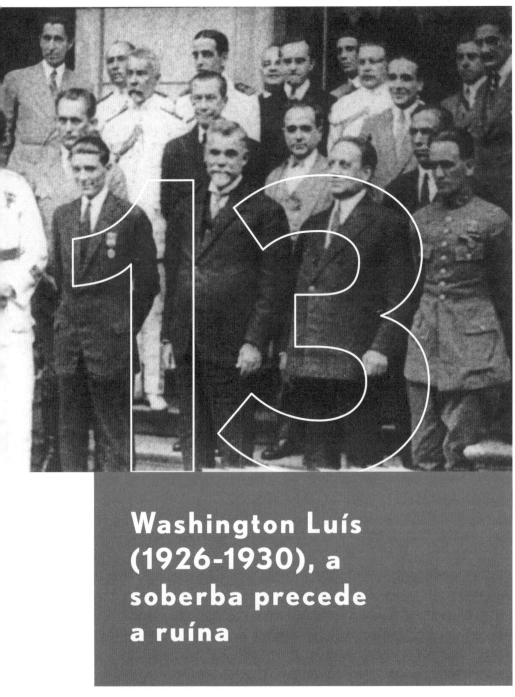

13

Washington Luís (1926-1930), a soberba precede a ruína

Washington Luís (primeira fileira, ao centro) durante chegada de aviadores ao palácio do Catete. Na segunda fileira, à esquerda, está Getúlio Vargas, seu então ministro da Fazenda, c. 1926. Quatro anos depois, Getúlio, candidato presidencial derrotado, lideraria o movimento que levou à derrubada de Washington Luís.

Quando não é lembrado como nome de avenida de São Paulo, Washington Luís costuma vir à mente como uma figura distante, que foi vitimada pelo movimento que levou Getúlio Vargas ao poder, em 1930. Os bons de memória talvez se recordem, ainda, da fotografia do presidente deposto sentado no banco de trás de um carro que saía de um Palácio do Catete cercado de militares: apenas um obscuro personagem de quem se ouve falar de passagem nas aulas de história como introdução à grande saga da Era Vargas.

Washington Luís, no entanto, merece mais do que uma nota de rodapé. O presidente e sua administração foram a perfeita representação de como funcionava o regime que governou os brasileiros durante quatro décadas, mas que falhou em perceber que o país mudava rápido. Entender como essas mentes operavam é compreender como foi possível a queda da Primeira República brasileira.

Mas, antes de chegar ao colapso, voltemos a quando tudo ia bem para os oligarcas: o dia 15 de novembro de 1926. Naquela data, o Rio de Janeiro era uma grande festa, com música, chuvas de pétalas e desfile em carro aberto do novo presidente, Washington Luís Pereira de Sousa, de 57 anos de idade. Pudera: o povo carioca precisava externar sua satisfação pela saída do odiado Artur Bernardes, que submetera o país a quatro anos de desmedida violência.

Atendendo a expectativas, o sucessor iniciou sua gestão buscando apaziguar conflitos. Encerrou o estado de sítio, libertou presos políticos, fechou as tenebrosas prisões bernardistas e até legalizou o Partido Comunista Brasileiro, criado em 1922. Diferentemente do gélido Bernardes, Washington era carismático, bonito e boêmio. Cantava marchinhas nas festas do Catete (sorte dele que Rui Barbosa já havia morrido) e promovia reuniões para discutir arte, literatura e teatro. Escreveu uma peça e livros de história. Estava longe de ser um homem do povo, o que seria improvável na República oligárquica, mas, ainda assim, caiu no gosto popular.

O político e escritor Gilberto Amado, irmão de Jorge Amado, descreveu assim o presidente:

Washington Luís, espadaúdo, musculoso, lustroso bigode, espesso cavanhaque, cabelos abundantes, reluzia nestes anos de 1928-29, no esplendor de uma maturidade robusta. Seu contato era saudável, sua voz cheia, viril; os sobrolhos densos ensombrar-lhe-iam o ar sem o sorriso que a miúdo o clareava. Sempre bem-vestido, gravata túmida no colete fechado, caracterizava-o na conversa, sob a cortesia de maneiras, uma benevolência superior, que lhe era tão inerente ao feitio que ele não se dava conta de quão ofensiva podia tornar-se. Ouvir, não ouvia.

O presidente nasceu em Macaé, no litoral do estado do Rio de Janeiro, filho de um tenente-coronel. Sua família havia sido influente durante o Império, com passagens por Câmara, Senado e comando de ministérios. Washington fez o percurso da elite da época e estudou direito em São Paulo, seguindo a tradição familiar e sendo ele próprio um homem poderoso. Construiu carreira política em São Paulo, tendo sido prefeito da capital, governador e senador antes de chegar ao Palácio do Catete. Isso explica um fluminense eleito na República do café com leite. Tratava-se de um "paulista falsificado", como compôs Eduardo Souto para uma canção de 1929.

À frente da capital paulista, Washington combateu a greve geral de 1917. Entrou para a história como alguém insensível às causas sociais ao declarar que "questão social é caso de polícia". Na verdade, a frase é uma simplificação de uma declaração mais complexa tirada do contexto, em que o prefeito afirmou: "A agitação operária é uma questão que interessa mais à ordem pública do que à ordem social; representa o estado de espírito de alguns operários, mas não de toda a sociedade".

No governo de São Paulo, sob o lema "Governar é abrir estradas", o paulista de Macaé investiu na construção de vias pelo estado. Também buscou modernizar o Judiciário e a polícia, à época nas mãos de coronéis políticos locais.

O cientista político e historiador Christian Edward Lynch vê em Washington Luís um perfeito representante da classe política da Primeira República, defensor de uma modernização conservadora:

> Sua geração sustentava que o progresso tinha que ser feito em uma base um pouco mais autoritária por parte do Poder Executivo. Para isso, seria preciso livrar a administração da politicagem representada por elementos atrasados e coronelistas do interior. Washington Luís era modernizador à sua maneira, em um espírito conservador. Seu governo tinha surgido como o ideal da aristocracia da Primeira República: liberal economicamente, jovem, empreendedor e elitista no sentido de acreditar no papel da elite na promoção

do progresso. Era essa ideia do governante liberal e ilustrado que levaria o Brasil para perto dos grandes países civilizados, tirando-nos do primeiro lugar da gafieira para colocar-nos no último lugar do Jockey Club.

Na Presidência da República, Washington Luís buscou reproduzir a maneira com a qual sempre havia governado: de cima para baixo e, em sua opinião, para o bem de seu inculto povo. O problema foi que calhou de ser presidente na década de 1920, na qual cobranças por mais participação política surgiam de todos os lados: jovens militares, trabalhadores e grupos políticos regionais. Além disso, havia as ideologias que ganhavam força no Brasil e no mundo: à direita, o fascismo, e à esquerda, o comunismo, ambos com apelo popular e em contestação aberta ao modelo de democracia liberal e burguesa.

O orgulhoso galã presidencial não era um destemperado como seu antecessor, mas, diante de tantos questionamentos, rapidamente abandonou o discurso de pacificação. Em 1927, o governo conseguiu aprovar uma lei que reduzia as liberdades no país, com controle de imprensa e repressão ao tenentismo e ao operariado. O Partido Comunista voltou à ilegalidade.

Aos problemas políticos se somariam os econômicos quando, em 1929, a Bolsa de Nova York quebrou e mergulhou o mundo em uma crise monumental. No Brasil, o maior afetado foi o mercado do café. Com as contas públicas em perigo, Washington Luís se negou a dar crédito aos produtores, como o governo sempre fazia. A resposta dos ruralistas foi: "O lema é a lavoura, hoje com o governo. Se não formos atendidos, amanhã será a lavoura sem o governo. E, depois, a lavoura contra o governo".

Mesmo pressionado de tantos lados, o presidente julgou que aquele era um bom momento para desafiar a política do café com leite. Pelo arranjo, a vitória na eleição de 1930 pertencia a Minas Gerais, no caso, ao governador Antônio Carlos de Andrada. Pois o presidente acreditou que tinha tudo tão sob controle que poderia dar uma rasteira nos mineiros e indicar como sucessor o governador de São Paulo, Júlio Prestes (não confundir com o comunista Luís Carlos Prestes).

Para Christian Lynch, Washington tinha o pecado de ser "paulista demais" ao nutrir desconfiança sobre a capacidade dos outros estados de conduzir bem o Brasil.

Tendo em comum a mágoa e o sentimento de exclusão, Minas Gerais e Rio Grande do Sul se uniram no que chamaram de "Aliança Liberal" para construir uma candidatura adversária a Prestes. O candidato a presidente seria uma cobra criada da Primeira República: o governador gaúcho Getúlio Dornelles Vargas, tendo como vice o governador da Paraíba, João Pessoa. Os governistas tripudiavam com as chances de vitória da Aliança contra o candidato do Catete. O humor a serviço de Júlio Prestes cantava coisas assim:

Pra vencer o combinado brasileiro,
Diz Getulinho: "É sopa, é sopa, é sopa!"
Paraibano com gaúcho e com mineiro?
Diz o Julinho: "É sopa, é sopa, é sopa!"

[...]

Getúlio,
Você tá comendo bola
Não te mete com seu Júlio,
Que seu Júlio tem escola!

Também havia compositores simpáticos à oposição. Em "Seu Doutor", Eduardo Souto provocava o presidente:

O pobre povo brasileiro
Não tem, não tem, não tem dinheiro
O ouro veio do estrangeiro
Mas ninguém vê o tal cruzeiro

[...]

Quem sobe lá para o poleiro
Esquece cá do galinheiro
Só pensa num bom companheiro
A fim de ser o seu herdeiro

De novo, agora pela última vez, as engrenagens da Primeira República funcionaram. Cada oligarquia estadual fez das suas ao recorrer a fraudes, mas o voto do cabresto de Seu Julinho, com a força de São Paulo e do Catete, falou mais alto. Em março de 1930, o paulista foi eleito com mais de 1 milhão de votos contra 740 mil do gaúcho.

A espera para a posse em novembro seria longa e tumultuada: enquanto a oposição derrotada acusava novamente os vencedores de fraudar o pleito, os tenentes viam mais uma chance de derrubar o regime à força. Washington Luís não ficou na defensiva: o Congresso dominado pelo governo barrou deputados da Aliança Liberal eleitos por Minas Gerais e Paraíba.

Já era um clima suficientemente conflagrado, mas eis que João Pessoa, o vice de Getúlio, foi assassinado em 26 de julho. O crime ocorreu por questões locais, sem ligação com a eleição presidencial, mas quem se importa com detalhes quando há tanta gente à espera de um rastilho de pólvora capaz de derrubar a República? A oposição apontou o dedo para Washington Luís. O deputado gaúcho Lindolfo Collor, avô de certo presidente futuro, foi à tribuna da Câmara: "Caim, que fizeste de teu irmão? Presidente da República, que fizeste do presidente da Paraíba?".

Políticos e lideranças militares se lançaram à conspiração, até que, no dia 3 de outubro, explodiu no Rio Grande do Sul um levante contra o governo federal. À frente do movimento, o candidato derrotado Getúlio Vargas chegou a escrever apreensivo em seu diário: "E se perdermos? Eu serei depois apontado como o responsável, por despeito, por ambição, quem sabe? Sinto que só o sacrifício da vida poderá resgatar o erro de um fracasso".

Mas não foi dessa vez que Getúlio se matou. Os rebeldes derrubaram governos fiéis ao Catete pelo país e avançaram firmemente do Sul em direção ao Rio de Janeiro. Criou-se a expectativa de um grande confronto épico quando as tropas vindas do Paraná chegassem a Itararé, em São Paulo, invadindo o estado do presidente eleito Júlio Prestes.

Mas Itararé foi a batalha que não houve, já que, antes do embate, chegou do Rio de Janeiro a notícia de que, no dia 24 de outubro, o presidente Washington Luís havia sido derrubado pelas Forças Armadas, cujas cúpulas se preocupavam com a situação do país. O presidente tentou resistir, mantendo-se no Catete diante da ameaça de bombardeios e quando hordas de populares tomaram o Rio de Janeiro e atacaram jornais governistas. Foi preciso que a cúpula militar o emparedasse e que o arcebispo do Rio de Janeiro, Sebastião Leme, argumentasse que ele devia se desapegar do cargo para evitar mais violência. O orgulhoso mandatário enfim cedeu, respondendo ao líder católico:

Bem, sou muito grato a Vossa Eminência. Como vê, não tenho soldados nem armas. Desde a manhã, estou prisioneiro neste salão. Deixarei, pois, o palácio, cedendo à violência. Para mim não peço garantias, mas peço-as todas para os ministros e amigos que estão na outra sala.

Uma junta militar governou o país por dez dias até que Getúlio Vargas assumisse, então provisoriamente, o governo da República. O presidente deposto foi levado preso ao Forte de Copacabana, e depois partiu para o exílio nos Estados Unidos e na Europa. Só retornaria dezessete anos depois, quando quem já estava deposto era o próprio Getúlio, e jamais voltou a se interessar por política. Morreu em 1957.

O presidente eleito Júlio Prestes perdeu por menos de um mês a chance de ser empossado. Também partiu para a Europa, de onde observou suas administrações serem investigadas pelos inimigos. De lá, lamentaria o getulismo:

O que não compreendo é que uma nação como o Brasil, após mais de um século de vida constitucional e liberalismo, retrogradasse para uma ditadura sem freios e sem limites como essa que nos degrada e enxovalha perante o mundo civilizado.

No Brasil, lembra Christian Lynch, o novo regime se dedicou a se vender como uma novidade cheia de virtudes, desqualificando o longo período anterior, sobre o qual ficou a marca de "República Velha", embora o próprio Getúlio tivesse feito sua carreira naquele período.

Tanto se fez da Primeira República um espantalho que hoje, mesmo entre pessoas cultas, não se conhece bem quem foram os presidentes daquela época, ficando apenas a impressão de que eram um monte de carcomidos homens brancos de cavanhaque, servindo aos interesses do café, uma caricatura que não mostra o que o regime realmente era. A República Velha era um regime complicado e antipático, como todo regime oligárquico, mas havia distinções razoáveis entre seus governos.

Com a Primeira República fora de cena, o foco mudou para a turma que chegou ao país naquela que ficou conhecida como "Revolução de 1930". Lynch argumenta que, se houve um momento da história brasileira em que, de fato, existiu uma revolução, foi ali, com uma combinação de golpe contra a ordem constitucional anterior, emergência de novos atores, violência, desordem, envolvimento do povo e um estado de anomia social. Situação bem diferente de outros momentos em que ocorreram simplesmente golpes decididos de cima para baixo, caso da derrubada da monarquia em 1889 ou do golpe militar de 1964.

A anarquia e a confusão não estavam somente na forma com que os novos donos do poder chegaram ao Catete em 1930. A Aliança Liberal unia liberais que queriam uma democracia constitucional de fato, oligarcas estaduais que só queriam acesso a mando e influência, e jovens militares que detestavam democracia e oligarquia. Os desentendimentos viriam logo, mas por enquanto a sensação era de que ali tinha início uma esperançosa nova era política. Não estava na hora de pensar em má notícia.

Era o que indicava a marchinha carnavalesca de 1931 composta por Lamartine Babo:

Só mesmo com revolução
Graças ao rádio e ao parabélum,
Nós vamos ter transformação
Neste Brasil verde e amarelo
Gê, é, gé — Gé!
Tê, u, lu — tu!
Ele, i — ó!
Getúlio!

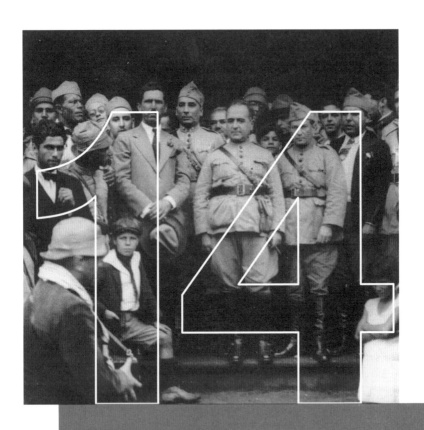

14

Getúlio Vargas (1930-1945), revolucionário e ditador

Getúlio Vargas (no centro) em Itararé (SP) a caminho do Rio de Janeiro durante o movimento que levou à sua ascensão ao poder, 1930.

Mais duradouro e importante presidente de nossa história, alvo até os dias atuais de admiração e críticas, Getúlio Dornelles Vargas governou os brasileiros por dezoito anos e meio em dois períodos diferentes, de 1930 a 1945 e de 1951 a 1954. Cada um deles teve sua boa dose de drama, então separemos as coisas. Este capítulo se dedicará aos primeiros quinze anos de Getúlio no poder, dividindo-se em três partes: a gênese e a ascensão do baixinho gorducho que mudou o Brasil; sua breve e desconfortável passagem como presidente constitucional; seu momento bem mais à vontade como ditador.

Mas, antes de começar, um sobrevoo sobre onde Getúlio depositava sua lealdade, para entender como operava sua mente.

De que lado ele está?

Getúlio foi o chefe da Revolução de 1930, mas jamais teria conseguido derrotar a Primeira República apenas com a força de sua liderança. O rolo compressor que varreu do mapa o regime que governara o Brasil por quatro décadas só foi possível graças a três peças: (1) oligarquias estaduais que se sentiam excluídas e queriam mais poder, como o próprio Rio Grande do Sul de Getúlio; (2) políticos de formação liberal interessados em transformar o fraudulento sistema oligárquico em uma democracia real; (3) jovens oficiais do Exército, conhecidos como tenentes, enojados com o que chamavam de "velha política" e certos de que o Brasil só iria para a frente com uma ditadura militar que depurasse a pátria de seus males.

Chefe de um governo provisório formado depois da derrubada de Washington Luís, Getúlio jogou no lixo a primeira Constituição republicana, de 1891, dissolveu o Congresso e interveio no STF e nos estados. Na falta de uma nova ordem constitucional, governava por decreto, a seu bel-prazer. O homem, porém, mal podia se dedicar em paz a definir arbitrariamente o futuro dos brasileiros, já que a todo tempo precisava lidar com os interesses opostos das três correntes que o alçaram ao Palácio do Catete.

Um exemplo de como a banda tocava ocorreu no começo de 1932, e podemos conhecê-lo em detalhes graças ao biógrafo Lira Neto, autor da trilogia *Getúlio*. Em 25 de fevereiro, soldados do Exército atacaram a sede do *Diário Carioca*, no Rio de Janeiro, ferindo funcionários do jornal.

O periódico havia apoiado a Revolução em 1930, mas se virou contra Getúlio diante da demora do governo em promover uma nova Constituinte para que o país voltasse a ter uma ordem legal.

Por trás do ataque ao *Diário do Carioca* estava o Clube 3 de Outubro, batizado em homenagem à data em que estourou o levante de 1930. Reunia militares que defendiam um governo forte e que viam na ideia de uma nova Constituição uma brecha para que os políticos voltassem a dar as cartas. Na opinião desse grupo de DNA tenentista, o povo brasileiro era por demais imaturo para definir seu próprio destino, vindo a calhar uma tutela — temporária, vai — de um poder militar e centralizador. Seria o custo a se pagar para limpar de vez o país dos resquícios oligárquicos.

A agressão ao jornal alarmou a ala liberal e democrática do governo. Integrantes dessa linha, o chefe de polícia do Distrito Federal João Batista Luzardo e o ministro da Justiça Maurício Cardoso foram bater à porta de Getúlio no meio da madrugada. Quando ali estavam, o ministro da Guerra José Fernandes Leite de Castro telefonou para minimizar o incidente: "Dr. Getúlio, os rapazes do Clube 3 de Outubro fizeram ao *Diário Carioca* o que eu faria se tivesse vinte anos a menos".

Getúlio ouviu calado seus aliados civis e não convocou uma reunião de crise sobre o assunto. Chegou a receber uma comitiva de funcionários de gráfica, indignados com o ataque, e chamou o ocorrido de "monstruoso", prometendo aos trabalhadores que o ato seria investigado. Mas nada de fato ocorreu. No lugar disso, o presidente proibiu uma manifestação pró--Constituinte no Rio de Janeiro depois de o mesmo Clube 3 de Outubro prometer sangue derramado se aquilo ocorresse.

Indignados, Luzardo, Cardozo e o ministro do Trabalho Lindolfo Collor anunciaram sua demissão do governo federal. "Getúlio, vim para teu governo pensando em servir à Revolução. Concorrer para a desordem ou pactuar com a violência nunca foi meu programa político", disse o chefe de polícia.

Certos de que tinham ganhado a queda de braço com os liberais, os militares exaltados formaram uma comitiva e foram até o presidente. O líder do grupo Pedro Ernesto, interventor do Distrito Federal, discursou, exibindo um desassombro sobre o termo "ditador" que se revelaria raro na história brasileira posterior:

Excelentíssimo senhor chefe do governo provisório, o Clube de 3 Outubro aqui está com o fim de trazer o apoio e a solidariedade ao seu governo. [...] Estamos certos da ação ditatorial de Vossa Excelência, pautada dentro dos princípios revolucionários, e que Vossa Excelência cada vez mais se revela o ditador de que necessitamos pra salvar o nosso país. [...] Apoiaremos, de modo absoluto, o governo de Vossa Excelência, como ditador.

Com a palavra, Getúlio Vargas respondeu afagando os militares:

Recebo a demonstração de solidariedade que me trazeis. Sois a vibrante mocidade civil e militar que não quer ver a revolução se afundar no atoleiro das transigências, dos acordos, das acomodações entre os falsos pregoeiros da democracia. [...] Sob a aparência do apelo à Constituinte e a defesa duma autonomia que sempre violaram, muitos procuram apenas voltar ao antigo mandonismo e pleiteiam a posse dos cargos para a montagem da máquina eleitoral.

Os sócios do Clube 3 de Outubro vieram abaixo em aplausos a seu líder, mas o clima de alegria ficaria bem menor com o que o presidente diria em seguida:

A volta do país ao regime constitucional virá, terá de vir, está na lógica dos acontecimentos. Essa volta processar-se-á, porém, orientada pelo governo revolucionário, com a colaboração direta do povo e não em obediência à vontade exclusivista dos políticos. [...] O que não posso é concordar com a prática de violências de quaisquer origens, pois a ninguém é lícito fazer justiça pelas próprias mãos sem com isso diminuir a autoridade do governo e o prestígio da Revolução. [...] O governo não deverá tornar-se, por isso, prisioneiro de qualquer partido, classe ou facção, porque unicamente ao povo brasileiro, juiz definitivo de seus atos, lhe cumpre prestar contas.

Os militares se entreolharam sem entender. De que lado estava o chefe do governo provisório?

A história de Getúlio — e sua presidência — oferece poucas pistas para uma resposta definitiva. Formado como menino prodígio do sistema oligárquico, derrubou a República dos oligarcas. Como presidente, oscilou entre as facções que o apoiavam. Seu governo pegaria em armas contra os defensores do constitucionalismo para, em seguida, ceder à formulação de uma nova Constituição, elegendo-se ele próprio presidente dentro da lei. Logo rompeu com o Estado de Direito ao se tornar ditador sob a desculpa do espantalho da ameaça comunista. Flertou com a Alemanha nazista e com os Estados Unidos, custando a se decidir pelos Aliados. Acuado quando as ditaduras perderam a guerra e saíram de moda, voltou a abraçar o legalismo, recorrendo até ao, pasme, apoio comunista para tentar se agarrar ao poder. Não conseguiu.

No final das contas, a melhor resposta para qual era a maior fidelidade de Getúlio Vargas estava na imagem que ele via ao se olhar no espelho. Todo o resto era secundário.

De homem do antigo regime a líder de uma nova República

Getúlio nasceu em 1882, na última década do Império, em São Borja, cidade gaúcha que fica na fronteira com a Argentina. Sua família era de estancieiros, e seu pai, um líder político local que não botava muita fé de que aquele filho tímido e devorador de livros seguiria o caminho da política. Mas os estudos renderam bem e Getúlio foi cursar direito em Porto Alegre, obtendo o diploma que dava ingresso à elite da Primeira República. Aluno atento dos veteranos de sua época, foi deputado estadual, federal, ministro da Fazenda de Washington Luís e governador do Rio Grande do Sul.

Quando chegou ao cargo máximo do país, em 1930, tinha apenas 48 anos de idade. Avaliava que a alternativa aos desmandos da República oligárquica não era uma democracia plena, mas um regime autoritário que centralizasse a administração em nome do interesse nacional — já aplicara tal noção à frente do governo gaúcho. Uma visão de mundo semelhante à dos tenentes, embora Getúlio preferisse se manter ambíguo no início de sua presidência.

Era preciso se mostrar a favor da Constituinte para manter próximos os políticos, já que ter apenas os tenentes como aliados o tornaria refém dos jovens militares. Por outro lado, um retorno rápido demais à ordem constitucional irritaria os militares, que poderiam usar as mesmas armas que haviam posto a serviço da revolução para derrubar mais um presidente do Palácio do Catete.

Em seu jogo duplo, Getúlio afagou os defensores de mais democracia com um novo Código Eleitoral que previa o voto secreto. Também anistiou presos políticos e criou os ministérios da Educação e do Trabalho, dando tons sociais à sua administração. Para agradar os tenentes, pôs militares como interventores nos estados. A medida irritou particularmente São Paulo, que via seu antigo prestígio oligárquico se esvair sob o novo regime.

O historiador Boris Fausto lembra que, por medidas como essa, o novo presidente era detestado por expressivos setores da sociedade paulista. A elite do estado teria papel importante na campanha em favor de uma Constituinte, o que desembocaria no primeiro grande conflito enfrentado por Getúlio no poder: a Revolução de 1932.

O estopim do conflito ocorreu em 23 de maio daquele ano, data que hoje batiza uma das principais avenidas da capital paulista. Naquele dia, manifestantes pró-Constituição atacaram, no centro de São Paulo, a sede da Legião Revolucionária, depois Partido Popular Paulista, que era o grupo pró-Getúlio no estado. A milícia getulista recebeu bem armada o protesto, e o ataque envolveu horas de troca de tiros, explosões e incêndios.

O saldo total foi de dezenas de feridos e treze mortos, dos quais quatro entraram para a história: Martins, Miragaia, Dráusio e Camargo. A sigla MMDC virou o símbolo do movimento de contestação de um governo federal que os paulistas viam como déspota e usurpador.

Getúlio tentou apaziguar os ânimos ao enfim anunciar uma data para a eleição dos membros da Assembleia Constituinte, em 3 de maio do ano seguinte. Àquela altura, porém, o copo de mágoa de São Paulo já havia transbordado, e os preparativos para um levante armado estavam em curso.

A avidez por lutar não se explicava apenas pelo respeitável argumento constitucionalista, mas também pelo desejo dos grupos políticos do estado de restaurar o poder perdido com o fim da Primeira República. Havia ainda alguns que falavam em separar São Paulo do Brasil, ponto que seria bastante explorado por Getúlio para desmoralizar o movimento paulista aos olhos dos demais brasileiros.

A revolução estourou em 9 de julho de 1932 com o ousado plano de, com o apoio de outros estados rebelados, tomar de assalto o Rio de Janeiro e derrubar o chefe do governo provisório. Milhares de voluntários se alistaram para lutar, e armas e suprimentos foram viabilizados por meio de campanhas de arrecadação de ouro e joias junto aos paulistas.

Mas as coisas não saíram exatamente como planejadas. A revolução não recebeu o apoio de outras unidades da federação, conforme esperavam os paulistas. Getúlio atacou o que chamava de "contrarrevolução", bloqueando o estado de São Paulo para impedir o abastecimento dos rebelados. Em menos de três meses, o governo federal esmagou o levante com um saldo oficial de 633 mortos do lado paulista e um número até hoje incerto de perdas federais.

Embora derrotada, a Revolução de 1932 serviu para pôr o presidente da República contra a parede. Houve de fato a eleição da Assembleia Nacional Constituinte e a nova Carta foi promulgada em 1934.

O texto trazia mudanças expressivas em relação à Constituição anterior. Ficavam estabelecidos na lei máxima do país o voto secreto e a Justiça Eleitoral, além do sufrágio feminino, direito havia tempo reivindicado pelas brasileiras. Criou-se ainda uma Justiça do Trabalho e direitos sociais, como proibição ao trabalho infantil, férias, repouso semanal obrigatório, indenização e assistência médica.

A Carta de 1934 era mais protecionista, estatizante e nacionalista que o documento de 1891, dentro do espírito do mundo pós-crash da Bolsa de Nova York.

A Constituição estabelecia que a próxima eleição presidencial ocorreria pelo voto indireto, para um mandato de 1934 a 1938, sem direito à reeleição. Na confortável posição de chefe do governo, Getúlio disputou e venceu com mais de 70% dos votos, derrotando o também gaúcho Borges de Medeiros.

Depois de quase quatro anos de governo provisório, Getúlio enfim se tornava presidente constitucional do Brasil.

Ele não ia gostar nada disso.

De presidente constitucional a déspota

Getúlio considerava a Constituição uma bola de ferro que lhe tirava a liberdade de governar como bem entendesse. Chegou a chamar o texto de "monstruoso" e a escrever em seu diário que a lei máxima do país era "mais um entrave do que uma fórmula de ação". É atribuída a ele ainda outra declaração, mais chocante: "As constituições são como as virgens, nasceram para ser violadas".

O presidente se mostrava incompatível com a ideia de um regime democrático, algo bem de acordo com a mentalidade de sua época. A crise de 1929 havia afundado a América do Norte e a Europa em convulsões políticas, econômicas e sociais com repercussões pela periferia do mundo.

Na década que se seguiu, a democracia estava desprestigiada, e havia uma nova moda em vigor. A solução para todos os males era o totalitarismo, considerado mais apto e moderno. À direita, tínhamos o fascismo de Benito Mussolini e Adolf Hitler, na Itália e na Alemanha, respectivamente; à esquerda, o comunismo de Josef Stálin, na União Soviética.

As duas formas de despotismo não se davam exatamente bem. Enquanto soviéticos estimulavam e financiavam partidos comunistas pelo mundo, fascistas e nazistas cobravam autoridades nacionais fortes para destruir focos de influência de Moscou. Ruas pelo mundo eram tomadas por desfiles, cânticos e pancadaria de representantes locais, defensores dessas visões.

O Brasil não perderia a oportunidade de importar as últimas tendências internacionais. Pela esquerda, o governo Getúlio era alvo de oposição da Aliança Nacional Libertadora (ANL), de expressiva capilaridade pelo país e que reunia diferentes grupos nacionalistas; e do Partido Comunista, pequeno, barulhento e liderado pelo ex-tenentista Luís Carlos Prestes, por sua vez liderado pela União Soviética.

Pela direita, Getúlio era criticado pela Ação Integralista Brasileira (AIB), versão brasileira do fascismo, que incluía o pacote completo de ultranacionalismo, braçadeira, braço esticado para a frente e a saudação "Anauê" — o "*Heil Hitler*" tupiniquim. Quando não estavam questionando o governo federal, os dois lados da oposição se atacavam entre si, até mesmo literalmente, como ocorria nas cidades europeias.

O presidente da República via na balbúrdia uma oportunidade. Escolhendo a esquerda como alvo preferencial em um primeiro momento, pôs em vigor uma série de medidas repressivas, como polícia política, uma nova Lei de Segurança Nacional e um tribunal para o julgamento dos inimigos da pátria. Em julho de 1935, a ANL foi posta na ilegalidade.

A esquerda achou possível revidar. Em novembro daquele ano, de forma atabalhoada, sem o devido planejamento, militares ligados à ANL e comunistas do Brasil e do exterior promoveram levantes, com baixas do lado do governo. A chamada Intentona Comunista foi um fracasso para Prestes e seus aliados, mas uma bela chance de Getúlio pôr em prática suas ambições autoritárias. Afirma Boris Fausto:

> *Getúlio certamente gostaria de governar com plenos poderes, e a intenção autoritária não era apenas dele, mas também dos chefes do Exército, para quem a Revolução de 1930 não se completara devido a uma dispersão democrática que punha interesses partidários acima dos nacionais. A aventura comunista de 1935 ajudou a criar condições para o golpe e para a exceção. Foi uma insurreição sem qualquer possibilidade de êxito, mas um prato cheio para Getúlio acusar o perigo da intervenção de agentes estrangeiros na vida nacional.*

O governo criou uma Comissão de Repressão ao Comunismo e conseguiu que o Congresso aprovasse o estado de guerra no país. O chefe de polícia Filinto Müller calculou que mais de 7 mil pessoas foram presas no Brasil nos seis meses que se seguiram à Intentona. Entre os presos estavam Prestes e sua mulher, a judia alemã Olga Benário. Com o aval do STF, ela foi deportada grávida para a Alemanha nazista, onde anos depois seria assassinada em uma câmara de gás.

Em episódios de repressão ilegal bem menos conhecidos dos que os ocorridos nos anos 1960 e 1970, militantes comunistas foram submetidos a sevícias extremas pela repressão ilegal do Estado, que ainda estava formalmente sob um regime constitucional.

A disputa sucessória de 1938 era discutida abertamente na imprensa, e, como Getúlio não podia disputar a reeleição, os nomes cotados eram os dos governistas José Américo e Osvaldo Aranha; o do líder dos integralistas Plínio Salgado; e o do governador de São Paulo, Armando de Sales Oliveira.

Os pré-candidatos corriam o país em campanha, enquanto certa marchinha de 1937 de autoria de Sílvio Caldas foi certeira na previsão dos acontecimentos. Nela, Sales é "seu Manduca"; Aranha, "seu Vavá"; e Getúlio, "seu Gegê". A melodia parodiava a cantiga Terezinha de Jesus:

A menina Presidência
vai rifar seu coração
e já tem três pretendentes
[...]
O homem quem será? Será seu Manduca
ou será seu Vavá?

Entre esses dois
meu coração balança, porque
na hora H quem vai ficar
é seu Gegê

Pronto para dar o bote na eleição, Getúlio dedicou o ano de 1937 a amarrar pontas com políticos, Forças Armadas e até com os integralistas para permanecer no poder. Para os fascistas brasileiros, o presidente prometeu que eles seriam a base do novo regime, com Plínio Salgado como ministro da Educação.

Faltava ganhar o coração da opinião pública, o que seria resolvido com a difusão de *fake news*. Naquele ano, circulava entre militares uma papelada chamada Plano Cohen, um plano detalhado de revolução comunista no Brasil. O documento foi escrito supostamente como um plano teórico pelo capitão do Exército e integralista Olímpio Mourão Filho, personagem que voltaria à história do país como um dos generais do golpe de 1964. Ao passar de mão em mão, o plano se tornou, por ignorância, paranoia, má-fé ou os três, uma justificativa real para um autogolpe de Getúlio.

Os comunistas já estavam neutralizados no país, e cogitar uma revolução por parte deles era puro delírio, o que não impediu a cúpula do Exército de cobrar do governo ação violenta e, se preciso, à margem da lei para proteger as instituições daquele movimento em vias de explodir. A situação foi levada a Getúlio e trechos do plano fajuto foram divulgados pelo rádio e pela imprensa.

O país entrou em pânico e o Congresso aprovou o restabelecimento do estado de guerra. O presidente anotou em seu diário: "Não é mais possível recuar. Estamos em franca articulação para um golpe de Estado". Desinformado, o presidenciável oposicionista Armando de Sales divulgou manifesto pedindo ajuda dos militares — logo eles — para garantir a realização da eleição marcada para 3 de janeiro de 1938. "Outros graves perigos, além do comunismo, conspiram contra o Brasil", denunciou.

Em 10 de novembro de 1937, Getúlio foi ao rádio e anunciou que o Brasil estava a partir de então submetido a um novo regime ditatorial. Uma nova Constituição autoritária foi imposta aos brasileiros; as eleições, canceladas; o Congresso, fechado; e os partidos políticos, proibidos. O mesmo presidente que havia prometido cumprir a Constituição de 1934 dizia agora que aquilo estava em desacordo com o novo espírito do tempo. E que havia falhas lamentáveis no liberalismo e no sistema representativo.

Em discurso transmitido pelo rádio aos brasileiros naquele dia 10, o ditador do chamado Estado Novo declarou:

> *Para reajustar o organismo político às necessidades econômicas do país e garantir as medidas aprontadas, não se oferecia outra alternativa além da que foi tomada, instaurando-se um regime forte, de paz, de justiça e de trabalho. Quando os meios de governo não correspondem mais às condições de existência de um povo, não há outra solução senão mudá-los, estabelecendo outros moldes de ação [...]. Quando as competições políticas ameaçam degenerar em guerra civil, é sinal de que o regime constitucional perdeu seu valor prático, subsistindo apenas como abstração.*

O integralista Salgado, que botara seus camisas-verdes nas ruas para apoiar a escalada autoritária depois de Getúlio lhe prometer mundos e fundos, notou que "não houve uma palavra de carinho para o integralismo". O ditador traiu o movimento fascista, posto fora da lei pelo novo regime. Em 1938, rompidos com o Estado Novo, os integralistas chegaram a tentar um golpe para depor Getúlio, mas fracassaram.

Sete anos depois de chegar ao poder por meio de um movimento revolucionário apoiado por uma aliança de interesses distintos, Getúlio se impunha sem concorrentes, transformando-se no centro absoluto do poder da única ditadura chefiada por um civil na história do Brasil.

108 — **Getúlio Vargas (1930-1945), revolucionário e ditador**

De símbolo da nação a ditador deposto

Com poderes totais, Getúlio Vargas pôde pôr em prática a visão de mundo que havia construído ao longo da vida. Pôs de pé um regime profundamente nacionalista e centralizado, com o argumento de que era preciso criar uma estrutura hierárquica única que pudesse modernizar o Brasil e racionalizar o serviço público.

Os estados foram sacrificados pelo fim do conceito de república federativa. Teríamos apenas o governo central, sob inspiração de seu líder supremo, que definiria os rumos nacionais. Para quem não havia entendido, o governo desenhou: fez uma cerimônia para incendiar em uma pira as bandeiras estaduais, banidas. O país passaria a ter como símbolo apenas a bandeira nacional.

O Estado Novo também aprofundou medidas sociais de grande apelo popular que vinham sendo postas em prática desde a chegada de Getúlio ao poder, em 1930. Fixou valores para um salário mínimo, criou a carteira de trabalho, consolidou as leis trabalhistas e estruturou sindicatos que, de forte caráter assistencialista, criaram uma legião de trabalhadores fiéis e dependentes do governo, o que fazia perder apelo o socialismo operário que flertava com os soviéticos. O sindicalismo funcionaria como apêndice subalterno do Estado brasileiro.

Interessado em criar uma sociedade sem dissensos, o governo impôs forte censura à imprensa e promoveu queimas de livros considerados subversivos, como os de Jorge Amado. Monteiro Lobato, embora estivesse longe de ser um comunista, foi considerado subversivo depois de fazer críticas à política do governo no setor de petróleo e passou alguns meses encarcerado, em 1941.

Poucos ousavam contestar o regime. Intelectuais se aproximaram do governo, sobretudo via Ministério da Educação, seduzidos pela ideia de um Estado interessado em moldar uma cultura nacional. Foram os casos de Heitor Villa-Lobos, Carlos Drummond de Andrade, Mário de Andrade e Gilberto Freyre.

Por meio de um novo Departamento de Imprensa e Propaganda (DIP), o Estado Novo investiu em um culto à personalidade de Getúlio Vargas de dimensão inédita no Brasil. Aproveitando o início de uma sociedade de massa no país — graças à difusão do rádio —, o ditador virou a cara e a alma do regime.

Impressiona um pouco que os propagandistas da ditadura tenham conseguido vender tão bem aquele peixe, já que Getúlio estava longe da imagem do brasileiro médio. A figura pequena e roliça, que andava empinando a enorme barriga, aparecia em público em ternos claros e aristocráticos, charuto na boca e brilhantina no cabelo. Era um homem da elite. Contido, tinha a leitura como hábito e preferia o golfe ao futebol. Era sorridente e afável com interlocutores, mas tinha retórica surpreendentemente ruim para alguém que se dispunha a ser um líder de massas.

Mas o DIP arregaçou as mangas para convencer os brasileiros a amar seu diminuto ditador, espalhando pelo país cartazes, cartilhas e postais de Getúlio abraçando crianças, sorrindo ou simplesmente com um semblante sereno de pai dos brasileiros. Crianças e adolescentes eram o alvo preferencial da propaganda, participando de paradas e homenagens ao mandatário. A trilha sonora daqueles tempos incluía "Glórias ao Brasil", de Zé Pretinho e Antônio Gilberto dos Santos, de 1938:

Brasil, [...]
Destruído estava o teu futuro [...]
Surgiu Getúlio Vargas,
O grande chefe brasileiro,
Que entre seus filhos
Como um herói foi o primeiro

E "Brasil brasileiro", de Sebastião Lima e Henrique Almeida, de 1942:

Meu Brasil de verde mar
Gigante que desperta
De um sono secular
Brasil! Orgulho do brasileiro
Tens no leme do teu barco
Um heroico timoneiro

A união de Estado forte, censura, perseguição a opositores e culto ao líder pode sugerir que o Brasil tinha ali sua própria versão de regime fascista, nos moldes da Itália e da Alemanha. Para Boris Fausto, porém, o Estado Novo não pode ser caracterizado dessa forma:

Getúlio não era fascista. Populista, ele era mais parecido com chefes autoritários, como o argentino Juan Domingo Perón. O populismo não é vertebrado como o fascismo, que tem um partido organizado que determina os rumos do regime. No Brasil, não houve totalitarismo, quando há a pretensão de organizar sob uma bandeira e ideologia todos os setores da sociedade. No Estado Novo, existe uma tentativa à sul-americana, à brasileira de não ser muito rígido — exceto em relação aos comunistas — para atrair muitos adeptos, conseguindo a adesão de círculos intelectuais. Isso é estranho ao fascismo, que quer organizar todos os níveis da sociedade de forma corporativa.

Getúlio podia não ser o chefe de um regime fascista, mas em seu governo não faltavam simpatizantes dos regimes alemão e italiano, a começar pelo próprio ditador. Em um dos aniversários de Hitler, o brasileiro mandou seus parabéns via telegrama e recebeu agradecimentos de volta. Em junho de 1940, quando a Alemanha nazista esmagava a França, Getúlio discursou:

> *Marchamos para um futuro diverso de quanto conhecíamos em matéria de organização econômica social ou política. E sentimos que os velhos sistemas e fórmulas antiquadas estão em declínio. Não é, porém, como pretendem os pessimistas e os conservadores empedernidos, o fim da civilização, mas o início, tumultuoso e fecundo, de uma nova era. Os povos vigorosos, aptos à vida, necessitam seguir o rumo de suas aspirações, em vez de se deterem na contemplação do que se desmorona e tomba em ruína.*

O secretário de gabinete da Presidência Simões Lopes voltou encantado com o que viu na Alemanha de Hitler, dizendo-se impressionado com "a propaganda sistemática, metodizada, do governo e do sistema de governo nacional-socialista". Ao fascínio ideológico se somava a boa relação econômica — o Brasil era o principal parceiro comercial do Reich alemão na América Latina.

Mas jamais esqueçamos que temos aqui um mestre da ambiguidade; Getúlio estava ciente de que compartilhava um continente com os Estados

Unidos, potência econômica e militar cujo iminente engajamento no conflito certamente o desequilibraria.

O dia chegou em 7 de dezembro de 1941, quando os Estados Unidos foram atacados pelos japoneses no Havaí e declararam guerra ao Eixo, o lado formado por Alemanha, Itália e Japão. O Brasil declarou solidariedade aos Estados Unidos depois do ataque, mas Getúlio manteve o país neutro o quanto pôde, resistindo às investidas de charme do presidente Franklin D. Roosevelt para engajar os brasileiros ao lado da causa aliada.

O ditador brasileiro enrolava e esperava, argumentando que nossas Forças Armadas não estavam preparadas para aquele conflito, o que era verdade. Roosevelt prometeu então treinamento e material bélico ao Brasil. Em seu jogo de sedução, ofereceu financiamentos e levou a cúpula da oficialidade brasileira para conhecer as instalações do Exército americano. Filmes de propaganda americanos exaltavam o Brasil, seu povo e sua economia, evitando especificar que se tratava de uma ditadura, como as que os Estados Unidos combatiam.

Nossa elite política e militar, apinhada de simpáticos ao nazismo, como o germanófilo ministro da Guerra Eurico Gaspar Dutra, foi se bandeando para o lado dos Aliados. Ajudou o fato de que, à medida que a guerra avançava, ficou bastante claro que Hitler não venceria. A opinião pública era amplamente pró-Aliados, havia protestos pelas ruas das principais cidades, com direito a carros alegóricos em que sujeitos fantasiados de Hitler e Mussolini se debatiam dentro de jaulas.

Apesar da pressão, Getúlio barganhou mais. Conseguiu que os americanos financiassem a construção da Companhia Siderúrgica Nacional e aproveitou a guerra para estimular a indústria brasileira — um dos legados positivos do Estado Novo. Os americanos, que precisavam focar no conflito, abriram sua economia aos produtos do Brasil.

Getúlio permitiu que os Estados Unidos construíssem bases aéreas no Norte e no Nordeste do país, apoiando o abastecimento dos Aliados, mas faltava a declaração de guerra ao Eixo. Ela veio apenas em agosto de 1942, depois do afundamento de navios brasileiros pela Alemanha, causando a morte de militares e civis.

A entrada das tropas brasileiras no teatro de guerra europeu, porém, ainda levaria mais tempo. Nossos pracinhas precisavam passar por treinamento, e o envio dos soldados ocorreu somente em julho de 1944, depois que os Aliados desembarcaram na Normandia, no dia D. De todo modo, os 25 mil homens da Força Expedicionária Brasileira cumpriram as missões que receberam, enfrentando os alemães na Itália ainda ocupada. A guerra acabou na Europa em maio de 1945, a tempo de o Brasil estar ao lado dos vencedores.

Uma derrota, no entanto, aguardava Getúlio Vargas. Ao longo dos anos de guerra, cresceu diante dos olhos dos brasileiros a incoerência de o país se juntar às democracias ocidentais para combater as ditaduras fascistas do Eixo quando, no Palácio do Catete, funcionava um governo ditatorial. Em nada contribuíam para o humor da população a escassez de alimentos e a alta do custo de vida que veio a reboque do conflito mundial.

O regime era abertamente questionado ao menos desde 1943, quando intelectuais, advogados e políticos mineiros publicaram um manifesto cobrando a redemocratização. Até mesmo membros da cúpula das Forças Armadas foram se afastando com o tempo. O autor da Constituição autoritária de 1937, o ex-ministro da Justiça Francisco Campos, cobrou:

Entregue o poder, sr. Getúlio Vargas. A Constituição de 37 caducou. A contar de dois pra cá, mudou a fisionomia política do mundo. O sr. Getúlio Vargas já pensou demais em si mesmo. É tempo de pensar também um pouco no Brasil.

Em 1945, a ditadura não conseguia evitar nem manifestações de rua contra seu líder. Percebendo que o fim do regime que criara se aproximava, o ditador tentou tomar as rédeas do processo de transição, evitando derramamento de sangue — inclusive o dele.

A propaganda oficial prometia uma "complementação constitucional do país de acordo com os anseios da nação". Em maio daquele ano, o mandatário assinou lei prevendo eleições presidenciais para dezembro. Presos políticos foram anistiados, como o comunista Luís Carlos Prestes, e os partidos voltaram a ser autorizados.

Enfraquecido entre as elites militar e civil, Getúlio buscou apoio no povo, lembrando em discursos o que havia feito pela massa trabalhadora. Apoiadores responderam com atos públicos em que se viam cartazes com os dizeres "Queremos Getúlio". O movimento chamado de "queremismo" defendia que o país mantivesse o líder enquanto era redigida uma nova

Constituição democrática. Depois, quem sabe, talvez o próprio Getúlio pudesse concorrer em eleições livres. Por que não? O getulismo era insaciável.

Mas então o presidente forçou demais a sorte ao nomear, no dia 28 de outubro de 1945, o irmão Benjamim, ligado aos "queremistas", como chefe de polícia do Distrito Federal. A decisão acendeu o sinal vermelho dos militares, que conheciam bem com quem lidavam e temeram pela não realização da eleição. As mesmas Forças Armadas que apoiaram a instalação da ditadura forçaram Getúlio Vargas a renunciar no dia 29 de outubro.

O presidente do STF José Linhares assumiu a Presidência até janeiro de 1946, data da posse do escolhido em dezembro. Seria a primeira eleição presidencial direta no país em mais de quinze anos.

Reaberto, o Congresso Nacional chegou a organizar comissões para investigar os atos do regime que, estima-se, teve 10 mil presos políticos, além de casos de tortura e assassinatos. Mas, em um momento em que o mundo embarcava na Guerra Fria e o Brasil se punha ao lado dos Estados Unidos e do capitalismo, poucos se interessaram em buscar culpados por crimes que tiveram como vítimas, de maneira geral, opositores simpáticos ao comunismo.

O chefe da repressão Filinto Müller tornou-se senador, e uma das alas do Senado Federal até hoje leva seu nome. Getúlio não foi processado nem perdeu direitos políticos — em vez disso, elegeu-se senador, amargou um autoexílio em São Borja e voltou ao Catete, triunfante, como presidente eleito pelo povo em 1951.

O retorno democrático somado à imagem de líder carismático e sensível às demandas do trabalhador, modernizando o Estado e a economia, servem de pretexto para aqueles que, até hoje, preferem jogar para debaixo do tapete os oitos anos da ditadura do Estado Novo.

15

Eurico Gaspar Dutra (1946-1951), o interlúdio

Eurico Gaspar Dutra (segundo, da esquerda para a direita) ao lado do então presidente do Estados Unidos Harry S. Truman (primeiro, da esquerda para a direita) durante cerimônia de boas-vindas a Dutra em Washington, 1949.

Em 2 de dezembro de 1945, os brasileiros voltavam às urnas pela primeira vez em mais de uma década e meia para eleger um presidente da República. O país nunca tivera uma eleição tão livre e popular. Os analfabetos eram mais da metade da população e continuavam sem direito a voto — só o conquistariam em 1988 —, então seria exagero falar em democracia de massas, mas ao menos estavam no passado os arranjos de gabinete da República oligárquica com alguns milhares de eleitores.

Passávamos a ter 7,5 milhões de brasileiros aptos a votar em um país que passava dos 40 milhões à época. Pela primeira vez, graças a anos de cobranças públicas e à legislação aprovada durante o governo Getúlio Vargas, as mulheres votariam para presidente. Em uma dimensão inédita, os candidatos inundavam as cidades de cartazes e panfletos, e comícios eram transmitidos pelo rádio. A Justiça Eleitoral era um obstáculo para as fraudes.

Deposto em outubro, o ex-ditador gaúcho assistia a tudo de longe, em São Borja. O Brasil era temporariamente chefiado pelo cearense José Linhares, presidente do STF, cuja passagem pela Presidência da República foi pouco marcante: dedicou-se a salvaguardar a transição da ditadura para a democracia e a eleição presidencial. Também usou seus três meses no poder para encher a administração de parentes, levando humoristas a criar a expressão "os Linhares são milhares".

A disputa ao Catete contava com dois candidatos principais que tinham em comum o fato de serem militares, religiosos e anticomunistas. A divergência fundamental era em relação à Era Vargas.

O general do Exército Eurico Gaspar Dutra havia sido ministro da Guerra de 1936 a 1945, e tivera papel central na instalação do Estado Novo. Com histórico de simpatia pela Alemanha, atravancou a entrada do Brasil na Segunda Guerra Mundial ao lado dos Estados Unidos, defendendo-a apenas quando a derrota nazista já se desenhava. Da mesma forma, abandonou o Estado Novo quando as vozes contra o regime se multiplicaram, participando da deposição de Getúlio.

Ainda assim, sua aliança era formada pelos novos partidos que haviam saído da costela do getulismo: Partido Social Democrático (PSD) e Partido Trabalhista Brasileiro (PTB). O primeiro era sua face oligárquica, representando as elites políticas que se haviam estabelecido nos estados nos anos anteriores; o segundo era o elo do getulismo com os sindicatos e a massa trabalhadora, fiéis ao ex-ditador em razão da legislação social.

Pela oposição, candidatava-se o brigadeiro da Aeronáutica Eduardo Gomes, filiado a outra novidade partidária, a União Democrática Nacional (UDN). Se o também conservador PSD era uma potência no interior do país, os udenistas tinham sua força entre as classes médias das principais cidades. Senhoras da alta sociedade arrecadavam fundos para a campanha de Gomes vendendo uns docinhos de chocolate e leite condensado que ficaram conhecidos como… "brigadeiros".

O apoio de camadas privilegiadas da sociedade colava em Gomes a imagem de elitista, que seria bem explorada por Dutra. Poucas semanas antes da eleição, o brigadeiro disse em um discurso que dispensava o voto do que ele chamou de "malta de desocupados que apoia o ditador". O empresário getulista Hugo Borghi, dono de rádios pelo país, fez uma interpretação livre da frase, dizendo que Gomes tinha afirmado que não precisava do voto dos "marmiteiros", isto é, dos trabalhadores que comiam em marmitas. Era do que Dutra precisava, e surgiu o seguinte *jingle* de campanha:

> *"Marmiteiro! Marmiteiro!"*
> *Todo mundo grita*
> *[...]*
> *Porque lá na minha casa só se papa de marmita*
>
> *Vamos entrar pro cordão dos marmiteiros*
> *E quem não tiver pandeiro*
> *Na marmita vai tocar*

Além de se beneficiar do "marmitagate", Dutra aguardava o apoio de Getúlio, que custou a vir de forma explícita. O ex-ditador guardava mágoas pela participação do general em sua deposição e pela perseguição a seus aliados no governo. Apenas meia hora antes de se encerrar o último comício de Dutra, veio a mensagem do gaúcho, lida no palanque: "O candidato do PSD, em repetidos discursos, e ainda agora, em suas últimas declarações, colocou-se dentro das ideias do programa trabalhista. Ele merece, portanto, os nossos sufrágios!".

A candidatura, enfim inegavelmente governista, espalhou panfletos pelo país com a foto do Getúlio e a frase: "Ele disse: votai em Dutra". Abertas as urnas, o general venceu o brigadeiro por 55% a 35% dos votos.

Empossado em 31 de janeiro de 1946, aos 62 anos de idade, o novo presidente do Brasil nascera em Cuiabá, Mato Grosso, em 1883. Pequeno e franzino — e feio, marca que o acompanharia por toda a vida —, Eurico era um jovem tão frágil que o Exército inicialmente barrou sua entrada na força. Seu pai, um comerciante que havia lutado na Guerra do Paraguai, falsificou a certidão de nascimento para que o menino parecesse mais jovem, o que explicaria o aspecto mirrado. Com o documento forjado, o pai foi em outro posto militar e conseguiu alistar o garoto.

Dutra seria definido pela vida militar. Destacou-se no Exército, escrevendo livros de treinamento e estratégia. Em 1904, estudante da Escola Militar da Praia Vermelha, integrou a Revolta da Vacina contra o governo Rodrigues Alves, o que rendeu ao aspirante um ferimento no olho e uma expulsão do Exército, depois revertida. Na maior parte de sua trajetória, porém, foi um militar obediente. Permaneceu ao lado dos governos da Primeira República contra as revoltas tenentistas de 1922 e 1924, e contra a Revolução de 1930. Por se ter mantido ao lado dos derrotados nesta última, amargou uma transferência para a fronteira do Paraguai.

Com o novo regime estabelecido, Dutra submeteu-se disciplinadamente a ele. Caiu nas graças do getulismo pela lealdade que demonstrou no combate aos rebeldes paulistas de 1932 e aos comunistas em 1935. Em seguida, ganhou o Ministério da Guerra e participou da trama que impôs o Estado Novo. Em seu longo período como responsável pela defesa do país, concentrou-se em modernizar o Exército, ainda defasado em termos tecnológicos. Reorganizou, profissionalizou e tornou mais exigente a seleção das escolas preparatórias de oficiais. Também a fez mais preconceituosa, em linha com o racismo vigente à época.

Segundo o historiador Nelson Werneck Sodré, instruções sigilosas controladas pelo gabinete do ministro mandavam os responsáveis pela seleção proibirem:

 A inscrição de pessoas de cor, negros ou mulatos; de filhos de estrangeiros; de filhos de pais que exercessem atividades humildes, artesanais ou proletárias; de candidatos pertencentes a famílias cuja orientação política inspirasse suspeitas; de judeus; de filhos de casais desquitados, desajustados ou cuja conduta, particularmente do membro feminino, discrepasse das normas morais; de não católicos.

Em uma conferência que marcou os dez anos de governo Getúlio, o ministro da Guerra foi em linha semelhante:

> *Condições severas regulam o recrutamento de candidatos ao oficialato. Além das qualidades morais e intelectuais, são exigidas também outras de ordem física, que selecionem tipos eugenicamente fortes e sadios. Para admissão nas escolas e cursos de formação de oficiais é mister que o candidato prove que as condições de ambiente social e doméstico, constituído pela nacionalidade de seus progenitores, não colidem com as obrigações e deveres impostos aos militares nas garantias da ordem interna e da defesa externa do Brasil.*

Tal visão de mundo faz com que não surpreenda a simpatia do general pela Alemanha de Adolf Hitler. A germanofilia do ministro da Guerra, no entanto, também tinha muito de pragmatismo. Na segunda metade dos anos 1930, o Reich alemão chamava atenção pelo crescimento econômico e militar, e, no começo da guerra, as tropas do *Führer* pareciam invencíveis. Assim, Dutra defendeu a Alemanha como fornecedora de material militar ao Brasil. À medida que a maré virou em favor dos Aliados, porém, o general cedeu à aliança com os americanos.

Com o vento virando também no Brasil, o ministro cobrou Getúlio: "É preciso acabar definitivamente com o regime de governo pessoal, discricionário, por maiores que possam ser os méritos do presidente e o vulto da obra realizada". Em um discurso, disse que o Brasil ansiava "por se embriagar do ideal de liberdade e das esperanças de um mundo onde operem a lei e a justiça".

A historiadora e cientista política Heloisa Starling afirma que, embora Dutra tenha se elegido como um "poste" de Getúlio (o apoio do gaúcho foi crucial para sua eleição), os dois eram bem diferentes. Em seu governo, o militar foi ambíguo em relação ao ex-chefe. Mesmo que eleito ao lado do PTB, o general jogou o partido para escanteio em sua administração, investindo gradativamente em uma aliança à direita e próxima da UDN.

Além disso, a diferença de estilo era profunda. Se Getúlio era o personagem sorridente que havia sido transformado em ícone pela propaganda oficial, Dutra apresentava um verdadeiro anticarisma.

Afirma Heloisa Starling:

Do ponto de vista militar, foi reconhecido pela tropa e tinha o respeito do Exército. Como político, era um picolé de chuchu. Foi um personagem sem graça e medíocre, sem grandes gestos ou arroubos. Baixinho, sensaborão, falava tão pouco que era conhecido como "catedrático do silêncio", talvez por uma dificuldade de fala que o fazia trocar "c" e o "s" pelo "x".

A fala chiada era alvo de piadas, como na marchinha "Voxê qué xabê", composta por Marino Pinto e lançada em 1950:

Voxê qué xabê
Voxê qué xabê
Não pixija xabê
Pra que voxê qué xabê?

O presidente sensaborão também se interessava pelo campo dos costumes. Em 1946, seu governo proibiu o jogo no Brasil. Até então, eram famosos os shows das estrelas da época em cassinos, sendo o mais famoso deles o da Urca, no Rio de Janeiro. Até que veio o decreto presidencial, afirmando que "a tradição moral jurídica e religiosa do povo brasileiro é contrária à prática e à exploração de jogos de azar".

Circularam rumores jamais confirmados de que por trás da proibição estaria uma intenção de cortar fundos eleitorais, via cassinos, para uma eventual pré-candidatura do Getúlio à Presidência. Mas a explicação mais célebre foi a forte influência sobre o presidente da primeira-dama, dona Carmela, tão profundamente católica que tinha o apelido de dona Santinha.

O início do governo Dutra foi também o começo da Guerra Fria, quando o mundo se dividiu em termos de fidelidade aos Estados Unidos capitalista e à União Soviética comunista. Se Getúlio havia se mantido na Segunda Guerra bastante ambíguo, à espera dos acontecimentos e arrancando concessões dos americanos, Dutra foi rápido em estabelecer um alinhamento total ao bloco liderado pelos Estados Unidos no pós-Guerra, o que incluía, como aponta Heloisa Starling, abertura econômica às importações americanas, em detrimento das reservas que o Brasil havia acumulado durante o conflito. Assim, em vez de usar recursos para investir na industrialização, o país optava por comprar bens de consumo supérfluos.

A aproximação entre os dois países levou o presidente Harry Truman ao Rio de Janeiro e Dutra a Washington. O encontro gerou a anedota de que, ao cumprimentar o presidente brasileiro, Truman teria dito: "How do you do, Dutra?", ao que Dutra teria respondido: "How tru you tru, Truman?".

O Brasil rompeu relações com a União Soviética. O Partido Comunista foi colocado novamente na ilegalidade por uma decisão da Justiça Eleitoral estimulada pelo governo. Em nada contribuiu que o líder comunista, Luís Carlos Prestes, tivesse afirmado que, se o governo brasileiro se alinhasse aos Estados Unidos em eventual guerra contra os soviéticos, ele e seu partido ficariam contra o Brasil.

O PCB foi então acusado de não ter princípios democráticos e de ser uma organização a serviço de Moscou. Caía na clandestinidade em um momento em que seu tamanho não era negligenciável: ao menos 150 mil filiados, quase 10% dos votos para seu candidato na eleição presidencial, Yedo Fiúza, catorze deputados federais e um senador, Prestes. Todos seriam cassados.

Depois da abertura da economia dos primeiros anos, Dutra enfrentou dificuldades nas finanças. O país sofria com poucos investimentos internacionais em um momento em que o capital estrangeiro estava mais preocupado em reerguer Europa e Japão. A população reclamava do custo de vida e sindicatos promoviam greves, reprimidas pelo governo. Para tentar estimular a economia, o presidente decidiu mudar de estratégia e lançar um plano desenvolvimentista, investindo em obras públicas e planejamento estatal.

O pacote enfrentou resistência entre deputados e senadores que cobravam corte de gastos, o que enfraqueceu a base aliada de Dutra. No fim, pouca coisa saiu, de fato, do papel: alguns hospitais, hidrelétricas e rodovias, entre elas a via Dutra, ligação entre São Paulo e Rio de Janeiro.

Entre confusões e desacertos, o presidente teve o mérito de não interferir na elaboração da Constituição de 1946, promulgada durante seu governo e a mais democrática da história do país até então. Apesar de seu passado de pouco apreço pela democracia, o presidente respeitava a Carta, a qual chamava de "livrinho". Em novembro de 1950, já no fim de sua gestão, afirmou:

> *Tenho a felicidade, de que outros se não beneficiaram, de atingir a última etapa do mandato presidencial, sem necessitar de invocar o estado de sítio. Recusei-me também a fazer uso do instituto da intervenção federal em estados da federação, apesar de insistentemente solicitado. [...] Há clima de liberdade para todos. Não há na República presos políticos. A imprensa exerce seu direito de crítica, que alguns levaram a excessos injustificáveis, e o governo tem tolerado todas as demasias, sem solicitar as sanções judiciárias, porque acredita no poder da verdade e no julgamento de amanhã. E é lícito concluir que, no regime de freios e contrapesos estabelecido na Constituição, os Poderes Executivo, Legislativo e Judiciário estão praticando a democracia.*

Depois de deixar a presidência, o já marechal Dutra continuou influente no Exército, dando, anos depois, declarações de apoio ao golpe militar de 1964, o que reforça sua trajetória algo adesista. Chegou a disputar a eleição indireta que escolheu o novo presidente do Brasil. Àquela altura, entretanto, já era passado: teve dois votos, contra 361 do vencedor Humberto Castelo Branco. Morreu em 1974 aos 91 anos de idade, sendo hoje menos conhecido do que a rodovia que leva seu nome.

Seus cincos anos de governo foram um interlúdio espremido pelas presidências de alguém incomparavelmente mais relevante. Getúlio Vargas retornaria ao comando do Brasil na esteira da insatisfação popular com a economia. João de Barro e José Maria de Abreu registraram o clima daquele ano eleitoral de 1950:

> *Ai, Gegê, que saudades*
> *Que nós temos de você*
> *[...]*
> *Tudo sobe, sobe, sobe*
> *Todo dia no cartaz*
> *Só o pobre do cruzeiro*
> *Todo dia desce mais, mais, mais, mais*

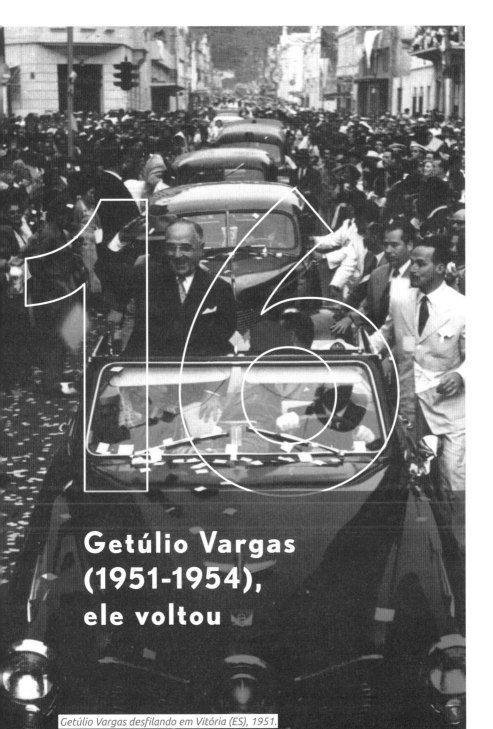

16

Getúlio Vargas (1951-1954), ele voltou

Getúlio Vargas desfilando em Vitória (ES), 1951.

Sim, Getúlio Vargas havia sido ditador de um regime que por oito anos censurou, prendeu, torturou e assassinou. Saiu do poder escorraçado pelo Exército, seu ex-aliado, e partiu para um exílio informal em sua São Borja natal, onde envelheceu e engordou. Os crimes e desmandos praticados pelo regime que chefiara receberam pouca atenção, e muitos preferiram lembrar da criação da legislação trabalhista, da modernização do Estado e da industrialização. Para completar, depois de sua saída, a economia não estava muito bem, levando os brasileiros a cultivar certa saudade do ex.

Por essas e outras, o ex-ditador, deposto em 1945, virou favorito na eleição presidencial de 1950. Ao anunciar o retorno, afirmou: "Eu voltarei, não como líder político, mas como líder das massas". Getúlio lia bem o momento. O país se urbanizava rápido — um enorme contingente de trabalhadores vivia em grandes cidades e via no velho político um benfeitor. Desenhava-se uma divisão entre os novos trabalhadores, muitos migrantes do Nordeste, e a antiga classe média, mais tradicional, progressivamente antigetulista.

A plataforma eleitoral do Getúlio de 1950 dobrava apostas. Com fortes cores nacionalistas, exaltava feitos de sua ditadura, como a criação da Vale do Rio Doce e da Companhia Siderúrgica Nacional. Prometia mais ação do Estado e benefícios sociais. Que não se confundisse isso com socialismo ou algo do tipo, pois o gaúcho insistia que capital e trabalho não deviam ser adversários, mas forças unidas pelo bem comum. Equilibrava-se com um pé na canoa da elite empresarial e outro na dos trabalhadores. Ambíguo, como sempre.

Filiado ao PTB, Getúlio formou uma chapa com o vice João Café Filho, personagem de pouca expressão que integrava o Partido Social Progressista (PSP), partido, por sua vez, de muita expressão em São Paulo, onde o algoz da Revolução de 1932 poderia vir a precisar de reforços.

O principal rival de Getúlio na disputa era o brigadeiro Eduardo Gomes, já derrotado na eleição anterior. O candidato da UDN continuava com sua pecha de candidato dos ricos, e de nada ajudou sua decisão de antagonizar Getúlio, defendendo, em sua campanha, a extinção do salário mínimo. O militar obteve menos de 30% dos votos, contra 49% do ex-ditador — a Constituição de 1946 não previa segundo turno.

Com o peso do operariado, Getúlio chegou a cerca de 65% no Rio de Janeiro e no estado de São Paulo, mostrando que a memória do levante constitucionalista não era mais decisiva. O retorno do gaúcho ao centro do palco nacional foi eternizado pela marchinha de Haroldo Lobo e Marino Pinto:

Bota o retrato do velho outra vez,
Bota no mesmo lugar!
O sorriso do velhinho faz a gente trabalhar!

A volta de Getúlio enfurecia a oposição, liderada pela UDN. Artigos na imprensa criticavam o populismo do candidato do PTB e o reduzido nível educacional dos eleitores que "desceram os morros embalados pela cantiga da demagogia". Destacava-se aquele que seria o mais feroz opositor do gaúcho, o jornalista e futuro político Carlos Lacerda, que afirmou: "O sr. Getúlio Vargas não deve ser candidato à Presidência. Candidato, não deve ser eleito. Eleito, não deve tomar posse. Empossado, devemos recorrer à revolução para impedi-lo de governar".

Não foi o que aconteceu — embora Lacerda tenha trabalhado bastante para viabilizar ao menos a última frase de sua profecia.

Em 31 de janeiro de 1951, Getúlio tomou posse e cumpriu o ritual republicano de prometer "manter, defender e cumprir a Constituição da República". Pela primeira vez na vida, aos 68 anos de idade, vestia a faixa graças ao voto direto dos brasileiros. Nem o Brasil nem o mundo eram os mesmos. Mais complexo, o país tinha instituições e oposições mais robustas. A democracia era, ao menos nos discursos, um ponto pacífico.

O mineiro Tancredo Neves, ministro da Justiça no segundo governo de Getúlio, contava que o gaúcho queria, naquela nova fase, "se libertar do ditador". O presidente teria afirmado: "Fui ditador porque as contingências do país me levaram à ditadura, mas quero ser um presidente constitucional dentro dos parâmetros fixados pela Constituição".

Sob as novas regras, Getúlio teria muito mais dificuldade em se mover. É o que afirma Boris Fausto:

Ele teria que lidar com o Congresso, com a política miúda e com a pressão militar. Havia, sim, um apoio ao presidente vindo do sindicalismo organizado e da grande massa, mas isso não lhe dava garantias. A situação internacional também estava muito mais complicada em razão da divisão do mundo pela Guerra Fria. No segundo período de Getúlio, o jogo político havia ganhado outra complexidade, e ele não percebia isso.

Na caserna, o presidente se deparava com um Exército de autoestima inédita. Depois de décadas esnobados pelo Império e pela Primeira República, os militares estavam finalmente com a bola toda. Contribuíram com a tomada do poder em 1930, com a transformação do país em uma ditadura em 1937 e com o fim dela em 1945. Haviam feito um presidente, o general Dutra. Firmava-se mais uma vez a ideia de que as Forças Armadas eram personagens cruciais na definição dos rumos políticos nacionais.

Só faltava a eles união.

Naqueles anos de 1950, dois grupos antagonizavam nos quartéis: um pró-Estados Unidos e favorável à abertura ao capital estrangeiro e à austeridade fiscal; e outro nacionalista e estatista, defensor de uma posição ao menos de neutralidade em relação a americanos e soviéticos.

Na economia, Getúlio herdou de Dutra um país de crescimento acelerado, o que não era motivo de festa para uma população que sofria com inflação alta e renda achatada. O salário mínimo estava no mesmo nível de quando fora fixado pelo Estado Novo, em 1943.

Seguindo seu discurso de campanha, Getúlio começou o governo tentando abraçar o mundo. Pretendeu encorajar o desenvolvimento com planejamento estatal, estímulo à indústria e crédito fácil aos empresários, sem abandonar os grandes produtores rurais. Sob seu governo, foi criado o Banco Nacional de Desenvolvimento Econômico (BNDE), que depois ganharia o "S" de "social".

No fim de 1951, em tempos da campanha "O petróleo é nosso", o presidente enviou ao Congresso o projeto de criação da Petrobras. Ao mesmo tempo que indicava um caminho de generosidade governamental, Getúlio lançou planos para estabilizar as contas públicas, o que lhe garantiu apoio inicial do empresariado e de entidades como a Federação das Indústrias do Estado de São Paulo (Fiesp).

Apesar das tentativas do governo, a situação do Brasil era difícil. A torneira dos investimentos estrangeiros se fechava diante da resistência dos Estados Unidos em continuar liberando, em troca de benefícios geopolíticos, verba pública abundante para financiar obras e cobrir dívidas de países pobres. O déficit das contas públicas pressionava o governo e a inflação não dava trégua, chegando a 21% em 1953. Greves de trabalhadores, muitas vezes lideradas pelos comunistas, explodiram pelo país.

Ficava mais difícil para Getúlio agradar a todos, e, precisando escolher um lado, optou pelas massas que o haviam colocado na cadeira presidencial. No 1º de maio de 1952, por exemplo, discursou:

> *Posso esquecer os agravos sofridos, mas nunca esquecerei a gratidão que vos devo pelo calor do vosso acolhimento, pela constância da vossa amizade, pela firmeza e coragem de vossas atitudes em todas as fases da minha vida de tantas lutas e atribulações pautada sempre pelo amor aos humildes e pela devoção ao Brasil.*

No início de 1954, o ministro do Trabalho, João Goulart, o Jango, propôs um aumento de 100% do salário mínimo. O anúncio alarmou militares, que lançaram o Manifesto dos Coronéis, assinado por 81 oficiais, entre eles Golbery do Couto e Silva, que teria papel importante no regime militar de dez anos depois. Os signatários repudiavam o aumento salarial, argumentando que, com ele, um trabalhador sem qualificação poderia ganhar quase o mesmo que alguém com formação universitária. Ressaltavam ainda que isso comprometeria a capacidade de recrutamento do Exército, reduzindo o apelo salarial da carreira militar. E alertavam, é claro, para o risco do "comunismo sempre à espreita".

Getúlio reagiu com sua clássica ambiguidade. Demitiu tanto Jango quanto o ministro da Guerra, Ciro do Espírito Santo Cardoso, este último por não o ter avisado da confabulação coronelística. O presidente esperou a poeira baixar e, pouco depois, no Dia do Trabalho de 1954, anunciou o aumento de 100% do mínimo, elogiando seu ex-ministro do Trabalho. Em discurso, exaltou sua base popular:

> *A minha tarefa está terminando e a vossa apenas começa. O que já obtivestes ainda não é tudo. Resta ainda conquistar a plenitude dos direitos que vos são devidos e a satisfação das reivindicações impostas pelas necessidades. [...] Constituís a maioria. Hoje estais com o governo. Amanhã sereis o governo.*

Boris Fausto ressalta como, naqueles últimos anos, Getúlio se colara mais aos trabalhadores, embora afirme que não tenha chegado a ser um presidente de esquerda, já que seu nacionalismo nunca foi do tipo revolucionário.

Ele muda muito no segundo governo, torna-se mais mobilizador, com uma crença nas virtudes e na força da classe trabalhadora organizada, algo que não existia no primeiro período. Não só sua fala, mas suas atitudes ficam mais radicais. Isso, acrescido à incapacidade de se mover no jogo democrático, acabaria o levando a um impasse.

Contra o presidente organizava-se uma oposição composta por UDN, políticos tradicionais da época da Primeira República, empresários insatisfeitos com medidas trabalhistas e uma classe média que reclamava do discurso populista, do excesso de gastos públicos e da corrupção. Carlos Lacerda ilustrava o sentimento difuso contra o governo com a expressão "mar de lama".

Em meio às denúncias, ajudava o governo a inexistência de mecanismos de investigações efetivos para que fosse averiguado o que ocorria de irregular. Em junho de 1954, o presidente se livrou no Congresso de um processo de *impeachment* no qual era acusado de favorecer o jornal governista *Última Hora* e de ter planos de instalar uma república sindicalista.

Mas a vitória parlamentar seria rapidamente esquecida. O chefe da guarda pessoal do presidente, Gregório Fortunato, botara homens para seguir Lacerda na expectativa de descobrir podres do inimigo número um do getulismo. Na madrugada de 5 de agosto de 1954, Lacerda chegava à sua casa na rua Tonelero, em Copacabana, acompanhado do major da Aeronáutica Rubens Vaz, que dava proteção ao jornalista. No encontro entre a dupla e os capangas oficiais, o jornalista foi ferido com um tiro no pé, e o militar, morto.

A história tem várias versões, entre elas a de que Lacerda não foi baleado, ou de que o primeiro disparo contra Vaz foi feito acidentalmente pelo próprio jornalista. A explicação oficial, contudo, deu conta de que o major notou a presença de um estranho no encalço de ambos, o agente Alcino João do Nascimento, e foi abordá-lo. Na briga, levou os tiros fatais. Isso nem Nascimento negou.

Nunca se soube de conhecimento prévio de Getúlio da ação daquela noite, e a responsabilidade caiu sobre os ombros dos "aloprados" da guarda presidencial. Gregório Fortunato foi condenado como mandante do crime. Politicamente, no entanto, a fatura do ataque da rua Tonelero tinha endereço certo. Lacerda deixou isso bem claro em seu jornal, *Tribuna da Imprensa*:

> *Perante Deus, acuso um só homem como responsável por esse crime. É o protetor dos ladrões, cuja impunidade lhes dá audácia para atos como o desta noite. Este homem chama-se Getúlio Vargas.*

O deputado federal Afonso Arinos (UDN-MG) foi à tribuna da Câmara, dirigindo-se a Getúlio:

> *Tenha a coragem de perceber que o seu governo é hoje um estuário de lama e um estuário de sangue. [...] Verifique que os desvãos de sua casa de residência são como o subsolo de uma sociedade em podridão. Reflita nas suas responsabilidades de presidente e tome, afinal, aquela deliberação que é a última que um presidente no seu estado pode tomar.*

Era da renúncia de Getúlio que o parlamentar falava. O derramamento de sangue aprofundava o isolamento de um presidente acossado pelas dificuldades econômicas e pela perda de apoio político. A UDN o abominava mais do que nunca, a imprensa o atacava, os comunistas não o defendiam (seria apenas mais um imperialista). A morte de um oficial da Aeronáutica fez as Forças Armadas interromperem suas divisões internas, também debatendo a saída de Getúlio do poder. Desconfiados do governo, os militares instauraram uma apuração própria sobre o crime na base aérea do Galeão, no Rio de Janeiro. O aparato investigativo deu a si mesmo tamanho alcance e independência que o local ganhou o apelido de República do Galeão.

Com o progressivo colapso de seu pilar militar, o governo perdia definitivamente a sustentação. Em 22 de agosto, o chefe do Estado-Maior marechal Mascarenhas de Morais, que fora comandante da Força Expedicionária Brasileira na Segunda Guerra, levou a Getúlio a questão da renúncia. O mandatário reagiu:

> *Querem me escorraçar daqui como se eu fosse um criminoso. Não pratiquei nenhum crime. Portanto não aceito essa imposição. Daqui só saio morto. Estou muito velho pra ser desmoralizado e já não tenho razões pra temer a morte.*

No dia seguinte, 23 de agosto, um novo manifesto, agora de generais, pediu a renúncia do presidente. Entre os signatários estava certo Humberto Castelo Branco, primeiro presidente do regime militar.

A crise se encaminhava para seu desfecho, que começou na madrugada do dia 24 de agosto. Em um Palácio do Catete rodeado de trincheiras com sacos de areia e funcionários armados com metralhadoras, Getúlio reuniu seus aliados mais próximos e os ministros militares. O presidente ordenou que os responsáveis pelas Forças Armadas mantivessem a ordem pública. Assim, ele se disporia a se licenciar temporariamente do cargo, hipótese de meio-termo que aliados vinham aventando, até então sem anuência do presidente.

Ainda pela manhã, porém, chegou ao Catete a notícia de que a cúpula militar não se contentava com a licença. A única opção do presidente era a renúncia. No ato mais dramático cometido por um presidente brasileiro, Getúlio Vargas respondeu com outra alternativa: foi para o quarto, sacou um revólver e deu um tiro no próprio peito. Tinha 72 anos de idade. Tancredo Neves correu até o aposento com a filha do presidente, Alzira.

> *Ouviu-se o estampido seco. Nós subimos apressadamente para o quarto onde o presidente se achava. Encontramos o presidente de pijama, com meio corpo para fora da cama, o coração ferido e dele saindo sangue aos borbotões. Alzira de um lado, eu do outro, ajeitamos o presidente no leito, procuramos estancar o sangue, sem conseguir. Ele ainda estava vivo. Havia mais pessoas no quarto quando ele lançou um olhar circunvagante e deteve os olhos na Alzira. Parou, deu a impressão de experimentar uma grande emoção. Neste momento, ele morre.*

O suicídio de Getúlio mudava tudo. Em vez de comemorar a renúncia iminente, os oposicionistas viram as ruas tomadas por manifestações para exaltar o morto. No Rio de Janeiro, populares atacaram instalações da Aeronáutica e as sedes da Tribuna da Imprensa e do jornal *O Globo*. A polícia reagiu com tiros a protestos contra a embaixada dos Estados Unidos. Em São Paulo, operários entraram em greve. Cenas de violência se repetiram em Porto Alegre, em Belo Horizonte, no Recife. Um cortejo popular de cerca de 1 milhão de pessoas levou o corpo de Getúlio ao aeroporto Santos Dumont, no Rio de Janeiro, para que ele fosse sepultado em São Borja.

De um possível ato de covardia diante de uma adversidade, o suicídio se converteu em ação de resistência política graças a uma carta encontrada na mesa de cabeceira do presidente, junto a seu corpo, com a assinatura de Getúlio. Embora haja controvérsias sobre versões e autoria do documento, a carta-testamento entrou para a história e contribuiu para incendiar as ruas em favor do cadáver presidencial.

Mais uma vez as forças e os interesses contra o povo coordenaram-se e se desencadeiam sobre mim. Não me acusam, insultam; não me combatem, caluniam; e não me dão o direito de defesa. Precisam sufocar a minha voz e impedir a minha ação, para que eu não continue a defender, como sempre defendi, o povo e principalmente os humildes.

[...]

Meu sacrifício vos manterá unidos e meu nome será a vossa bandeira de luta. Cada gota de meu sangue será uma chama imortal na vossa consciência e manterá a vibração sagrada para a resistência. Ao ódio respondo com perdão. E aos que pensam que me derrotam respondo com a minha vitória. Era escravo do povo e hoje me liberto para a vida eterna. Mas esse povo, de quem fui escravo, não mais será escravo de ninguém.

[...]

Meu sacrifício ficará para sempre em sua alma e meu sangue terá o preço do seu resgate. Lutei contra a espoliação do Brasil. Lutei contra a espoliação do povo. Tenho lutado de peito aberto. O ódio, as infâmias, a calúnia não abateram meu ânimo. Eu vos dei a minha vida. Agora ofereço a minha morte. Nada receio. Serenamente dou o primeiro passo no caminho da eternidade e saio da vida para entrar na história.

Com o presidente morto, assumiu o vice Café Filho, que se tornara adversário de Getúlio. Mas a onda getulista que se sucedeu ao getulismo já estava forte demais, e a oposição, mesmo com um dos seus no Catete, não conseguiu subjugá-la. O eleito no pleito seguinte, em 1955, foi Juscelino Kubitschek, próximo do getulismo, com o futuro presidente Jango como vice.

A sombra do homem que governou os brasileiros por dezoito anos, seis meses e dezenove dias continuou forte na política nacional nos anos seguintes, perdendo força apenas a partir do regime militar instalado em 1964. Com a redemocratização, nos anos 1980, o polo agregador de pautas da classe trabalhadora passou a ser o Partido dos Trabalhadores (PT), e a figura de Getúlio esmaeceu, embora o presidente tenha sido elogiado por sucessores de diferentes matizes, como Lula e Fernando Henrique Cardoso. Seu nome batiza avenidas por todo o país (em menor medida em São Paulo) e está inscrito no Livro dos Heróis da Pátria.

Boris Fausto comenta o legado getulista:

Suas maiores contribuições foram o incentivo à constituição de uma indústria e a instituição de leis trabalhistas em um país então desprovido de qualquer assistência ao trabalhador, embora fosse uma legislação enquadrada na rigidez de um regime autoritário. Com seu carisma, ele também teve a capacidade de construir um inegável laço com as massas trabalhadoras — goste-se ou não, esse é um mérito de um governante. Do lado negativo, tinha uma propensão ao autoritarismo, instituindo com o Estado Novo um regime de negação das liberdades, censura e tortura. Sua presidência teve consequências muito grandes, de diversas ordens, para o bem e para o mal. Foi o presidente mais importante do Brasil.

Com o suicídio de Getúlio em 24 de agosto de 1954, a Presidência da República perdia um ocupante com o qual o país já estava acostumado havia quase vinte anos, e ganhava um substituto com trajetória de figurante na política brasileira: João Café Filho. O ex-goleiro de 55 anos de idade governou o Brasil por apenas catorze meses — o suficiente para que, mais uma vez, o país se visse na iminência da ruptura democrática.

Mas antes de entrar nos temas quentes de seu curto governo, é preciso fazer as devidas apresentações desse sujeito especialmente desprovido de relevância que calhou de vestir a faixa presidencial.

Café Filho (1954-1955), transição tumultuada

Café Filho (à direita) recebe os cumprimentos de Henrique Teixeira Lott por ocasião de sua posse na Presidência da República. Ao fundo, ao centro, está o brigadeiro da Aeronáutica Eduardo Gomes, 1954.

Café Filho nasceu em 1899 em Natal, no Rio Grande do Norte, neto de um senhor de engenho e filho de um funcionário público, sinal de que as coisas tinham decaído um tanto em sua família. Jovem, fez de tudo um pouco. Mudou-se para o Recife a fim de estudar direito, mas voltou para a capital potiguar sem concluir o curso. Jogou profissionalmente como goleiro no Alecrim Futebol Clube antes de decidir se dedicar à advocacia, mesmo sem o diploma de curso superior — sabe como é, coisas de início do século XX.

Com a experiência que adquiriu assistindo a julgamentos, atuou na defesa de trabalhadores pobres e se tornou popular, interessando-se pela política e pela oposição ao regime oligárquico. Também tentou combater, como candidato a vereador e como jornalista, as lideranças usuais da época, mas sem êxito.

A sorte de Café mudou com a Revolução de 1930, pela qual o jovem jornalista/aspirante a político/ex-jogador/pseudoadvogado pegou em armas. A atuação enérgica em favor do novo regime lhe garantiu cargos intermediários até, enfim, ser eleito deputado federal. Na Câmara, porém, viria o desencanto com o regime de Getúlio Vargas, contra o qual Café Filho se opôs pública e sistematicamente durante a escalada autoritária que antecedeu o Estado Novo.

Na mira do getulismo por sua postura crítica, precisou se esconder para não ser preso e fugiu para a Argentina.

O ex-deputado amargou alguns anos fora da vida pública até que o país se redemocratizasse, em 1945. No retorno à política, novamente como deputado federal, uma parte de Café mantinha-se como antes — opôs-se a medidas que considerava autoritárias, como a repressão do governo Dutra a greves ou a cassação do registro do Partido Comunista.

Ao mesmo tempo, porém, nascia um Café mais pragmático, que buscou crescer na política com a criação de uma legenda, o PSP, em parceria com Adhemar de Barros — cacique paulista que entraria para a história associado ao *slogan* "rouba, mas faz". Graças a Adhemar, que se elegeu governador de São Paulo, o partido se tornou forte no estado, entrando no radar de Getúlio na eleição de 1950. O casamento de ocasião criaria a oportunidade para o então mais alto voo de Café: o posto de segundo da chapa presidencial.

No cargo, foi um vice que despertava desconfiança geral. Entre os getulistas, ninguém esquecera seu passado de opositor do primeiro governo do gaúcho. Segundo o jornalista Samuel Wainer, do jornal *Última Hora*, Getúlio tinha horror físico ao neoaliado. A Liga Eleitoral Católica promoveu uma campanha contra o potiguar, que era protestante. Ela denunciava também o "ranço vermelho" de Café, em razão de suas posições próximas à esquerda no passado.

As preocupações dos católicos se revelariam descabidas; já as do getulismo, não. No governo, enquanto Getúlio seguia a linha nacional-desenvolvimentista, Café se descobria um defensor do estímulo à iniciativa privada e da abertura ao capital estrangeiro como caminho para o progresso, no lugar das medidas socializantes que antes apoiara. Enquanto o presidente queimava pontes com a oposição, o vice construía as suas.

Quando forças militares e políticas se uniram para pressionar Getúlio a renunciar, Café integrou animadamente as conspirações. No dia 22 de agosto de 1954, dois dias antes do suicídio, o vice foi ao titular sugerir uma improvável renúncia dupla. Getúlio, como esperado, rejeitou a ideia. "Se tentarem tomar o Catete, terão de passar sobre o meu cadáver", disse. "Daqui só me tirarão morto."

O presidente dera a deixa para Café também se eximir da renúncia: "Está claro que me sinto também desobrigado de renunciar. Caso o senhor deixe desta ou daquela maneira o palácio, a minha obrigação constitucional é vir ocupá-lo". No dia seguinte, véspera do tiro no peito, o vice fez um discurso em clima de rompimento público. Revelou a conversa que tivera com Getúlio e ressaltou que os problemas políticos e econômicos do país só pioravam.

Sobressai uma inquietação geral. Governo, oposição e povo, através de todas as classes civis e militares, se mostram apreensivos e inseguros. Ninguém está seguro. A ordem e o próprio regime parecem equilibrar-se num fio, às bordas de um despenhadeiro. Não há quem não perceba que, a qualquer momento, tudo poderá precipitar-se na voragem de surpresas desagradáveis.

A surpresa viria no dia 24. Com as ruas tomadas de comoção pelo suicídio, o vice foi alçado ao poder, prometendo compromisso com a proteção dos mais pobres, "preocupação máxima do presidente Getúlio Vargas".

Apesar do aceno formal ao antecessor, na prática, Café Filho construiu um governo que alijava as ideias e os integrantes da administração anterior. Juntou-se à oposicionista UDN e nomeou como ministros nomes históricos do antigetulismo e que haviam participado das articulações a favor da queda do gaúcho, como o general Juarez Távora e o brigadeiro Eduardo Gomes.

Ligado a Getúlio, Samuel Wainer criticou Café em um depoimento no final dos anos 1970:

> *A atitude de Café Filho durante os trágicos dias que precederam o suicídio de Getúlio em 1954 contribuiu decisivamente para quebrar a sua possibilidade de resistência e, possivelmente, levá-lo à sua trágica decisão do suicídio. E mais grave ainda: ao assumir o lugar ainda manchado pelo sangue de Vargas no Palácio do Catete, Café Filho repudiou o programa comum que os havia eleito presidente e vice-presidente da República, e convocou para o seu lado, como membros do seu ministério, alguns dos inimigos mais figadais, não só de Vargas ou do processo democrático brasileiro, especialmente no campo da sua revolução trabalhista.*

Em sua curta passagem pelo Catete, Café tentou debelar a herança de crise econômica e inflação com uma política rígida de corte de gastos públicos, mas esbarrou em sua pequenez política para lidar com o jogo bruto dos principais partidos da época — UDN, PSD e PTB. Também tinha a missão de garantir a realização das eleições presidenciais previstas para 3 de outubro de 1955, que se desenhavam tensas. Sua contribuição ao processo foi tumultuá-lo ainda mais.

O general Juarez Távora (UDN) e o ex-governador paulista Adhemar de Barros (PSP, partido de Café) disputariam o cargo, mas o favorito era o governador de Minas Gerais Juscelino Kubitschek (PSD), tendo como vice o ex-ministro do Trabalho João Goulart (PTB). JK era o preferido de Getúlio para sua sucessão, e PSD e PTB colhiam frutos com a comoção popular gerada depois do suicídio do presidente.

Antevendo a derrota para os aliados do morto, a cúpula das Forças Armadas foi até Café Filho e cobrou uma "colaboração interpartidária" para que houvesse um candidato único, civil e com apoio militar. O presidente gostou da conversa e a levou à população por meio da *Voz do Brasil*:

Os prenúncios de uma sucessão convulsionada surgiram desde que foi indicada uma candidatura, sem maiores entendimentos com as outras políticas. Simultaneamente irromperam sintomas em cujo mérito não me cabe entrar, mas a que muitos atribuem um propósito de restaurar a ordem das coisas encerradas tragicamente a 24 de agosto de 1954.

Juscelino, óbvio destinatário daquele recado, reagiu: "Deus poupou-me do sentimento de medo. A duração da minha candidatura está condicionada à duração da própria democracia em nossa pátria". Certa vez, questionado sobre o "problema do Café", respondeu: "O vegetal ou o animal?". Líderes do PTB e até do PSP também reclamaram do discurso presidencial, lembrando que cabia aos partidos, e não aos generais, a definição de candidaturas.

Mantendo-se na disputa, o candidato do PSD venceu, mas apertado. No pleito sem previsão constitucional de segundo turno, obteve menos de 36% dos votos, contra 30% de Juarez Távora e quase 26% de Adhemar de Barros. Na disputa da vice-presidência, Jango derrotou o udenista Milton Campos por 44% a 42%. Pela terceira vez seguida, a UDN falhava em chegar à Presidência da República.

Depois de tentar barrar as candidaturas, os derrotados da política e da caserna tentariam impedir a posse dos eleitos. Argumentavam que a chapa PSD-PTB havia recebido o apoio dos comunistas, então na clandestinidade, e que não havia atingido 50% dos votos.

O udenista Carlos Lacerda, que chamava Juscelino de "condensador da canalhice nacional", parafraseou o que já dissera no passado sobre Getúlio: "Esses homens não podem tomar posse, não devem tomar posse, nem tomarão posse". Sua *Tribuna da Imprensa* publicou, antes da eleição, uma carta atribuída a um deputado argentino, datada de 1953, tratando de acertos secretos entre o então ministro Jango e o líder argentino Juan Domingo Perón em torno da implantação de uma república sindicalista no Brasil e de um contrabando de armas entre os países.

O governo mandou investigar e, no dia da eleição, o Ministério da Guerra anunciou que as apurações em curso indicavam que a denúncia era autêntica. Mas ficou por aí: menos de um mês depois da vitória de JK e Jango, o inquérito inocentou o vice-presidente eleito.

A eleição havia sido em 3 de outubro, e a posse ocorreria só em 31 de janeiro, o que dava mais algum tempo aos interessados em melar a sucessão. Em 1º de novembro, um coronel obscuro chamado Bizarria Mamede pediu, em nome do Clube Militar, em um discurso durante o enterro de um general, que os eleitos não tomassem posse. O ministro da Guerra Henrique Teixeira Lott, legalista até a medula, pediu autorização ao presidente para punir o falastrão. No dia 3, antes de responder, Café Filho foi internado por problemas cardíacos, afastando-se do cargo para se tratar.

A coisa complicou no dia 8 quando, de acordo com a linha sucessória, assumiu o Palácio do Catete o presidente da Câmara dos Deputados Carlos Luz, integrante do PSD, porém próximo da UDN. Cercado de udenistas e militares golpistas, Luz decidiu não punir o insubordinado, o que fez com que Lott se demitisse e fosse substituído por um general conspirador. Estava escancarada a avenida para que a decisão das urnas fosse ignorada, e JK e Jango, proibidos de assumir.

No entanto, aliados de Lott foram mais rápidos: convenceram-no a voltar atrás, se agarrar ao posto de ministro da Guerra e depor o presidente interino. Contra uma iminente violação da Constituição, outra foi arquitetada.

O caso ficou conhecido como contragolpe ou golpe preventivo.

Na madrugada de 11 de novembro, tropas do Exército fiéis a Lott tomaram o Rio de Janeiro e forçaram Luz e seus apoiadores, entre eles Carlos Lacerda, a se abrigar em um navio da Marinha. Fortes do Exército na baía de Guanabara chegaram a disparar tiros em direção ao navio em que estava Luz, sem atingir a embarcação. O político ordenou que ninguém revidasse. No controle do país, Lott articulou o impedimento de Luz, que foi aprovado pelo Congresso. Como Café continuava doente, assumiu a Presidência o vice-presidente do Senado Nereu Ramos.

Mas a novela não tinha acabado. Em 21 de novembro, eis que ressurgiu Café Filho, anunciando que pretendia reassumir o cargo. Lott, com a moral nas alturas, barrou o retorno do presidente, apontando-o como suspeito de integrar a conspiração contra a posse dos eleitos. Com sua residência cercada por tropas do Exército, Café acompanhou, atônito, o Congresso aprovar seu impedimento. Sob a sombra do general, Nereu Ramos presidiu o país por menos de três meses, enfim entregando a faixa a Juscelino no janeiro seguinte.

Aparício Torelly, o barão de Itararé, resumiu a saga: "Faltava Café e Luz no Catete. Só havia Pão de Lott". O humorista já havia alvejado o sucessor de Getúlio antes, chamando-o de "reles café de panela, muito requentado e que, na xícara, ficara reduzido a um modesto cafezinho, um café pequeno, um café filho".

Apesar do problema cardíaco, Café não evaporou logo. Depois da Presidência, trabalhou em uma imobiliária no Rio de Janeiro e, em 1961, foi presenteado pelo então governador da Guanabara Carlos Lacerda com um cargo de ministro do Tribunal de Contas do Estado, onde trabalhou até 1969, ano anterior a sua morte.

Os trocadilhos com seu nome iriam além de seu tempo. Em discurso antes de ser preso, Luiz Inácio Lula da Silva afirmou ter sido o único presidente da República sem diploma universitário. Corrigida sobre o fato de Café também não ter obtido o diploma, a assessoria do petista respondeu: "O Café Filho é café com leite".

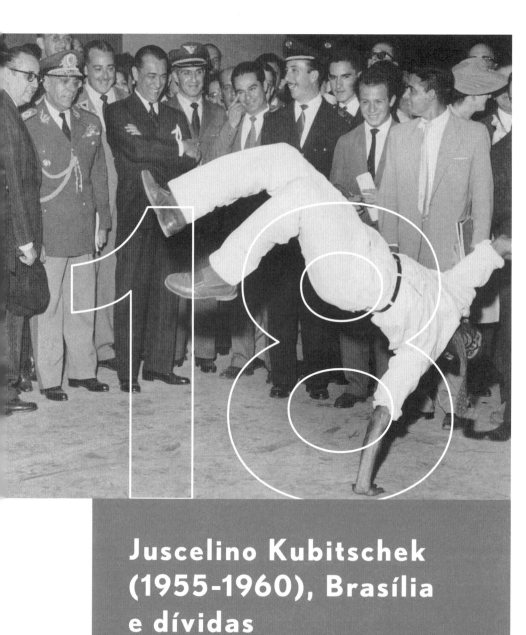

18

Juscelino Kubitschek (1955-1960), Brasília e dívidas

Juscelino Kubitschek (de braços cruzados) e militares assistem a apresentação de capoeiristas na abertura da 5ª Bienal de São Paulo, 1959.

O *jingle* da campanha de Juscelino Kubitschek de Oliveira trazia algumas ideias comuns ao getulismo: nacionalismo exacerbado, Estado forte e um líder salvador da pátria. Mas Getúlio Vargas estava morto. Para continuar a existir e ser transmitido a um sucessor, esse discurso precisava de uma cara nova.

Queremos demonstrar ao mundo inteiro
E a todos que nos querem dominar
Que o Brasil pertence aos brasileiros
E um homem vai surgir para trabalhar

[...]

Juscelino Kubitschek é o homem
Vem de Minas das bateias do sertão
Juscelino, Juscelino é o homem
Que além de patriota é nosso irmão

Brasil, vamos para as urnas
Povo democrata, gente varonil
Juscelino, Juscelino, Juscelino
Para presidente do Brasil!

Décadas depois de sua passagem pelo poder, o que ficou na memória de muitos brasileiros foi a imagem de um presidente ainda mais carismático do que Getúlio, talvez em razão da mistura de sorriso largo e informalidade. Juscelino era o líder de um Brasil que crescia, modernizava-se, gerava emprego e que parecia no caminho certo. Até uma nova capital ganhamos.

Mas aqueles anos dourados também foram de tensões políticas — ou alguém achou que o espírito golpista tão em voga naquela década de 1950 seria suspenso em um passe de mágica? Também foram anos em que o país se encheu, alegre e irresponsavelmente, de dívidas, que seriam cobradas com muitos juros no futuro.

Ao assumir a Presidência, JK tinha apenas 52 anos de idade, exibindo assim os ares de novidade de seu *jingle*. Natural de Diamantina (MG), foi o primeiro presidente do Brasil nascido no século XX, mais especificamente em 1902. O pai morreu quando Juscelino ainda era criança, e a mãe, a professora primária Júlia, criou o menino e a irmã com poucos recursos.

Apesar das dificuldades, o garoto conseguiu entrar na Faculdade de Medicina de Belo Horizonte.

Em uma função de médico militar, JK chegou a atuar em meio às forças mineiras, portanto do lado do governo federal, durante a Revolução Paulista de 1932. A medicina também o aproximou das elites mineiras durante a Era Vargas, o que o alçou a chefe de gabinete do interventor federal no estado em 1933 e, no ano seguinte, ajudou a elegê-lo deputado federal.

Uma de suas faces mais conhecidas, a de tocador de obras, começou a ser conhecida em 1940, durante o Estado Novo, quando foi nomeado prefeito de Belo Horizonte. Entre as intervenções que fez na capital mineira, a mais célebre foi o conjunto arquitetônico da Pampulha, que incluiu uma igrejinha à beira d'água projetada por Oscar Niemeyer. Ali começava a parceria entre político e arquiteto, apesar dos protestos do arcebispo de Belo Horizonte na época, que se indignou com o *design* moderno do edifício.

Com o fim da ditadura, Juscelino se firmou como uma das lideranças do PSD, braço do getulismo entre os caciques regionais. Enquanto Getúlio se elegia presidente, JK vencia o governo de Minas Gerais. No cargo, buscou financiamento externo para viabilizar grandes obras, como estradas e usinas de energia.

A mesma plataforma — atuação forte do governo na economia somada a intenso fluxo de capital estrangeiro — adotaria na Presidência a partir de 1955. Mostrando-se bem menos receoso do dinheiro de fora do que seu velho aliado político gaúcho, o mineiro foi um desenvolvimentista pouco ortodoxo, na definição de Lilia Schwarcz. Aliando intervencionismo e abertura ao mundo, para ela, JK foi o centrista por excelência.

De um lado, foi um político que apostou no desenvolvimentismo, na concepção de um Estado forte que intervinha na política, na economia e até na cultura. De outro, abriu o país para o capital estrangeiro. Era também de centro porque procurou acomodar os militares e os inimigos da UDN, assim como negociou com a esquerda, usando o vice Jango para lidar com ligas rurais e sindicatos.

Na Presidência, JK prometia fazer "cinquenta anos em cinco", mas, antes de qualquer coisa, precisava pacificar sua relação com as Forças Armadas. O golpe preventivo do general Henrique Lott e o estado de sítio que garantiu a posse dos eleitos em 1955 não fizeram desaparecer a indisposição ao nome de JK entre parte importante da caserna.

Durante seu mandato, militares rebelados promoveram levantes contra o governo em Jacareacanga, no Pará, e Aragarças, em Goiás, sob a justificativa de livrar o Brasil de uma inexistente conspiração comunista. As insurreições foram rapidamente reprimidas, e seus autores, anistiados.

O presidente se preocupava em trazer, e rápido, os militares para seu lado. Entregou cargos-chave da administração às Forças Armadas e autorizou a compra de equipamentos bélicos, como um porta-aviões adquirido da Marinha britânica. O humorista Juca Chaves tripudiaria sobre a aquisição na canção "Brasil já vai a guerra":

Brasil já vai a guerra
Comprou um porta-aviões
Um viva pra Inglaterra
De oitenta e dois bilhões
Mas que ladrões

[...]

Enquanto uns idiotas
Aplaudem a medida
O povo sem comida
Escuta as tais lorotas
Dos patriotas

Com os militares apaziguados, JK ficou à vontade para focar seu Plano de Metas, que previa atuação direta do governo em diferentes setores da economia para acelerar o crescimento e o processo de industrialização. Por meio de benefícios, estimulou a indústria pesada e a automobilística, além de abraçar o projeto da construção de Brasília.

A ideia de construir uma nova capital no Planalto Central para ocupar o interior do país era antiga. Já havia aparecido na Constituição de 1891, e não apenas nela, mas nunca fora posta em prática, apesar de alguns passos tímidos de governos anteriores nesse sentido. Durante a campanha presidencial, em um comício em Goiás, Juscelino foi cobrado sobre a transferência por um eleitor e prometeu realizá-la.

A empreitada de construir uma nova capital no inóspito interior goiano enquanto o centro político, econômico e demográfico do país ficava a centenas de quilômetros dali, no Sudeste, era ambiciosa e, em grande medida, improvável. E JK queria não apenas construí-la, mas fazê-lo às pressas. O presidente garantia que Brasília estaria pronta ainda em 1960, seu último ano de governo.

A oposição duvidava de que uma capital federal fosse brotar tão rápido da terra vermelha do cerrado ou de que os funcionários públicos federais, tão bem instalados no Rio de Janeiro, fossem topar se mudar para o meio do nada. Juscelino insistia que era possível.

Em outubro de 1956, visitou pela primeira vez o local em que seria construída a cidade. Pousou em uma pista improvisada e discursou rodeado de vazio:

> *Deste Planalto Central, desta solidão que em breve se transformará em cérebro das altas decisões nacionais, lanço os olhos mais uma vez sobre o amanhã do meu país e antevejo esta alvorada com fé inquebrantável em seu grande destino.*

Projetado pelo urbanista Lúcio Costa, o Plano Piloto de Brasília previa áreas separadas para prédios oficiais, residenciais e comerciais que se interligavam por largas avenidas e se espalhavam pelo terreno na forma de um avião. Oscar Niemeyer foi o arquiteto dos principais edifícios, como o Congresso Nacional e os novos palácios presidenciais — Planalto, para o expediente, e Alvorada, para moradia (e de vez em quando articulações noturnas e discretas).

Vastas parcelas da energia e do tempo presidencial — além de expressivos recursos orçamentários — foram dedicadas a acompanhar os trabalhos em Brasília. A oposição se descabelava com os gastos e argumentava que aquilo não deveria ser uma prioridade do governo. Mas com dinheiro (e endividamento), pressa e o trabalho de dezenas de milhares de trabalhadores, os chamados candangos, JK cumpriu a promessa e inaugurou Brasília — bastante incompleta, é verdade — em 21 de abril de 1960, dia de Tiradentes, a menos de um ano de deixar o poder. Em seu discurso, o presidente caprichou no tom épico e triunfante:

A data de hoje tornou-se duplamente histórica para o Brasil porque a gloriosa evocação do passado junta-se agora à epopeia da construção desta nova capital que acabamos de inaugurar. Saudamos assim a um só tempo o passado e o futuro de nossa pátria através de dois acontecimentos que se ligam no ideal comum que os animaram: o de fazer o Brasil afirmar-se como nação independente. O sonho dos inconfidentes de 1789 tem nesta realização de 1960 a sua etapa derradeira, pois agora encontra o Brasil o seu verdadeiro destino e poderá caminhar mais solidamente para a completa emancipação.

Além de dar aos brasileiros um símbolo nacional com seus traçados e curvas modernistas, a cidade cumpriu os ideais do governo de ocupar o interior. As obras geraram empregos e deslocaram migrantes de diferentes regiões para o Planalto Central. A construção também forçou, sob protestos, servidores a se desencastelar da orla carioca, obrigando, assim, o Estado a olhar além das praias do litoral.

Brasília, porém, veio acompanhada de profundas contradições. Em certa medida, o que parecia moderno nos anos 1950 envelheceu, e suas distâncias monumentais, dificultando a mobilidade dos pedestres, remetem à era do transporte individual. Os candangos que construíram a capital sob condições difíceis e risco de morte — houve diversos relatos de acidentes fatais — foram alijados do Plano Piloto, vivendo em acampamentos mal-arranjados, que cresceriam para se tornar cidades-satélites.

Além disso, como constata Lilia Schwarcz, com o isolamento do poder em uma capital no coração do país, o Estado ficou distante das demandas sociais e do contato com o povo:

Nossa capital confirmou sua vocação modernista, integrou o país pela interiorização e se tornou uma cidade universitária e um polo cultural, mas também conservou aqueles palácios impecáveis, suspensos, leves e brancos como a noite do Planalto. E fez do poder da República algo muito mais asséptico, isolado, vaidoso e arrogante.

As ambivalências se estendiam a outras áreas do governo JK. Sua administração rasgou o país com novas rodovias, como a Belém-Brasília, e investiu na estruturação de uma indústria automobilística nacional. A mesma atenção não foi dedicada à malha ferroviária, que foi sucateada ao longo dos anos, levando o país a uma dependência do transporte rodoviário.

As obras e os gastos públicos de JK trouxeram otimismo, desenvolvimento, urbanização e aumento da qualidade de vida de parcelas da população — o Brasil cresceu quase 8%, em média, entre 1957 e 1960. Mas o governo não deu a devida atenção às zonas rurais, o que estimulou mais êxodo para as cidades e, consequentemente, inchaço e favelização.

O presidente ainda deixou como legado o endividamento do país e uma inflação que não parava de subir: de 7% ao ano em 1957, foi para quase 40% em 1959. Para induzir tanto crescimento, o Estado torrava dinheiro e gerava carestia. O Fundo Monetário Internacional (FMI) condicionava a liberação de mais empréstimos a uma contenção de gastos que poderia comprometer o Plano de Metas e as obras de Brasília. De olho na popularidade imediata, Juscelino rompeu com o FMI.

Quando seu mandato chegava ao fim, apesar da boa popularidade, o mineiro não fez grandes esforços para construir uma candidatura forte no PSD. Conforme explica Lilia Schwarcz, JK sabia que os próximos anos seriam de grave crise financeira em razão do descontrole de gastos, e que a bomba explodiria sobre o colo de um sucessor obrigado a fazer um plano rigoroso de austeridade. Sua aposta maquiavélica, diz a historiadora, era que a UDN saísse vitoriosa e fosse forçada a aplicar um impopular plano de cortes e combate à inflação. As contas públicas se reorganizariam e ele poderia voltar na eleição de 1965 com mais um programa de crescimento sob o braço.

Em uma coisa JK acertou: um político apoiado pela UDN, Jânio Quadros, venceu a disputa de 1960. A história, no entanto, não ocorreria sem sobressaltos, como havia imaginado. Veio a renúncia de Jânio, a posse do vice, Jango, e o golpe militar de 1964.

Em um primeiro momento, Juscelino dançou conforme a música, já que o pleito de 1965 continuava marcado e ele era o favorito. Como senador, até mesmo votou em Humberto Castelo Branco na eleição indireta que elegeu o militar para a Presidência. Mas logo o novo regime partiria para cima do popular ex-presidente, que entrou na mira de uma comissão de investigação criada à margem do Poder Judiciário a fim de punir sumariamente seus alvos sob a alegação de corrupção ou subversão.

O comitê acusou JK de corrupção e ligação com o comunismo. Sob risco de ter o mandato cassado, ele subiu à tribuna do Senado e reagiu:

Neste momento, sinto uma perfeita correlação entre minha ação presidencial e a iníqua perseguição que me estão movendo. É que a mesma causa continua viva, a mesma causa da defesa das instituições livres pela qual lutei. É essa causa que me transforma agora em vítima preferida da sanha liberticida que tenta marcar e manchar uma revolução feita para salvar-nos da tirania comunista.

Em junho de 1964, um decreto de Castelo Branco cassou o mandato de JK e suspendeu seus direitos políticos por dez anos. A eleição direta em que ele era favorito jamais ocorreu.

Excluído da vida política, Juscelino ficou entre o Brasil e o exterior. Chegou a organizar um grupo de oposição, a Frente Ampla, em parceria com Jango e Carlos Lacerda — este último seu ex-inimigo que apoiara o golpe, mas que foi jogado para escanteio pelos militares. A frente também foi proscrita. A ditadura não saiu do pé de JK, instaurando inquéritos para apurar supostos casos de corrupção em sua presidência. Havia suspeitas de irregularidades envolvendo as empreiteiras que fizeram Brasília e outras grandes obras, mas nenhuma acusação chegou a ser formalizada.

No fim de 1968, o ex-presidente foi preso depois da edição do Ato Institucional nº 5 (AI-5), que restringiu ainda mais as liberdades políticas e deu amplos poderes para o governo punir seus desafetos. Passou alguns dias em um quartel e, depois, um mês em prisão domiciliar.

Proibido de ir a Brasília, Juscelino visitou a cidade anonimamente em 1972. Circulou de carro pela capital que criara sem ser reconhecido. Sob uma chuva forte, viu a catedral, a Praça dos Três Poderes e os palácios presidenciais. Chorou.

Ao jornalista Carlos Chagas, que escreveu sobre a visita no jornal *O Estado de S. Paulo*, o ex-presidente relatou:

Gostei de ver como Brasília está bonita. Foi uma surpresa. Tenho enfrentado dissabores e sofrimentos, mas ao deixar a capital que não pisava há tanto tempo, cercou-me um sentimento de paz e tranquilidade. Há em todos nós um sentido bíblico que vez por outra emerge à flor da pele. Senti-me como o semeador que do alto de um penhasco observa a seara indestrutível. [...] Fui combatido aos limites da resistência humana quando me propus a trazer a capital para o Planalto. Atacaram-me com rancor e não me pouparam os insultos mais pesados. Aí está o que ficou de tudo: a sede do mundo moderno.

Sem nunca ter conseguido retornar à política, Juscelino Kubitschek morreu em 1976 em um acidente de carro na Via Dutra — as circunstâncias da morte levantaram suspeitas de um possível atentado, mas nunca foram descobertas provas nesse sentido. O corpo de JK foi enterrado em Brasília, acompanhado por um cortejo de 100 mil pessoas que desafiaram a proibição a reuniões populares ligadas a indivíduos punidos pela ditadura. A multidão entoava a cantiga "Peixe Vivo", que era associada ao ex-presidente:

Como pode o peixe vivo
Viver fora da água fria
Como poderei viver
Como poderei viver
Sem a tua, sem a tua
Sem a tua companhia

Em 1981, um memorial em sua homenagem foi inaugurado na capital federal com a presença de João Figueiredo, o último presidente do regime militar. Lilia Schwarcz ressalta o contraste entre o fim de vida trágico e a imagem histórica que ficou de Juscelino:

Ele viveu plenamente seus anos presidenciais e entusiasmou os brasileiros, ficou para a história como um presidente que valeu a pena. No senso comum, tornou-se o presidente bossa nova, sorridente, que construiu Brasília. Dono de uma retórica impressionante, convencia que seu Plano de Metas era a única possibilidade do país naquele contexto dos anos 1950. Não era, mas ele defendeu uma tese e trouxe certa esperança aos brasileiros. Teve um final melancólico, mas deixou uma memória benfazeja que o vincula a um Brasil moderno, no qual os brasileiros resolveram acreditar naquele momento.

19

Jânio Quadros (1961), a renúncia

Jânio Quadros, 1961.

Excelentíssimo senhor presidente Jânio Quadros, tenho a honra de passar às mãos de Vossa Excelência o comando da República para o qual foi escolhido pela maioria do povo brasileiro.

O governo de Vossa Excelência, que ora aqui finda, terá marcada na história sua passagem, principalmente porque através de sua meta política logrou consolidar em termos definitivos no país os princípios do regime democrático!

A troca de palavras entre Juscelino Kubitschek e Jânio Quadros, em 31 de janeiro de 1961, marca o dia em que um presidente eleito pelo voto direto entregou a faixa presidencial ao seu opositor, também eleito diretamente, de forma respeitosa. Se as coisas continuassem como começaram, Jânio concluiria seu mandato em 31 de janeiro de 1966, quando o Brasil completaria duas décadas de regime democrático.

Não que os últimos tempos tivessem sido serenos. Além das crises econômicas e políticas — com direito até a um suicídio presidencial —, o mundo vivia sob a tensão da Guerra Fria, na qual Estados Unidos e União Soviética disputavam poder e influência, com efeitos colaterais bem quentes pelo planeta. Por aqui, a vida política nacional também se polarizava nos mesmos termos, sobrando cada vez menos espaço para moderação e meio-termo. Não eram tempos fáceis para ser "isentão".

Ainda assim, no início da década de 1960 os brasileiros foram novamente às urnas para uma votação regular, livre e secreta. Jânio, candidato de oposição, venceu com mais de 5,6 milhões de votos, 48% do total, contra 33% do governista Henrique Teixeira Lott. Na votação para vice, que ainda era independente, a coisa se inverteu e o vitorioso foi o candidato do governo. João Goulart, que já era o vice de Juscelino — venceu com 36% contra 34% do udenista Milton Campos.

Quem teve a brilhante ideia de criar um modelo de votação que permitia a eleição de presidente e vice de campos opostos teria razões para se arrepender, como veremos adiante. O próprio Jânio acenderia o fósforo. Em uma atitude que superou sua vasta coleção de extravagâncias, o presidente de 44 anos de idade renunciou com menos de sete meses de mandato.

A decisão disparou uma sucessão de eventos, e logo o país mergulharia em tantas crises que sua democracia não suportaria, ruindo antes de completar vinte anos. Os eleitores que saíram de casa para votar em 1960 só teriam chance de voltar a eleger diretamente seu presidente em 1989. E tudo começou com esse ato individual de Jânio da Silva Quadros, o homem que ficou conhecido por uma renúncia e um *jingle*:

> *Varre, varre, varre, varre vassourinha*
> *Varre, varre a bandalheira*
> *Que o povo já está cansado*
> *De sofrer dessa maneira*
> *Jânio Quadros é a esperança desse povo abandonado*
> *Jânio Quadros é a certeza de um Brasil moralizado*

Jânio nasceu em 1917, em Campo Grande, atual capital de Mato Grosso do Sul, mas partiu jovem com a família para São Paulo. Formou-se em direito pela Faculdade de Direito de São Paulo e entrou na política com o fim do Estado Novo. Filiou-se à UDN antigetulista, mas, sem encontrar o espaço que desejava, apelou para partidos menores.

Desde seu primeiro cargo eletivo, como vereador, chamava atenção pela oratória exaltada, pelas caretas e pela insistente cobrança de moralização na administração pública. Circulava pelos bairros pobres de São Paulo e sempre arranjava formas de aparecer na imprensa, buscando uma conexão direta com o povo, ao largo das instituições. Em uma carreira meteórica, engatou sem derrotas mandatos de deputado estadual, prefeito de São Paulo e governador. Foram menos de catorze anos entre a chegada à Câmara Municipal e a posse no Palácio do Planalto.

Em 1960, Juscelino Kubitschek deixava o poder com um legado de obras e crescimento, mas a inflação alarmava os brasileiros. Em sua campanha, Jânio criticava a gastança do governo e defendia o fim de obras monumentais. Atacava a corrupção e o desperdício de recursos públicos. Vendia-se como um gestor honesto, cheio de energia, que visitava prédios públicos de surpresa para fiscalizar o trabalho. Era um populista, mas sem elos com o getulismo. Quase tudo isso era música para os ouvidos da UDN, sedenta por chegar ao poder depois de tantas derrotas e enxergando sua chance de ouro naquele sujeito estranho filiado ao pequeno Partido Trabalhista Nacional (PTN).

Jânio tinha algo de udenista, mas não vestia o figurino completo da sigla conservadora e ligada à classe média. Segundo o cacique udenista Afonso Arinos, ele era a "UDN de porre". Embora estivesse na política há anos, fazia o tipo contrário ao sistema e era dado a rompantes para mostrar que não tinha rabo preso. Embora anticomunista, viajou como pré-candidato a Cuba para conhecer o líder que acabara de chegar ao poder no país, Fidel Castro. Considerou tímido o revolucionário cubano.

A figura folclórica conhecida dos paulistas ganhou ares nacionais com seus comícios pelo país. O presidenciável fingia desmaiar de exaustão no meio dos discursos, tomava injeções fictícias para retomar energias, jogava talco no paletó surrado a fim de simular caspas e sentava na calçada com os populares para comer sanduíche de mortadela. Caiu no gosto de um eleitorado que viu valor naquele homem desarrumado, malvestido e despenteado que não tinha tempo a perder e parecia com o povo. A vassoura da música da campanha virou literal, e seus apoiadores erguiam o objeto de limpeza nos atos de campanha.

As esquisitices de Jânio não se restringiram à campanha. Uma vez no Palácio do Planalto, desceu a pormenores que não pareciam função de um presidente. Proibiu corridas de cavalo no fim de semana, vetou brigas de galo e o uso de lança-perfume. Tentou controlar tamanho de maiô, proibiu biquínis e lançou um uniforme para funcionários públicos que, segundo ele, seria mais adequado ao clima tropical brasileiro. Com cara de roupa de safári, a vestimenta ganhou o apelido de "pijânio".

Apesar das bizarrices, o historiador Jorge Ferreira lembra que havia ali um líder político que supria uma demanda popular.

Se ele não era um homem de esquerda ligado ao getulismo, também não era identificado com a ala mais à direita da UDN, de Carlos Lacerda. Jânio era um conservador, mas não reacionário, e é nessa brecha que vai galgar posições. Ficaram para a posteridade as presepadas, mas isso faz parte do espetáculo da política. O fato é que Jânio ganhou o apoio da UDN e derrotou a poderosa coligação de PSD e PTB. Conseguiu catalisar na campanha uma grande insatisfação popular e tocou em questões delicadas para o governo JK, chegando a um eleitorado conservador, mas que queria mudanças.

Para tentar domar as contas públicas, o presidente fez o que se espera de um governo à direita e implantou um programa de cortes de gastos, com suspensão de subsídios e acordo com o FMI. Na política externa, decidiu adotar uma postura independente que era arriscada em tempos de Guerra Fria. Focado na abertura de mercados para o Brasil, seu governo estabeleceu contatos com a União Soviética e a China. De olho em negócios com Cuba, Jânio concedeu a grã-cruz da Ordem do Cruzeiro do Sul, a maior condecoração brasileira, a ninguém menos que Che Guevara, o ministro da Economia da ilha caribenha. Não é preciso dizer que UDN e militares quase surtaram com a iniciativa.

Em outra frente, o homem da vassoura criou comissões para investigar corrupção em empresas e órgãos públicos. Mesmo em um tempo de menos mecanismos legais para investigar irregularidades, foram descobertos casos de superfaturamento e favorecimento de empresas, comprometendo parlamentares de vários partidos. A vassoura começou a funcionar, criando um grande mal-estar no Congresso, como destaca Ferreira.

Incontrolável, com batalhas em várias frentes e sem muita habilidade de negociação, Jânio foi se isolando politicamente. Irritava-se com o fato de que, pelas normas constitucionais em vigor, um presidente da República não podia tudo. Segundo seu ministro da Justiça Oscar Pedroso Horta, ele falava em promover "uma reforma muito séria e profunda no país".

Em meados de agosto de 1961, o auxiliar relatou ao então governador da Guanabara Carlos Lacerda: "O Jânio acha que é impossível governar com o Congresso e pretende fazer uma reforma na Constituição que reforce o Poder Executivo". Na noite do dia 24, Lacerda fez um escarcéu com a informação. Foi à TV e disse ter sido convidado para um golpe de Estado. "A crise resume-se em uma trama palaciana, de homens medíocres, tentando resolver por meios ilegítimos as dificuldades do regime brasileiro", afirmou o governador.

Parlamentares cobraram explicações do governo. Em vez de reagir aos ataques, o presidente reuniu seus auxiliares no dia seguinte e anunciou que abandonaria o cargo. Simples assim. Em seguida, enviou mensagem ao Congresso em que formalizava a renúncia e explicava:

Desejei um Brasil para os brasileiros, afrontando, neste sonho, a corrupção, a mentira e a covardia que subordinam os interesses gerais aos apetites e às ambições de grupos ou indivíduos, inclusive do exterior. Sinto-me, porém, esma gado. Forças terríveis levantam-se contra mim e me intrigam ou difamam, até com a desculpa da colaboração. Se permanecesse, não manteria a confiança e a tranquilidade, ora quebradas, indispensáveis ao exercício da minha autoridade.

Jânio esperava que Exército e povo fossem às ruas por sua permanência ou que o Congresso Nacional abrisse mão de parte de seus poderes para sair da crise. Em qualquer um dos dois cenários, o Executivo ficaria anabolizado e o Legislativo, apequenado.

Em condições normais, realmente poderia ter havido alguma comoção entre os parlamentares para tentar dissuadir o presidente de tal ato extremo e desestabilizador. Mas o Congresso percebeu que estava levando uma rasteira e os políticos decidiram aceitar imediatamente a renúncia. "Ao deixar de ser presidente, ele não tinha mais poder nenhum. O Congresso Nacional desarticulou o golpe que Jânio queria dar", diz Ferreira.

Não houve insurreição militar nem ruas tomadas por populares em favor do renunciante. Como o vice João Goulart havia sido enviado em missão oficial à China e não poderia assumir imediatamente, em seu lugar ficou temporariamente no comando do país o presidente da Câmara, Ranieri Mazzilli.

A saída abrupta de Jânio encomendava uma crise séria para o país: Jango assumiria a Presidência quando voltasse do exterior? Entre a oposição e as Forças Armadas, havia uma alta resistência ao herdeiro político petebista de Getúlio Vargas, que nada tinha em comum com a plataforma de direita pela qual se elegeu Jânio. Eis o problema de eleger separadamente titular e vice.

Afirma Jorge Ferreira:

O pecado de Jânio não foi botar talco no ombro do paletó preto, ou proibir briga de galo, mas tentar dar um golpe de Estado. Não havia "forças terríveis" que o impedissem de governar. Embora ele não tivesse maioria no Congresso, a Câmara aprovava projetos do governo. Não havia crise militar nem greves generalizadas. O país vivia em plena normalidade democrática. Jânio recebeu a confiança da maioria da população e desmoralizou os votos, as instituições e o sistema democrático, jogando o Brasil à beira de uma guerra civil.

Fora do Planalto, Jânio Quadros disputou o governo de São Paulo já em 1962 e sofreu sua primeira derrota eleitoral. Com o golpe de 1964, o ex-presidente teve os direitos políticos cassados junto a JK e Jango, afastando-se da vida política. Em 1968, decidiu fazer críticas ao regime militar e foi detido e confinado na cidade de Corumbá (MS) durante quatro meses.

Com a redemocratização, o ex-presidente voltou a um cargo público ao se eleger prefeito de São Paulo em 1985. Quando estava hospitalizado, pouco antes de morrer, em 1992, o já ex-prefeito explicou em detalhes as razões de sua renúncia ao neto, que as revelou em um livro:

> *Meu ato de 25 de agosto de 1961 foi uma estratégia política que não deu certo, uma tentativa de governabilidade. Também foi o maior fracasso político da história republicana do país. O maior erro que já cometi. [...] Pensei que os militares, os governadores e, principalmente, o povo nunca aceitariam a minha renúncia e exigiriam que eu ficasse no poder. [...] O que mais deu errado foi a falta de apoio popular. Achei que o povo sairia às ruas. Enganei-me. O povo brasileiro é muito passivo.*

20

João Goulart (1961-1964), o golpe

João Goulart (à dir.) em reunião com sargentos no Automóvel Clube, no Rio, em 30 de março de 1964. O evento foi tratado como gota d'água pelas forças golpistas que, no dia seguinte, deram início à ofensiva que derrubou o presidente.

Em 1961, João Belchior Marques Goulart era um político de apenas 42 anos de idade, mas já bem conhecido dos brasileiros. Sua família de prósperos estancieiros de São Borja (RS) mantinha amizade com os Vargas, o que aproximou o jovem Jango, como João era conhecido, do Getúlio autoexilado em sua cidade natal, depois da deposição em 1945. O ex-ditador viu naquele político bem-apessoado, sorridente e bom de negociação um aliado em potencial na nova geração. Jango estruturou o PTB, foi deputado federal e ministro do Trabalho do segundo período de Getúlio na Presidência. Depois do suicídio, empunhou a bandeira do trabalhismo getulista, organizando o PTB pelo país e elegendo-se vice-presidente duas vezes.

A oposição ao getulismo nos meios civis e militares tinha se livrado do velho caudilho e não queria saber de seu herdeiro político assumindo protagonismo demais, ainda mais com a influência que detinha entre sindicatos e a massa trabalhadora. Até dava para engoli-lo como vice, mas e se ele passasse disso?

Pois graças à desastrada renúncia do conservador Jânio Quadros, o petebismo chegou novamente ao cargo máximo da República — ou melhor, chegaria quando Jango voltasse da viagem oficial à China, onde estava quando o presidente desistiu do cargo, em 25 de agosto de 1961.

Com o presidente da Câmara, Ranieri Mazzilli, esquentando a cadeira interinamente, os ministros militares avisaram que não aceitariam Jango na Presidência, pois ele seria uma ameaça à ordem e às instituições. Apoiados pelos políticos antigetulistas, queriam que o Congresso impedisse a posse e uma nova eleição fosse realizada.

O marechal Henrique Teixeira Lott, que havia sido bem-sucedido em garantir a posse de Juscelino Kubitschek em 1955, lançou um manifesto em defesa da ordem constitucional; dessa vez, porém, seu destino não foi liderar um contragolpe, mas ser posto na cadeia.

O movimento decisivo que protegeria Jango partiu do governador do Rio Grande do Sul, Leonel Brizola, que, além de ser a principal liderança da ala mais à esquerda do PTB, era cunhado do vice-presidente. O chefe do governo gaúcho pôs a polícia do estado em ação e transferiu os estúdios da Rádio Guaíba para o palácio do governo, resguardado por ninhos de metralhadoras e barricadas. Os funcionários receberam armas, e o próprio Brizola circulava com uma metralhadora no ombro. De seu *bunker*, o petebista pôs de pé a Rádio da Legalidade, que transmitia 24 horas por dia e era repetida em outras 150 estações espalhadas pelo país. Brizola fazia discursos em defesa da posse do cunhado e estimulava greves pelo país, além de atacar a oposição que arquitetava o golpe.

A chamada Campanha da Legalidade virou o jogo a favor do vice-presidente, com adesões de outros governadores e entidades, como Ordem dos Advogados do Brasil (OAB) e União Nacional dos Estudantes (UNE). Qualquer esperança de vitória da cúpula militar foi sepultada quando o III Exército, subdivisão do Exército com atuação no Rio Grande do Sul, decidiu defender a posse de acordo com a Constituição.

Para livrar o país do impasse político ou mesmo de um confronto armado, o Congresso Nacional tirou da cartola uma solução heterodoxa: a criação de um sistema parlamentarista, no qual o presidente é o chefe de Estado, mas o governo é exercido por um primeiro-ministro. O modelo existira sob a monarquia, com imperadores como chefes de Estado, mas jamais fora testado no Brasil sob o regime republicano.

Um Jango com poderes atrofiados era algo capaz de acalmar militares e políticos à direita, mas não Brizola. Empoderado pela campanha legalista, ele insistia em marcha até Brasília ao lado do III Exército para garantir pelas armas os plenos poderes constitucionais de Jango. O vice, no entanto, decidiu ceder, evitando, assim, derramar sangue de brasileiros e transformar o cunhado em um potencial todo-poderoso líder de uma guerra civil.

Ao enfim desembarcar no Brasil, o novo presidente foi apaziguador. Deu apoio público ao parlamentarismo como forma de pacificar a nação e, no discurso de posse, em 7 de setembro de 1961, distribuiu elogios para trabalhadores, estudantes, imprensa, empresários e militares.

Não há razão para ser pessimista diante de um povo que soube impor sua vontade, vencendo todas as resistências para que não se maculasse a legalidade democrática. [...] Formou-se, no calor da crise, uma união nacional que haveremos de manter de pé com a finalidade de dissipar ódios e ressentimentos pessoais. [...] Sabem os partidos políticos, sabem os parlamentares, sabem todos que inclusive por temperamento inclino-me mais a unir do que a dividir. Prefiro pacificar a acirrar ódios. Prefiro harmonizar a estimular ressentimentos.

Jango tentava aparar suas arestas com a direita brasileira, que há tempos via no herdeiro do getulismo alguém com planos socialistas, ou mesmo comunistas, para o Brasil. Biógrafo do presidente, o historiador Jorge Ferreira esclarece que a ideologia dele era bem outra.

O PTB nada tinha de comunista. Era um partido que vinha da tradição getulista e que foi reinventado quando Goulart assumiu sua liderança, após a morte de Vargas. Estava muito mais próximo da social-democracia europeia, ou seja, um pacto entre empresários e trabalhadores em que os primeiros teriam apoio do Estado para crescer, e os segundos teriam uma melhoria de seu padrão da vida. Era um projeto nacionalista e estatista, o que na época muitos viam como sinais de comunismo.

Não que o presidente não deixasse expostos flancos para as críticas de seus opositores. Ferreira lembra que ele autorizou, por exemplo, sindicalistas do PTB a fazer alianças nessa seara com o PCB.

Decisões do tipo eram devidamente exploradas por uma intensa e organizada propaganda anticomunista. Duas entidades foram importantes para estruturar tal discurso: o Instituto Brasileiro de Ação Democrática (Ibad) e o Instituto de Pesquisa e Estudos Sociais (Ipes). Ligados a empresários, executivos e intelectuais conservadores, os dois se complementavam, financiando candidaturas à direita no Congresso — até mesmo com recursos dos Estados Unidos — e alertando em livros e filmes para o chamado "perigo vermelho". Os institutos sonhavam com uma ampla abertura do Brasil ao capital estrangeiro e, embora insistissem na defesa da democracia, estavam bastante receptivos à ideia de um governo forte e autoritário, contanto que fosse capaz de barrar quaisquer tendências socialistas no país.

Pensamentos semelhantes circulavam na Escola Superior de Guerra, ligada às Forças Armadas e que defendia o papel dos militares não apenas como defensores da pátria contra inimigos externos, mas também como agentes que deviam agir internamente em nome da segurança nacional.

Enquanto à direita esse caldo de cultura se formava, à esquerda Jango e seus apoiadores falavam em profundas reformas no país. Antes de tudo, o presidente precisava se desembaraçar do parlamentarismo imposto para limitar seus poderes. Um plebiscito para que a população desse a palavra final sobre o sistema de governo ocorreria em janeiro de 1963, e Jango fez articulações a fim de retornar ao regime presidencialista. Não que fosse necessário muito esforço — a instabilidade política e a crise econômica tinham deixado de mau humor a população, que entendia que parte da culpa era daquele sistema de governo improvisado. E, assim, mais de 82% dos eleitores votaram pela volta ao presidencialismo.

A partir dali começava, de fato, o governo Jango. Reformas, certo? Ainda não. Faltava lidar com o caos das finanças do país, endividado e com a inflação nas alturas. Foi gestado, então, o Plano Trienal, remédio amargo que incluía ingredientes surpreendentemente conservadores para um governo marcado à esquerda: cortes orçamentários, contenção de reajustes e empréstimos internacionais. O plano de austeridade empolgou a imprensa e até mesmo a Fiesp. O otimismo, contudo, duraria pouco, já que o pacote acabaria alvejado tanto pela base do presidente, que não queria saber de aperto de cintos, quanto pelo empresariado, que não gostou de ver seu acesso ao crédito dificultado.

O governo cometeu então o erro de desistir das medidas. Afirma Jorge Ferreira:

Ele tomou uma decisão muito grave, porque era o único plano que o governo tinha, e a partir dali o descontrole das contas públicas e a inflação aumentariam. Foi então que começou a imagem de crise que nós temos do governo Goulart.

O presidente preferiu um atalho em direção às mais populares reformas de base, antigo sonho da esquerda brasileira de fazer mudanças agrárias, tributárias, administrativas, bancárias, universitárias e eleitorais — esta última para conceder direito de voto aos analfabetos. De todas, a agrária era a que mais gerava barulho. No clima conflagrado e polarizado da época, não se chegava a acordo sobre quase nada, levando ao fracasso da reforma no Congresso.

Se entre a direita crescia a desconfiança anticomunista, na esquerda as coisas se radicalizavam. Comunistas, militares de baixa patente, estudantes, grupos camponeses e até o cunhado Brizola cobravam que Jango partisse para um confronto político mais direto contra os adversários. O Poder Legislativo e a própria Constituição de 1946 eram vistos pelos esquerdistas mais exaltados como entraves conservadores que impediam as mudanças no país. Esses grupos preferiam que o presidente fizesse mudanças "na marra", como diziam, e acreditavam mais em incendiar as ruas contra o Congresso do que em negociações de gabinete.

Como se não bastassem as pressões políticas, a coisa esquentava na caserna. Em setembro de 1963, estourou em Brasília uma revolta depois de o STF confirmar que os militares de baixa patente eram inelegíveis, como estabelecia a Constituição. A resposta dos soldados, sargentos e fuzileiros navais foi fechar rodovias e o aeroporto de Brasília, e invadir edifícios militares, o Congresso e o prédio do STF, chegando a manter preso por algumas horas um ministro da corte.

Os comandantes militares conseguiram reprimir o levante, mas ficaram atônitos com a frouxidão com que Jango, que era popular entre parte das baixas patentes, reagiu ao grave episódio de insubordinação. Setores conservadores se perguntaram: se um punhado de sargentos havia tomado a capital da República, do que seria capaz o setor janguista do Exército se assim quisesse? A um canal de TV americano, o governador oposicionista da Guanabara Carlos Lacerda (UDN) atacou de forma virulenta o governo, em mais um episódio em que a autoridade presidencial foi posta em questão.

Sob pressão dos hierarcas militares que o apoiavam, Jango solicitou autorização do Congresso para decretar estado de sítio no país, mas retirou em seguida o pedido depois de desconfianças públicas de congressistas tanto à esquerda quanto à direita. Mais uma vez, Jango saía enfraquecido, conta Ferreira:

Ao retirar o pedido, ele fica completamente isolado do ponto de vista político. As direitas partiriam para o golpe porque veem perigo no que ele representava. As esquerdas rompem porque ele não faz as reformas na marra. Em um ambiente de radicalização, a grande qualidade de Goulart, que era a capacidade de negociar, não funciona.

Acuado e em busca de um rumo, o presidente decide, enfim, ceder e fazer o que parte da esquerda defendia: endurecer o discurso, usando o apoio dos sindicatos, do PCB e das ruas, para pressionar o Congresso a aprovar suas reformas. Em uma sexta-feira, 13 de março de 1964, Jango participou de um megacomício na Central do Brasil, no Rio de Janeiro. Exaltado, discursou para cerca de 150 mil pessoas:

Hoje, com o alto testemunho da Nação e com a solidariedade do povo, reunido na praça que só ao povo pertence, o governo, que é também o povo e que também só ao povo pertence, reafirma os seus propósitos inabaláveis de lutar com todas as suas forças pela reforma da sociedade brasileira.

Dois dias depois, Jango enviou sua mensagem anual ao Congresso — no documento, os presidentes cumprem o ritual de relatar ao Legislativo o estado do país e objetivos do governo. O mandatário insistiu nas reformas, em mudanças na Constituição e pediu mais poderes ao Legislativo. Para os anticomunistas, tornavam-se realidade seus piores pesadelos de cubanização do Brasil, e a direita brasileira respondeu ao comício da Central do Brasil com a Marcha da Família com Deus pela Liberdade, em 19 de março. Uma multidão estimada em 500 mil pessoas marchou pelo centro de São Paulo, com expressivo protagonismo feminino. Empunhavam cartazes e faixas pedindo que as Forças Armadas salvassem o Brasil de Jango, de Brizola e do comunismo. Conforme diz Ferreira, tínhamos ali a autorização da classe média para o golpe, com a direita exibindo mais força e preparo para impor sua vontade do que a esquerda. Estava visível que havia contra Jango um movimento organizado, que incluía amplos setores da sociedade, congressistas e governadores, além do governo dos Estados Unidos.

A participação americana ia além do financiamento de propaganda e candidaturas simpáticas aos interesses americanos. Assustados com o que tinha acontecido em Cuba, os Estados Unidos não queriam ver o maior país da América do Sul caminhando em direção a qualquer coisa que pudesse ser interpretada como socialismo. A superpotência, que chegara a tratar Jango bem em uma recepção promovida em 1962 pelo presidente John Kennedy em Washington, punha agora sua máquina diplomática e militar contra o gaúcho. Uma operação chamada Brother Sam foi montada para levar uma frota naval até o Brasil e dar apoio logístico às forças rebeladas contra Jango, caso fosse necessário. Depois, viriam à tona gravações em que o presidente Lyndon Johnson dava aval ao envio dos navios.

Mas, para o golpe eclodir de vez, era preciso convencer mais gente nas Forças Armadas, já que Jango ainda tinha aliados na alta oficialidade. Um argumento para seduzir essa turma viria em 25 de março de 1964, data em que a Associação de Marinheiros e Fuzileiros do Brasil comemorou seu aniversário. A entidade reivindicava melhores salários e condições de trabalho mais salubres para os marinheiros, e não tinha apoio da cúpula militar, que a considerava agitadora e ilegal. O ministro da Marinha mandou prender os organizadores do evento, os marinheiros se entrincheiraram, e a tropa enviada para prender os marujos aderiu ao motim.

Mais uma vez, Jango não puniu a quebra de hierarquia, preferindo substituir o ministro da Marinha e anistiar os revoltosos. Os marinheiros saíram em festa pelas ruas do Rio de Janeiro. De queixo caído com a indisciplina, a cúpula das Forças Armadas se sentiu desmoralizada pelo próprio presidente da República.

Pois Jango ainda faria mais uma provocação. Na noite de 30 de março, era o convidado de honra de uma reunião de sargentos no Automóvel Clube, no Rio de Janeiro. Auxiliares recomendaram fortemente que o presidente não comparecesse, argumentando que a corda da institucionalidade estava esticada demais. Mas o presidente já optara por seguir os conselhos de agir "na marra". Não apenas foi encontrar a turma da baixa patente, como exaltou os sargentos e defendeu sua posição na crise da Marinha. Criticou o que chamou de "minoria de privilegiados" e o que via como uso político da religião católica para atacar o governo. "Não admitirei que a desordem seja promovida em nome da ordem", afirmou. Nada mais diferente do Jango pacificador que tomou posse em setembro de 1961.

Os golpistas tinham em mãos sua gota d'água. Em 31 de março, o comandante da 4ª Região Militar, general Olympio Mourão Filho — sim, aquele que muitos anos antes redigira o Plano Cohen, que serviu de desculpa para o golpe do Estado Novo —, botou sua tropa na mineira Juiz de Fora a caminho do Rio de Janeiro com o objetivo de derrubar Jango. O plano do golpe, que vinha sendo alimentado a tempos por empresários e políticos, como os governadores udenistas de Minas Gerais, Magalhães Pinto, e da Guanabara, Carlos Lacerda, enfim era posto em prática pela mão militar — e celebrado pela maior parte da imprensa do país.

O restante do Exército não resistiu ao avanço golpista. Generais se negaram a derramar o sangue de suas tropas para barrar o avanço dos revoltosos, entre eles Emílio Garrastazu Médici, chefe da Academia Militar das Agulhas Negras, no interior do Rio de Janeiro, e Amaury Kruel, comandante do II Exército, sediado em São Paulo. O segundo propôs continuar com o governo se Jango fechasse a UNE e o Comando Geral dos Trabalhadores, mas o presidente disse não. Jango também rechaçou uma sugestão do senador JK de dar uma guinada política e montar um ministério conservador, repudiando publicamente o comunismo.

Na esquerda, não houve força para apoiar o presidente, fosse entre sindicalistas, comunistas ou brizolistas. Do Rio de Janeiro, onde estava, Jango foi para Brasília e, em seguida, para Porto Alegre. Acreditava que teria mais chances de organizar algum tipo de resistência legalista em seu estado natal. No dia 2 de abril, com Jango ainda no país, o presidente do Congresso Nacional, senador Auro de Moura Andrade (PSD-SP), fez o seguinte anúncio, sob vaias dos agora ex-governistas:

Atenção, o senhor presidente da República deixou a sede do governo. Deixou a nação acéfala. Numa hora gravíssima da vida brasileira em que é mister que um chefe de Estado permaneça à frente do seu governo, abandonou o governo. E esta comunicação faço ao Congresso Nacional. Assim sendo declaro vaga a Presidência da República!

Embora ainda fosse apoiado pelo general Ladário Telles, comandante do III Exército, em Porto Alegre, Jango carecia de apoio expressivo entre as tropas instaladas no Sul, o que o levou a entregar os pontos e partir para o exílio no Uruguai em 4 de abril. Naquele momento, ressalta Jorge Ferreira, ele percebeu que não eram apenas os militares que queriam sua saída, mas um movimento amplo que incluía classe média, imprensa, empresários, Congresso e governadores de estados importantes do país — com suas respectivas polícias. Tudo isso sob a ameaça de uma intervenção americana. Resistir era possível, mas resultaria em uma guerra civil de proporções difíceis de imaginar.

Também é preciso ter em mente que nós sabemos que o golpe resultou em uma ditadura feroz de 21 anos, mas as pessoas que viveram aqueles episódios não podiam prever o futuro. Na cabeça do próprio Goulart, acontecia o mesmo que houve em 1945, quando as Forças Armadas depuseram Getúlio, isolando-o dentro do país e depois tudo voltou ao normal. Tampouco os golpistas planejavam uma ditadura de duas décadas, tanto que as lideranças civis do movimento, Magalhães Pinto e Carlos Lacerda, eram candidatas ao Planalto em 1965.

No exílio, Jango nutriu esperanças de voltar ao país, e se envolveu nas articulações da Frente Ampla, com JK e Lacerda, proibida pelo regime militar em 1968. Nos anos seguintes, seus planos de retornar ao Brasil foram sucessivamente vetados pela ditadura. Melancólico e com problemas cardíacos, Jango morreu em Mercedes, na Argentina, em 6 de dezembro de 1976 — foi o único presidente brasileiro a perecer no exílio. Por diversas vezes surgiram suspeitas de que tenha sido envenenado, mas uma análise de seus restos mortais em 2013 não chegou a qualquer conclusão.

Ao longo da história da República, as Forças Armadas começaram protagonistas, foram escanteadas e, então, ganharam força, espaço e poder. Chegaram ao topo inicialmente como copilotas do movimento liderado por Getúlio Vargas, mas, nas décadas seguintes, se impuseram como uma espécie de fiel da balança da política, ameaçando com golpes e praticando-os. A partir de 31 de março de 1964, lançaram-se de vez no papel principal. Essa história seria longa.

21

Castelo Branco (1964-1967), as fundações da ditadura

Castelo Branco, 1964.

Uma vez vitorioso o golpe iniciado em 31 de março de 1964, era a hora de dar um verniz civilizado à ruptura das instituições brasileiras. A forma encontrada de preservar as aparências foi a realização de uma nova eleição para escolher o sucessor do deposto João Goulart. É claro, entendiam os novos donos do poder, não era o caso de uma votação popular — sabe Deus no que isso iria dar. Bem mais asséptico seria cumprir a formalidade por meio de um pleito indireto, realizado dentro do Congresso Nacional sob os olhares atentos das Forças Armadas.

O escolhido foi um marechal do Exército discreto, feio, com certa fama de intelectual e desconhecido do povo, mas muito bem articulado com a elite militar e política. No dia 11 de abril, Humberto de Alencar Castelo Branco, de 67 anos de idade, obteve 361 votos, contra três do ex-tenentista Juarez Távora e dois do ex-presidente Eurico Gaspar Dutra. Depois da vitória contundente, vestiu a faixa presidencial e fez algumas promessas:

Defenderei e cumprirei com honra e lealdade a Constituição do Brasil. Caminharemos para a frente com segurança de que o remédio para os malefícios da extrema esquerda não será o surgimento de uma direita reacionária. Meu procedimento será o de um chefe de Estado sem tergiversações no processo para a eleição do brasileiro a quem entregarei o cargo a 31 de janeiro de 1966.

Castelo podia não ser político, mas já estava a prometer coisas que não cumpriria. Ele não apenas desfigurou a Constituição, como criou uma nova, entupindo ainda o arcabouço legal do país de legislações excepcionais, que a todo tempo mudavam as regras do jogo político. Não transmitiu o cargo em 1966, mas em 1967, depois de esticar o próprio mandato. E passou a faixa não a um civil eleito pelo voto popular, mas a outro militar escolhido pelo voto indireto, como ele.

Os anos de sua presidência foram o primeiro capítulo de uma história de conflitos internos nas Forças Armadas. Crescia a chamada linha dura militar, encantada com o poder e que flertava com a quebra da hierarquia e com o questionamento do poder presidencial — não é que surgiu uma direita reacionária no fim das contas? Nos planos dessa turma deveria ser afastada da vida pública bem mais gente do que a extrema esquerda citada por Castelo.

Nos quase três anos de seu governo, as relações de poder e os humores mudaram radicalmente no Brasil. O que começou com ares provisórios adquiriu permanência. O mando militar esmagaria ambições civis. Em 1964, Carlos Lacerda, governador da Guanabara pela UDN e articulador do golpe, havia comemorado assim a ascensão dos militares naquele ano:

Acredito que tenhamos saído da desordem para a ordem, da tirania para a liberdade, da corrupção para a integridade, da desonestidade para a honradez, da inércia para o trabalho, da indolência para a ação, da complacência para a dignidade, da cumplicidade para a decência.

Ao longo do governo Castelo, contudo, o udenista viu seus planos de se candidatar à Presidência em 1965 irem para o buraco, o que o obrigou a fazer um ajuste no discurso:

O perigo agora é outro. O perigo é nós ficarmos passando da mão de general para general e o povo não ter mais nem liberdade nem possibilidade de fazer valer os seus direitos.

Nascido em 1897 em Fortaleza (CE), Castelo Branco fazia parte de uma família com longas tradições na política e nas Forças Armadas. Seguiu a mesma linha e embarcou na carreira, ganhando fama de estudioso. Trabalhou com a missão francesa que modernizou a tropa brasileira e estudou na França e nos Estados Unidos. Gostava de livros e peças de teatro, o que o fez ficar conhecido como um erudito da caserna.

O percurso das letras caía bem para alguém que dificilmente se destacaria pelo porte físico. Seu curioso corpo chamava atenção por parecer montado a partir de outros corpos de diferentes tamanhos. Baixo, tinha braços muito longos encaixados em um reduzido tronco. Sobre o conjunto, equilibrava-se uma cabeça enorme que se conectava de maneira improvável ao restante do corpo, já que era difícil identificar a existência de um pescoço em Castelo. Apelidavam-no de Quasímodo, o que ele detestava, embora aceitasse fazer algumas piadas sobre si mesmo, afirmando que não podia usar cachecol nem ser guilhotinado. "Todo mundo tem um osso, o nosso é um presidente sem pescoço", cantava-se sobre o presidente, de acordo com relato de Chico Buarque.

Ao longo de sua carreira, que coincide com o período em que o Exército ganha espaço na política, Castelo Branco oscilou entre legalismo e golpismo. Não se envolveu no levante tenentista de 1922, mas foi preso na rebelião de 1924. Opôs-se à Revolução de 1930, mas ficou ao lado do getulismo no levante paulista de dois anos depois. Escreveu artigos em que defendia que militares não deviam se envolver em política nem exercer cargos civis, mas, sabe como é, as coisas mudam, e ele mergulhou na política militar.

Naqueles anos de 1950 de forte divisão no Exército, alinhou-se ao grupo favorável à abertura econômica e à aproximação com os Estados Unidos, facção que era chamada pelos nacionalistas de "entreguistas". Como general, Castelo assinou o manifesto que pressionava Getúlio Vargas a renunciar, em 1954, e foi se firmando entre os oficiais de forte discurso anticomunista e defensores de que o Exército se preparasse para combater inimigos revolucionários internos.

Durante o governo Jango, como chefe do Estado-Maior do Exército, Castelo migrou do legalismo para a conspiração, atuando nos bastidores. Embora no calor do golpe o voluntarioso general Artur da Costa e Silva tenha se autonomeado comandante-em-chefe do Exército e integrado um "Comando Supremo da Revolução", na hora de escolher um presidente, a elite do país foi mesmo de Castelo. Pesou a seu favor a personalidade mais cautelosa e circunspecta. Foi assim que discretamente articulou sua candidatura com todo o conjunto de forças que apoiaram a escalada militar: governadores, congressistas, americanos e empresários.

A mudança de regime trouxe uma guinada na economia. Enterradas as reformas de base do janguismo, o novo governo buscou o que o anterior não conseguira: um plano de controle das contas públicas e da inflação. Com apoio das Forças Armadas e dos empresários, o pacote castelista flexibilizou a legislação trabalhista, estimulou investimentos internacionais e incentivou exportações por meio da desvalorização do cruzeiro em relação ao dólar. A lei do governo Jango que restringia a remessa de lucros de empresas estrangeiras para o exterior foi reformulada, e o esforço de cortes de gastos foi premiado pelo FMI, que concedeu crédito ao Brasil.

Para combater a escalada inflacionária, o governo concedeu reajustes salariais que eram, na prática, menores do que o aumento dos preços. Como resultado, reduziu-se a inflação, que ficou em menos de 40% em 1966. A estabilização serviria de base para o que depois se chamaria de "milagre econômico" durante o governo Médici (1969-1974). Tanta austeridade, porém, provocou grita de sindicatos contra o "arrocho salarial" e greves, e Castelo perdeu popularidade. O presidente se tornava o tipo de pessoa que políticos civis, necessitados de votos, não queriam por perto, e eles passaram a manter distância do governo. Um regime democrático precisaria contornar tais resistências com cansativas negociações e intermináveis ações de comunicação, mas um regime de força tem seus atalhos, e a nova era não se furtaria de recorrer a eles, alterando leis à vontade e reduzindo, à força, o número de opositores por meio de autoritarismo e repressão política.

Para tanto, era preciso tirar os freios e limites às ações do Estado previstos na Constituição de 1946, o que já havia começado antes mesmo de Castelo ser empossado presidente. Entre o golpe e a posse, o "Comando Supremo" de Costa e Silva editou o primeiro ato institucional do regime militar. Redigido por Francisco Campos, autor da Constituição ditatorial do Estado Novo, o AI-1 dava à chamada chefia revolucionária o poder de cassar mandatos legislativos e suspender direitos políticos por dez anos.

Perderam seus direitos os ex-presidentes João Goulart e Jânio Quadros, o líder comunista Luiz Carlos Prestes, o ex-governador pernambucano Miguel Arraes, além de ex-ministros, sindicalistas, altos oficiais do Exército e parlamentares, entre eles, Leonel Brizola. O ato também viabilizava encarceramentos em massa e expurgos no serviço público, até mesmo nas Forças Armadas. Nas universidades, professores foram demitidos sumariamente. Para punir tanta gente, foram improvisadas prisões em estádios de futebol e navios da Marinha. Ao todo, o AI-1 teve como alvo quase 3 mil cidadãos brasileiros.

O avanço contra qualquer um que pudesse esboçar reações contra o regime incluiu ainda relegar à ilegalidade a UNE e o Comando Geral dos Trabalhadores, assim como instalar centenas de inquéritos policiais militares (IPM), para investigar quem o governo julgasse suspeito de corrupção e subversão. Qual dos combates deveria ser prioritário? Em *A ditadura envergonhada*, Elio Gaspari escreve:

Perseguir subversivos era tarefa bem mais fácil do que encarcerar corruptos, pois, se os primeiros defendiam uma ordem política, os outros aceitavam quaisquer tipos de ordem. Fariam parte do regime, fosse qual fosse. Poderosas eram suas conexões. O IPM da UNE engordou, mas o da Previdência Social foi para o arquivo.

O novo regime chamaria a si mesmo não de "ditadura", mas de "revolução" — termo que se tornou corrente na época e que tem seus adeptos, velhos e novos, ainda nos dias atuais. O texto do AI-1 deixava claríssimas as preferências vocabulares dos novos governantes:

A revolução se distingue de outros movimentos armados pelo fato de que nela se traduz, não o interesse e a vontade de um grupo, mas o interesse e a vontade da nação. A revolução vitoriosa se investe no exercício do Poder Constituinte. Este se manifesta pela eleição popular ou pela revolução. Esta é a forma mais expressiva e mais radical do Poder Constituinte. Assim, a revolução vitoriosa, como Poder Constituinte, se legitima por si mesma.

Quanta autoconfiança. A historiadora Heloisa Starling explica que a escolha de palavras deixa evidente a busca do novo regime por legitimidade com o objetivo de suspender os poderes constitucionais e recorrer a medidas de exceção:

Revolução é um processo que modifica todas as instâncias, até mesmo do comportamento e da vida cotidiana em uma determinada sociedade, independentemente de quem sejam seus protagonistas. Obviamente não foi isso que aconteceu em 1964. Eles estavam justificando, com essa escolha de palavras, suas condições de assumir poderes de exceção para legislar, ocupar o Estado e desencadear a repressão sob o governo Castelo.

Com argumentos diferentes, o general Ernesto Geisel, presidente de 1974 a 1979, também se opôs ao uso da palavra "revolução" em uma declaração feita depois de deixar o poder:

O que houve em 1964 não foi uma revolução. As revoluções fazem-se por uma ideia, em favor de uma doutrina. Nós simplesmente fizemos um movimento para derrubar João Goulart. Foi um movimento contra, não por alguma coisa. Era contra a subversão, contra a corrupção. Em primeiro lugar, nem a subversão nem a corrupção acabam. Você pode reprimi-las, mas não as destruirá. Era algo destinado a corrigir, não a construir algo novo, e isso não é revolução.

Os casos de violência de maior repercussão da ditadura são posteriores a Castelo Branco, mas seu governo deu sua contribuição a essa história. Em 2 de abril de 1964, logo depois do golpe, o dirigente comunista Gregório Bezerra foi amarrado seminu à traseira de um jipe e puxado pelas ruas, sendo espancado por um oficial com uma barra de ferro em praça pública. O comandante dos fuzileiros navais sob Jango, almirante Cândido Aragão, simpático a causas de esquerda, foi preso logo depois do golpe e mantido em uma fortaleza militar na baía de Guanabara. Sua filha, que o visitou dois meses depois da prisão, disse que ele estava em "condição tão deprimente que só um verme cheio de peçonha mereceria ter. O espectro de homem que vi chora e ri desordenadamente, e não consegue articular uma frase sequer no mesmo assunto".

Com um grau de liberdade que não teria nos governos seguintes, a imprensa cobrou medidas contra as torturas de presos, com jornais publicando listas de torturados e depoimentos manuscritos sobre o que ocorria nos quartéis. Castelo cedeu a pressões e mandou Geisel, à época seu ministro-chefe do Gabinete Militar, checar a procedência das acusações. O auxiliar identificou casos e admitiu que excessos haviam sido cometidos, mas registrou que eles teriam se restringido ao momento de confusão inicial da tomada do poder. Os torturadores não foram punidos. Em 1966, quase dois anos depois das inspeções do ministro Geisel, o sargento Manoel Raimundo Soares, que era ligado ao Brizola e estava na clandestinidade, foi preso. O corpo do militar foi encontrado em um rio de Porto Alegre, com as mãos amarradas e marcas de tortura.

Há registro de incômodos presidenciais com aquele estado das coisas. Certa vez, Castelo afirmou que "não é elegante para um coronel judiar de um civil, isso se fazia no Estado Novo". Reclamou que o clima provocado pelas cassações era "pior do que a Inquisição", que não queria ser somente um presidente de expurgos e prisões, e que as medidas de exceção deveriam ser temporárias. Pontuava que práticas ilegais por parte do Estado geravam problemas com a opinião pública nacional e estrangeira.

Em 1965, reagiu à prisão do editor Ênio Silveira, da Editora Civilização Brasileira, que tinha virado alvo de investigação depois de ter oferecido uma feijoada a Miguel Arraes. Castelo escreveu um bilhetinho a Geisel:

> *Por que a prisão do Ênio? Só para depor? A repercussão é contrária a nós, em grande escala. O resultado está sendo absolutamente negativo. Há como que uma preocupação de mostrar "que se pode prender". Isso nos rebaixa. Os resultados são os piores possíveis contra nós. É mesmo um terror cultural.*

Impossível saber quão sinceros eram os lamentos do presidente. Factual e verificável mesmo foi sua decisão de ceder aos militares mais duros, que cobravam mais tempo no poder e novas cassações de opositores. O mandato presidencial foi prorrogado até o começo de 1967, enterrando de vez a eleição prevista para 1965. Era o que faltava para que políticos civis que deram sustentação ao golpe, como Lacerda e Magalhães Pinto, rompessem com o regime militar. O primeiro expôs seu rancor definindo o presidente como "este ser feio por fora e horrível por dentro".

Sem parecer se sobressaltar com comentários sobre sua beleza interna ou externa, Castelo editou o AI-2, que trazia um novo menu completo de decisões autoritárias: o presidente do Brasil não seria mais eleito pelo voto direto, mas indiretamente pelo Congresso — que por acaso poderia ser posto em recesso se o Executivo assim quisesse; o STF passava a ter dezesseis ministros, em vez de onze, o que permitia ao presidente indicar mais nomes e enfraquecer os magistrados críticos ao regime; o governo federal ficava com menos obstáculos para intervir nos estados e decretar estado de sítio; a Justiça Militar poderia julgar civis acusados de crimes contra a segurança nacional; e estavam extintos os partidos políticos existentes no país.

Era o fim de PSD, PTB, UDN e tantas outras siglas que compunham o cenário político nacional desde 1945. O pluripartidarismo ganhou como substituto um artificial sistema bipartidário em que havia espaço apenas para uma legenda de oposição consentida, o Movimento Democrático Brasileiro (MDB), e uma sigla governista, a Aliança Renovadora Nacional (Arena). Seus apelidos eram, respectivamente, partido do "sim" e partido do "sim, senhor". O MDB recebeu políticos do PTB e do PSD, que se resignaram a jogar de acordo com as regras estabelecidas pelos militares. A Arena ganhou em boa medida egressos da UDN, mas também nomes do oligárquico PSD.

O AI-1 e o AI-2 podem parecer suficientes para pôr de pé um sólido regime autoritário, mas o regime militar escancarou a caixa de Pandora. Em fevereiro de 1966, Castelo editou mais um, o AI-3, que extinguiu as eleições diretas para governador — o governo não queria ser novamente surpreendido, como ocorrera no ano anterior, com vitórias de candidatos oposicionistas em Minas Gerais e Guanabara.

Um quarto AI ainda viria, convocando o Congresso a discutir, votar e promulgar uma nova Constituição que consolidasse a legislação de exceção e permitisse à ditadura ter uma Carta para chamar de sua. O prazo apertadíssimo para que tudo isso fosse feito, de 12 de dezembro de 1966 a 24 de janeiro de 1967, deixava claro qual era o grau de reflexão que o governo esperava dos legisladores sobre o novo texto constitucional. A nova Constituição restringia liberdades, anabolizava o Executivo e centralizava poderes em suas mãos, mas não era uma carta branca como os atos institucionais. A Carta de 1967 era uma lei dura; os atos institucionais se punham acima da lei.

Para Heloisa Starling, tantas medidas expunham os planos de longo prazo das Forças Armadas:

> *Elas tinham um projeto de Brasil, e isso explica como vão ocupar o Estado. A grande característica do governo Castelo é montar as bases para esse processo, criando um arcabouço de permanência no poder. Existe uma corrente na historiografia que pensa o regime muito a partir do AI-5, em 1968, mas devíamos pensar a partir de 1964, porque tudo que ocorre depois tem suas estruturas estabelecidas aí, inclusive a tortura nos quartéis. As fundações do edifício são muito bem montadas para que pudessem vir Costa e Silva e Médici.*

A avalanche de legislações autoritárias reduzia gradativamente o espaço para que os brasileiros conciliassem a oposição ao governo, a manutenção de seus direitos políticos e o cumprimento da lei. Inspirados em doutrinas revolucionárias internacionais, alguns dos adversários do regime decidiram recorrer à violência política. Focos de ação armada surgiram ainda sob o governo Castelo, mas seriam rapidamente esmagados pelas forças de segurança.

Ocorreram também atentados, como o de 25 de julho de 1966 no aeroporto de Guararapes, no Recife, realizado por militantes ligados a uma ala radical da organização de esquerda católica Ação Popular, com influência no movimento estudantil. Tinham como alvo ninguém menos que Artur da Costa e Silva, nome escolhido pelo regime para suceder Castelo na Presidência.

O militar, embora candidato único, rodava o país em uma espécie de "campanha" e era esperado às 8h30 da manhã no aeroporto. Seu avião, contudo, sofreu uma pane, e Costa e Silva não chegou. Às 8h50, uma maleta com uma bomba explodiu no aeroporto e matou um jornalista e um almirante da reserva que circulavam por ali, além de deixar feridos, entre eles uma criança. A esquerda armada ajudava a criar justificativas para a crescente máquina governista de repressão.

O marechal Costa e Silva não era o nome preferido de Castelo, embora fosse seu ministro da Guerra. Nas heterogêneas Forças Armadas daqueles anos 1960, o primeiro era o líder da linha dura, que cobrava uma radicalização da "revolução redentora". O segundo, assim como Geisel, estava longe de ser um democrata, mas era adepto de um autoritarismo, digamos, sob controle. Em nome da unidade, o presidente cedeu ao subordinado.

O presidenciável oficial venceu em 3 de outubro de 1966 com 294 votos do Congresso, estreando o modelo de votação indireta da ditadura. A bancada do MDB se absteve e se retirou do plenário sob o argumento de que não participaria do que via como uma farsa.

Em 15 de março de 1967, Castelo Branco passou a faixa presidencial ao sucessor e foi passar um tempo na Europa. Na volta, chamou para uma conversa o senador Daniel Krieger (Arena-RS). De acordo com o relato do político, o marechal afirmou:

Senador, o governo prepara-se para romper a legalidade. Eu não estou de acordo com esse desnecessário retrocesso. O senhor vai percorrer todo o país mobilizando a Arena. Eu me encarregarei do setor militar. Vamos, em conjunto, frustrar esses desígnios.

O diálogo ocorreu em 2 de julho de 1967, mas não houve tempo para as articulações. No dia 18 daquele mês, o ex-presidente voava em um pequeno avião pelo seu Ceará natal quando a aeronave em que estava entrou irregularmente em uma área de voo da Aeronáutica, chocou-se com um jato em treinamento e caiu, matando o ex-presidente. Não há evidências de que o ocorrido não tenha sido um acidente.

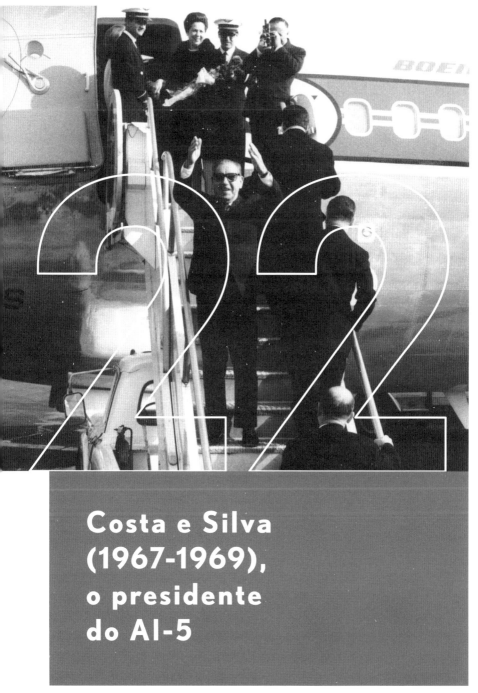

22

Costa e Silva (1967-1969), o presidente do AI-5

Costa e Silva (acenando) e sua esposa, Iolanda da Costa e Silva (com flores na mão), em visita oficial ao Japão, 1967.

Artur da Costa e Silva tinha um rosto redondo, de aspecto flácido, e um nariz batatudo, que talvez ele julgasse disfarçar com um bigode fino. O aspecto envelhecido e frágil somado à voz esganiçada não o ajudavam a transmitir a autoridade que se espera de um regime de força. Essa imagem melhorava quando o marechal usava óculos escuros, então não surpreende que ele abusasse desse recurso. De tão batidos, os acessórios foram citados até em uma mensagem de um assessor da Casa Branca a Lyndon Johnson, preparando o presidente dos Estados Unidos para uma visita do brasileiro a Washington:

Ele está ansioso para que se entenda que é um homem de qualificações intelectuais. Sugiro que o sr. o trate menos como um soldado e mais como um homem de Estado civil, seu colega. Isso não será fácil, sobretudo se estiver usando óculos escuros.

As lentes escuras não eram capazes de suavizar um segundo problema da imagem de Costa e Silva: a fama de intelectualmente limitado. Ao contrário de Castelo Branco, tido como estudioso e culto, o sucessor era alvo de piadas constantes sobre sua reduzida intimidade com as letras — tudo nos bastidores, claro, pois era preciso ter em conta as suscetibilidades de um líder autoritário. O companheiro de Exército Cordeiro de Farias contou que certo dia Costa Silva o viu carregando um livro sobre a Guerra do Vietnã e reagiu: "Você é um idiota, perdendo tempo com essas coisas. Eu hoje só faço palavras cruzadas". O presidente parecia o estereótipo de chefe militar de ditadura de terceiro mundo. Se por vezes era visto como uma pessoa inculta, também exibia esperteza e senso de oportunidade. Em seus quase dois anos e meio no poder, governou uma economia em ascensão e mostrou-se convenientemente ambíguo. Chegou a acenar com a abertura política, mas, diante de protestos e oposições pacíficas e armadas, respondeu com o aprofundamento da ditadura por meio do AI-5.

Nascido em 1899 em Taquari (RS), o filho de portugueses calhou de ser tenente nos anos 1920, o que o colocou no coração do movimento de jovens oficiais que contestaram a Primeira República. Integrou e foi preso no levante de 1922 e só perdeu o de 1924 por causa de uma apendicite. Em

1930, a saúde ia bem, e lá estava Costa e Silva marchando com a bandeira nacional à frente da tropa que cercou o Palácio do Catete, derrubando Washington Luís.

Os anos e os cabelos brancos não aquietariam o indócil gaúcho. No governo João Goulart, o já general se preocupou com o que via como agitação da esquerda e mergulhou nas articulações golpistas que levaram a 31 de março de 1964, botando em sua conta mais um presidente deposto. Embora tenha chefiado a autoproclamada "revolução" em seus primeiros momentos, a Presidência da República não coube a ele, tido como excessivamente voluntarioso, mas a Castelo Branco.

O prêmio de consolação foi o Ministério da Guerra, mas a subordinação ao presidente não impediria Costa e Silva de encher o mandatário de cobranças da linha dura das Forças Armadas. A posição de destaque, somada a certo ressentimento, levava até mesmo a certo *bullying* do ministro com Castelo Branco, a quem apelidava de "pequenino". Em uma recepção no Rio de Janeiro, Costa e Silva disse ao presidente alemão, Heinrich Lübke, apontando para Castelo: "Quem devia estar usando essa casaca era eu, mas não quis".

De tanto insistir, o já marechal chegou aonde queria, superando obstáculos. Não era o preferido de Castelo e, aos 67 anos de idade, tinha a saúde fragilizada por problemas cardíacos. Além disso, políticos de direita e militares alegavam que ele não tinha competência para o cargo. Carlos Lacerda, neo-opositor da ditadura, definiu-o como "assustadoramente despreparado para ocupar a vaga". Cordeiro de Farias alertou Castelo: "Você sabe que ele vai afundar o país, pois é incapaz, e eu não quero ter parte nisto". O cearense respondeu, citando a institucionalização do regime sob a Constituição de 1967, a qual, para ele, haveria de conter o sucessor. "Ora, presidente, tenha paciência. Na primeira dificuldade que o Costa e Silva tiver, ele bota tudo isso fora. Se apoia no Exército e nos amigos dele e vira ditador", previu Cordeiro.

No início da presidência do marechal gaúcho, porém, as dificuldades ainda não tinham surgido, e ele realmente se submeteu às amarras da nova Constituição, que impunha mais limites que os atos institucionais sob os quais governara Castelo Branco. O homem que havia feito campanha de candidato único, apresentando-se como o "seu Artur", tomou posse com promessas de governar para o povo, respeitar o Legislativo e "reatar os entendimentos com a classe trabalhadora". No começo de 1968, afirmou a um grupo de parlamentares:

Existe neste país uma democracia. O ano de 1967, quando passamos de uma época de regime de exceção para um regime normal, democrático, foi um ano bom. E espero que em 1968 possamos continuar a cumprir nosso dever.

O discurso de Costa e Silva surpreendia tanto setores moderados da situação e da oposição quanto as alas mais duras que o haviam apoiado. Os primeiros animavam-se, pois viam ali uma possibilidade de diálogo e abertura; já os segundos, como conta o historiador Daniel Aarão Reis, frustravam-se com a atenuação da truculência do regime, pois esperavam mais liberdade para reprimir dissensos.

Os ventos mudavam a economia. Depois dos anos de aperto fiscal sob Castelo, o sucessor usufruiu de um crescimento de 4,2% em 1967 e de 9,8% em 1968. A inflação, que tinha sido de 39,1% em 1966, caiu para o patamar de 25% nos dois anos seguintes — continuaria a decrescer em direção a 15% sob Médici, o menor nível da ditadura. A renda *per capita* crescia, e o Brasil se tornava mais urbano e menos dependente da agropecuária. Com um espírito estatista e centralizador que definiria a alma da ditadura militar, o governo Costa e Silva criou um total de 55 estatais, entre elas a Embraer. Também buscou investimentos estrangeiros, baixou juros e estimulou crédito. Para domar a inflação, o Ministério da Fazenda, chefiado pelo jovem economista Antônio Delfim Netto, seguia uma estrita política salarial, represando aumentos para conter o consumo e, assim, evitar descontrole dos preços.

Essa tática, impopular entre os trabalhadores, não era novidade, mas um novo presidente falando em democracia era. Assim, setores do operariado concluíram que podiam agir como se em uma democracia estivessem. Em abril de 1968, 1.200 trabalhadores cruzaram os braços em Contagem, na região metropolitana de Belo Horizonte, exigindo um reajuste acima do teto proposto pelo governo. Houve repressão e prisões, mas também concessão de um aumento.

A paralisação era mais um acontecimento de um ano que se tornaria célebre por protestos de estudantes e trabalhadores no mundo inteiro, em levantes político-culturais capitaneados por uma juventude que questionava tudo e todos: os mais velhos, o sistema capitalista, os valores tradicionais, mas também os partidos de esquerda convencionais e a União

Soviética. O espírito incendiário geral pode ser exemplificado por um dos *slogans* da época: "A humanidade só será feliz quando o último capitalista for enforcado com as tripas do último esquerdista".

O símbolo da época foi o Maio francês, mas o frenesi se espalhou pelo velho continente e atravessou o Atlântico. A diferença é que por aqui havia Costa e Silva. E o marechal avisou: "Enquanto eu estiver aqui, não permitirei que o Rio de Janeiro se transforme em uma nova Paris". O ministro do Trabalho, Jarbas Passarinho, lembrou que "o rio Tietê não é o rio Sena".

Mas não se desafia o espírito de 1968 impunemente. Em março, um protesto de estudantes no Rio de Janeiro levou à morte do secundarista Edson Luís de Lima Souto, baleado no peito pela Polícia Militar da Guanabara. O episódio chocou o país, e o corpo do garoto de 18 anos de idade foi acompanhado por um cortejo de 50 mil pessoas até o cemitério. A missa de sétimo dia, na Igreja da Candelária, foi um dos maiores atos de contestação ao regime instalado quatro anos antes.

Mais protestos se seguiram no Brasil. Em 21 de junho, a chamada Sexta-Feira Sangrenta transformou o centro do Rio de Janeiro em um campo de batalha com saldo de mil detidos, ao menos cem feridos e um número de mortos que variou de 3, de acordo com a versão oficial, a 28, segundo um levantamento em hospitais. Logo depois, no dia 26 do mesmo mês, veio a Passeata dos Cem Mil, de tom mais pacífico e com adesão de artistas, intelectuais e membros da Igreja Católica. O movimento estudantil ganhava visibilidade na imprensa, engajava setores da classe média insatisfeitos com a longa permanência dos militares no poder e acuava o governo.

O regime também virou alvo de uma esquerda armada mais ativa, com a multiplicação de grupos que apostavam que só com violência seria possível derrubar a ditadura. Organizações como a Ação Libertadora Nacional (ALN), a Vanguarda Popular Revolucionária (VPR), entre outras, assaltavam bancos, carros-fortes e depósitos de armas. E matavam. O capitão do Exército americano Charles Chandler, de 30 anos de idade, que estudava em São Paulo, foi assassinado depois que um autointitulado tribunal revolucionário de guerrilheiros decidiu que ele estava ligado à CIA, o que nunca foi provado. O soldado Mário Kozel Filho, de 18 anos de idade, foi morto na explosão de um carro-bomba lançado contra o quartel-general do II Exército, em São Paulo.

Como explica Daniel Aarão Reis, as organizações armadas queriam derrubar a ditadura militar, mas não queriam substituí-la por uma democracia:

O paradigma hegemônico entre os revolucionários da época era tomar o poder pela violência, sobretudo se o poder tivesse a feição de uma ditadura, e implementar grandes mudanças sociais no quadro de uma ditadura revolucionária. A luta armada no Brasil vinha sendo elaborada desde 1964 por vários grupos políticos descrentes da possibilidade de implementar reformas profundas através do debate democrático, como as esquerdas queriam, e a instalação da ditadura foi como uma prova de que as reformas realmente seriam inviáveis por meio da luta pacífica. Inspirados pela Revolução Cubana e outros levantes armados vitoriosos na época, alguns grupos começam a se orientar na direção de uma revolução armada também no Brasil.

Diante de pressões, pacíficas ou não, crescia nas Forças Armadas uma insatisfação com os limites impostos pela Constituição de 1967, que, embora frágeis, estavam ali, mantendo algum tipo de Estado de Direito e contendo uma repressão totalmente solta. A linha dura andava saudosa da liberdade de ação que tinha nos primeiros anos do regime.

Viria do Congresso Nacional a desculpa para tirar o monstro da jaula. Em 2 de setembro de 1968, o deputado Márcio Moreira Alves, do MDB da Guanabara, subiu à tribuna da Câmara e defendeu em discurso que a população boicotasse os desfiles militares de Sete de Setembro:

Seria necessário que cada pai, cada mãe, se compenetrasse de que a presença dos seus filhos nesse desfile é o auxílio aos carrascos que os espancam e os metralham nas ruas. Portanto, que cada um boicote esse desfile. Esse boicote pode passar também às moças, aquelas que dançam com cadetes e namoram jovens oficiais.

O pronunciamento pueril, curto e de pouco público fez os militares espernearem. Com base em parecer do Ministério da Justiça, a Procuradoria-Geral da República pediu a cassação do mandato do parlamentar por "uso abusivo do direito de livre manifestação e pensamento e injúria e difamação das Forças Armadas, com a intenção de combater o regime vigente e a ordem democrática instituída pela Constituição".

Depois de semanas de discussões, a Câmara recusou por 216 votos a 141 o pedido de cassação. Mesmo deputados da governista Arena votaram por proteger o mandato de Moreira Alves, mostrando que o espírito de corpo do Parlamento falava ali mais alto do que a submissão ao governo. A decisão da Câmara foi tomada em 12 de dezembro de 1968. No dia seguinte, o Poder Executivo lembraria quem dava as cartas naquele regime. *Spoiler*: não haveria de ser o Congresso Nacional.

No fim da tarde do dia 13, Costa e Silva reuniu no Palácio Laranjeiras, no Rio de Janeiro, seu Conselho de Segurança Nacional. Em volta da grande mesa de bordas arredondadas, sentaram-se 24 homens: o presidente e 23 de seus auxiliares, entre ministros e membros da cúpula das Forças Armadas. À frente deles estavam microfones que gravariam a reunião e cópias de um novo AI redigido pelo ministro da Justiça, Luís Antônio da Gama e Silva. Antes que os presentes lessem o conteúdo do documento, o marechal-presidente discursou, adotando um tom de "eu detesto ter que fazer isso":

O presidente da República, que se considera ainda um legítimo representante da Revolução de 1964, vê-se em um momento crítico, em que ele tem que tomar uma decisão optativa: ou a Revolução continua ou a Revolução se desagrega. Até agora, todo o povo brasileiro é testemunha do meu grande interesse, do meu grande esforço, da minha maior boa vontade e tolerância no sentido de que houvesse uma compreensão e união entre a área política e a área militar. [...] Várias divergências, vários embates, várias incompreensões e nós, pacientemente, quase que pregando essa harmonia entre essas duas áreas, conseguimos chegar a quase dois anos do governo presumidamente constitucional da Revolução.

Presumidamente. Pois a paciência chegou ao fim, e foi criado o AI-5. Com ele, qualquer expectativa de diálogo foi substituída pelo drástico endurecimento do regime ditatorial. Na teoria, estava mantida a Constituição de 1967. Na prática, a nova norma se sobrepunha à Carta. Com amplos poderes, Costa e Silva podia fechar o Congresso indeterminadamente, o que foi feito. Sem Legislativo em funcionamento, o Executivo federal estava apto a alterar leis, assim como a intervir livremente em estados e municípios.

O presidente ficava autorizado a suspender direitos políticos de qualquer cidadão por dez anos, cassar mandatos e confiscar bens. Quem estivesse com suas prerrogativas suspensas era proibido de se envolver em atividade política e era passível de ser vigiado e proibido de frequentar determinados locais.

Em um de seus pontos mais críticos, o AI-5 determinava, ainda, a suspensão da garantia do *habeas corpus* para, entre outros, crimes políticos ou contra a segurança nacional. Sem a possibilidade de recorrer à Justiça para ganhar a liberdade, quem fosse considerado inimigo do Estado ficava à mercê do arbítrio das forças policiais.

Embora a coisa toda já estivesse obviamente decidida, o presidente achou por bem fazer uma consulta geral aos subordinados na reunião do Laranjeiras. O primeiro a votar foi o vice-presidente Pedro Aleixo, ex-udenista mineiro filiado à Arena. Foi o único a se opor ao AI-5:

Pelo Ato Institucional, o que me parece, adotado esse caminho, o que nós estamos é, com uma aparente ressalva da existência dos vestígios de poderes constitucionais existentes em virtude da Constituição de 24 de janeiro de 1967, instituindo um processo equivalente a uma própria ditadura.

A palavra "ditadura" também seria citada pelo chanceler Magalhães Pinto, ex-governador de Minas Gerais e um dos líderes civis do golpe de 1964, que votou a favor da edição do ato:

Também confesso, como o vice-presidente da República, que realmente com este ato nós estamos instituindo uma ditadura. E acho que, se ela é necessária, devemos tomar a responsabilidade de fazê-la.

O ministro do Trabalho, Jarbas Passarinho, ex-governador do Pará, proferiu um dos discursos mais diretos e icônicos daquela sexta-feira, 13:

Sei que a Vossa Excelência repugna, como a mim, e creio que a todos os membros deste conselho, enveredar para o caminho da ditadura pura e simples, mas parece que claramente é esta que está diante de nós. Eu seria menos cauteloso do que o próprio ministro das Relações Exteriores, quando diz que não sabe se o que restou caracterizaria a nossa ordem jurídica como não sendo ditatorial, eu admitiria que ela é ditatorial. Mas, às favas, senhor presidente, neste momento, todos os escrúpulos de consciência.

Em uma fala rápida, o papa da economia Delfim Netto apoiou a medida, indo além: "Se Vossa Excelência me permitisse, direi mesmo que creio que ela não é suficiente". O chefe do Serviço Nacional de Informações (SNI), Emílio Garrastazu Médici, futuro presidente, registrou que Costa e Silva, "com sua formação democrática, foi tolerante por demais". Orlando Geisel, chefe do Estado Maior das Forças Armadas e irmão do futuro presidente Ernesto Geisel, optou por ser gráfico: "Se não tomarmos, neste momento, esta medida que está sendo aventada, amanhã vamos apanhar na cara, senhor presidente".

Costa e Silva retomou o figurino de autocrata sofrido:

Eu confesso que é com verdadeira violência aos meus princípios e ideias que adoto uma medida como essa. Mas adoto porque estou convencido que é do interesse do país, é do interesse nacional, que ponhamos um "basta" à contrarrevolução.

Faz parte do anedotário político brasileiro que, certa vez, Gama e Silva questionou Pedro Aleixo sobre sua oposição ao AI-5. Desconfiaria o vice-presidente das mãos honradas de Costa e Silva? Ao que Aleixo respondeu: "Das mãos honradas do presidente, não, desconfio do guarda da esquina".

De fato, o AI não fortalecia apenas a pessoa do presidente da República, mas abria uma avenida de possibilidades para os diversos níveis do Estado brasileiro. Redações de veículos de comunicação foram ocupadas por censores. Prisões atingiram artistas, como Caetano Veloso e Gilberto

Gil, e políticos, como Juscelino Kubitschek e Carlos Lacerda. A caça às bruxas se espalhou por meio de aposentadorias compulsórias em universidades no Itamaraty e no STF. Uma das saídas era o exílio.

O embrutecimento da ditadura estimulava a oposição armada a dobrar suas apostas violentas, assim como dava mais mecanismos de ação para o sistema repressivo do Estado. Sob Costa e Silva, a máquina governamental ganharia ainda o Centro de Informações do Exército (CIE) e a Operação Bandeirante (Oban), grupo financiado por empresários brasileiros e executivos de multinacionais e formado por oficiais das três forças e policiais focados em desmantelar grupos guerrilheiros.

O AI-5 varreu o país o quanto pôde, até que em agosto de 1969, oito meses depois da edição do ato, Costa e Silva reuniu a imprensa para anunciar que o governo concluía o texto de uma reforma constitucional a ser aprovada por um Congresso a ser reaberto. Mais uma vez, o presidente parecia surpreender.

No fim do mês, porém, antes que o plano avançasse de fato, o presidente sofreu um derrame, ficando impedido de exercer suas funções. Em seu lugar, assumiu o governo não o vice Aleixo, como previa a Constituição mutilada, mas uma junta formada pelos ministros militares, conforme determinava outro AI surgido às pressas — o apetite autoritário do regime andava grande, e aquele já era o AI-12.

As medidas de exceção vinham no atacado, e mais um AI — o 16 — saiu do forno em 14 de outubro com a seguinte argumentação: Costa e Silva havia sido "atacado de lamentável e grave enfermidade", estando "totalmente impedido para o pleno exercício de suas funções, não obstante achar-se em estado de lucidez". Mesmo que atingisse "a recuperação completa desejada por todos", voltaria a ser exposto ao estresse do cargo, o que significava que seu retorno à Presidência "não se poderia dar sem grave e irreparável risco para sua saúde". A construção sinuosa era uma reverência ao líder doente, mas o objetivo fundamental do regime era mais evidente: declarar vaga a Presidência e realizar logo uma nova eleição para que um sucessor fosse pinçado dos quartéis.

Ex-presidente, Artur da Costa e Silva morreu em 17 de dezembro de 1969. O fim inesperado o impediu de ver o AI-5 que criara ser aplicado em toda sua exuberante truculência pelo preferido da cúpula militar para a sucessão, o general Emílio Garrastazu Médici.

23

Emílio Garrastazu Médici (1969-1974), crimes e milagres

General Emílio Garrastazu Médici exibe a taça Jules Rimet, conquistada pela seleção brasileira de futebol em 1970.

Poucas vezes um presidente que botou tão pouco a mão na massa teve tanto poder no Brasil. A aparente contradição se explica pelo fato de que, enquanto comandou o país, o gaúcho Emílio Garrastazu Médici delegou a subordinados mais aptos as principais funções presidenciais à época: administração, economia e questões militares. Ao mesmo tempo, desde a ditadura do Estado Novo, os presidentes do Brasil não eram tão livres para fazer o que bem entendessem. Afinal, o regime militar tinha em mãos o AI-5. Editado pelo antecessor Costa e Silva em dezembro de 1968, o AI-5 tinha dado amplas margens de ação para o governo combater e enfraquecer qualquer tipo de oposição, mesmo a moderada e pacífica.

Antes de chegar ao terceiro presidente da ditadura militar, porém, é preciso voltar ao breve interlúdio que ajuda a explicar sua ascensão ao cargo. Entre o derrame que forçou a saída do poder de Costa e Silva e a posse de Médici, o Brasil foi governado durante dois meses por uma "junta governativa provisória", formada pelos ministros militares.

Aurélio de Lira Tavares (Exército), Márcio de Sousa Melo (Marinha) e Augusto Rademaker (Aeronáutica) entrariam para a posteridade com o apelido de "Três Patetas". Mais do que simples maledicência, a alcunha traduzia a confusão em que mergulhou o país durante a breve interinidade dos ministros. O mais vexatório dos incidentes foi o sequestro do embaixador dos Estados Unidos, Charles Elbrick, em 4 de setembro de 1969. Militantes da ALN e do Movimento Revolucionário 8 de Outubro (MR-8) mantiveram o diplomata em um cativeiro no Rio de Janeiro, exigindo a libertação de seus companheiros presos.

Entre os sequestradores estavam Franklin Martins, futuro ministro do governo Lula, e Fernando Gabeira, que anos depois cumpriria mandatos de deputado federal. Envergonhando a ditadura em várias frentes, o episódio punha em risco o embaixador da superpotência aliada e exigia, em plena Semana da Pátria, a leitura em rede nacional de um manifesto dos sequestradores que afirmava:

Queremos advertir aqueles que torturam, espancam e matam nossos companheiros: não vamos aceitar a continuação dessa prática odiosa. Estamos dando o último aviso. Quem prosseguir torturando, espancando e matando ponha as barbas de molho. Agora é olho por olho, dente por dente.

Sob pressão dos Estados Unidos e com os holofotes internacionais apontados para o Brasil, a ditadura cedeu e libertou os presos, banindo-os do país. Entre eles estava o líder estudantil José Dirceu, que se tornaria depois fundador do PT e o homem forte do começo do governo Lula, até cair em desgraça no mensalão.

Humilhada e com a necessidade de contra-atacar, a junta militar estabeleceu pena de morte ou prisão perpétua em caso de "guerra externa psicológica adversa, revolucionária ou subversiva". Em outubro de 1969, afogados no mar de medidas de exceção, os ministros militares tentaram pôr ordem na casa com uma emenda constitucional que consolidava a enxurrada recente de atos autoritários. Na prática, a emenda — tão ampla que ficou conhecida informalmente como uma nova Carta — oficializava um Executivo ainda mais hipertrofiado que perduraria até a atual Constituição de 1988.

O terceiro contra-ataque da ditadura viria com a escolha do novo presidente pela cúpula militar. Era preciso alguém que não gerasse animosidades entre as diferentes facções das Forças Armadas e que não exibisse as mesmas hesitações dos antecessores em fazer uso da munição autoritária que a ditadura tinha em mãos. Em um Congresso reaberto para emprestar ares de normalidade ao momento, Médici foi o único votado — os emedebistas, mais fracos do que nunca, abstiveram-se. A formalidade eleitoral havia sido cumprida.

Embora desconhecido da maior parte dos brasileiros, o general de 63 anos de idade caiu no gosto dos mais graduados da caserna por sua experiência na repressão e sua simpatia pelo AI-5.

Pelos cálculos da Comissão Nacional da Verdade, durante os 21 anos do regime militar, 423 pessoas foram assassinadas ou desapareceram por razões políticas e sob responsabilidade do Estado. Dessas, 307 morreram ou sumiram de 1969 a 1974, período que engloba a presidência de Emílio Garrastazu Médici. A ditadura entrava em seus "anos de chumbo", marcados não apenas por violência, mas também por crescimento econômico, popularidade e nacionalismo.

Nascido em Bagé (RS) em 1905, em uma família rica, Médici, diferentemente de seus antecessores, não se enfiou até o pescoço na política que fervilhava nos quartéis em meados do século XX. Sua carreira militar foi discreta e concentrada em seu estado natal, o que estava de acordo com sua índole. O sujeito alto e curvado tinha um semblante sério que combinava com a personalidade de poucos amigos e ainda menos conversa. Raramente saía de casa, mas gostava de ir a estádios com um rádio de pilha colado ao ouvido. Preferia o futebol à política.

Quando estourou o golpe de 1964, Médici chefiava a Aman (Academia Militar das Agulhas Negras), centro de formação da oficialidade sediado em Resende (RJ). Acontece que o general, embora desconectado das conspirações que ocorriam em Brasília e no Rio de Janeiro, também era amigo de juventude de Artur da Costa e Silva, de modo que soube rapidamente quando os ventos viraram contra João Goulart e apoiou a derrubada do presidente.

Seu desembarque no centro do poder ocorreu quando Costa e Silva chegou ao Planalto, fazendo do velho amigo o chefe do SNI, órgão vital do regime que perpassava todo o governo com sua máquina de espionagem. Foi ali que Médici ganhou notoriedade, com uma fama de inacessível a outros membros do governo e de duro no trato com movimentos oposicionistas.

O general se dava bem com a lógica autoritária. Na presidência, diria: "Eu tenho o AI-5 nas mãos, e com ele, posso tudo". Argumentava ainda que "a democracia brasileira deve afeiçoar-se às exigências de nossas condições sociais e não às exigências de sociedades alienígenas", e que o regime democrático "não é uma categoria lógica imutável e está sujeita a revisões impostas pela conveniência social". Em seu primeiro discurso ao ser escolhido candidato das Forças Armadas ao Planalto, afirmou:

> *O meu governo vai iniciar-se numa hora difícil. Sei o que sente e pensa o povo, em todas as camadas sociais, com relação ao fato de que o Brasil ainda continua longe de ser uma nação desenvolvida, vivendo sob um regime que não podemos considerar plenamente democrático. Não pretendo negar esta realidade. [...] Ao término do meu período administrativo, espero deixar definitivamente instaurada a democracia em nosso país. [...] Desejo manter a paz e a ordem. Por isso mesmo, advirto que todo aquele que atentar contra a tranquilidade pública e a segurança nacional será inapelavelmente punido. Quem semear a violência colherá fatalmente a violência.*

No governo, o ex-chefe do SNI pôs o órgão espião como uma espécie de supervisor-geral da administração pública, fazendo-o crescer em importância e tamanho. E continuou falando pouco, desinteressado por eventos sociais e pelo contato com ministros e parlamentares (é sem dúvida bem mais fácil ignorar políticos quando se dirige uma ditadura).

O general terceirizou o governo nas mãos do chefe da Casa Civil, João Leitão de Abreu, entregou o comando da economia a Delfim Netto, da Fazenda, e deixou o ministro do Exército, Orlando Geisel, tocar os assuntos militares. Segundo o historiador Carlos Fico, Médici delegou poderes "porque não sabia mesmo fazer coisa nenhuma":

Seu hábito da reclusão era muito provavelmente porque não tinha nada a dizer. Foi o governo de um presidente que era muito pouco preparado e teve a sorte de contar com esses ministros que, façamos justiça, ele soube escolher, pois atuaram como verdadeiros primeiros-ministros.

Sob o comando de Delfim Netto, a economia brasileira chegou a crescer quase 12% ao ano durante a presidência de Médici, com incríveis 14% em 1973. A inflação estava controlada, e a dívida externa não havia explodido. Ainda. Vivíamos o "milagre econômico". Com acesso a fartos recursos internacionais, o governo punha em prática o sonhado plano das Forças Armadas de um "Brasil grande", com um Estado forte e atuante — foram criadas 99 estatais no período. Foi a época de obras gigantescas e caras que lembravam os anos JK, como a ponte Rio-Niterói e a rodovia Transamazônica.

O controle salarial continuava rígido, agora com menos espaço do que nunca para críticas nas ruas ou na imprensa, submetida a censura. Ainda assim, brasileiros desfrutavam do crédito facilitado, da alta do emprego em decorrência do crescimento e do maior acesso à casa própria e aos bens de consumo, como carros e TV a cores. A cereja no bolo do desenfreado otimismo viria com o tricampeonato da seleção brasileira na Copa do Mundo do México em 1970. "Noventa milhões em ação", dizia a música icônica da época, fazendo parecer que todo o Brasil estava de mãos dadas.

O governo Médici colhia os frutos do saneamento financeiro feito por Castelo Branco, mas também se beneficiava de uma conjuntura favorável de abundantes recursos no mercado internacional. Ao mesmo tempo, porém, lembra Carlos Fico, o crescimento não trouxe consigo uma alteração profunda da realidade social brasileira. Foi mais um dos inúmeros exemplos de nossa história, em que períodos de bonança não foram aproveitados para promover saltos drásticos na qualidade de vida do povo. Colou no ministro Delfim Netto a frase "fazer o bolo crescer para depois dividi-lo", cuja autoria ele nega. O que certamente se afirmou, neste caso pelo próprio presidente, foi que "a economia pode ir bem, mas a maioria do povo ainda vai mal".

A volta da inflação e a alta da dívida externa viriam como ressaca, mas nada disso era imediato, e o mais popular e economicamente bem-sucedido governo da ditadura não estava interessado em falar de poréns. Seu negócio era ressaltar as boas notícias, e para isso havia a Assessoria Especial de Relações Públicas da Presidência (Aerp). O órgão promovia campanhas de propaganda de um jeito que não se via desde o Estado Novo de Getúlio Vargas. Dessa vez com a força da televisão, exaltava-se o nacionalismo, as Forças Armadas e as supostas qualidades ordeiras e harmônicas do povo brasileiro. O *slogan* era "Brasil: ame-o ou deixe-o". Em uma das peças publicitárias, um narrador ensinava, em tom passivo-agressivo:

> *A bandeira e o hino são símbolos nacionais. Há sempre uma atitude de respeito, simples e natural, nascida de nosso amor ao Brasil. Sem qualquer exagero, basta ficar de pé. [...] Os símbolos nacionais pertencem a você. Leve a bandeira no Dia da Pátria. Cante com amor o Hino Nacional.*

Pelas vozes de Os Incríveis, Dom e Ravel, Wilson Simonal e outros tantos, o país era inundado de canções patrióticas:

> *Este é um país [...]*
> *De uma gente amiga e tão contente*
> *É um país que canta trabalha e se agiganta*
> *("Este é um país que vai pra frente", de Os Incríveis)*
>
> *Este é o meu Brasil*
> *Cheio de riquezas mil*

Este é o meu Brasil
Futuro e progresso do ano 2000
Quem não gostar e for do contra
Que vá pra...
("Brasil eu fico", de Wilson Simonal)

Maré tá mansa, tá tudo azul
Ninguém segura esse povo genial
Que é rei do futebol
Que é rei do Carnaval
("Ninguém segura mais este país", de Brasinha)

Mas, para quem estivesse disposto a se opor ao governo, a maré não era mansa nem nada estava azul. Entre a percepção popular e o que ocorria com os oposicionistas, havia a muralha formada pela propaganda e pela censura. Explica Fico:

A população não tinha notícia, clareza, e era mesmo estimulada a não se dar conta da repressão. O governo Médici foi o auge de um ufanismo que eu chamo de utopia autoritária. Essa era a perspectiva dos militares, que não eram meia dúzia de loucos interessados em sair por aí torturando pessoas, mas indivíduos com a visão de que, sem os impedimentos da democracia e do Congresso, o Brasil poderia ser transformado em uma grande potência. Naquela época, essa ilusão parecia funcionar, e houve apoio ou conivência de setores significativos da sociedade.

Seja em razão do bom momento da economia, seja por conta da propaganda ou da censura, ou mesmo por antipatia sincera aos planos de revolução comunista da esquerda armada, a população era, quando muito, apenas espectadora das ações violentas dos grupos guerrilheiros e da repressão sanguinária do governo. Os sequestros e assaltos a bancos praticados pelas organizações de esquerda eram noticiados como crimes comuns, e assim muitos brasileiros os interpretavam. O presidente Médici admitia a existência de violência estatal, mas especificamente contra quem pegava em armas:

> *Vêm ultimamente substituindo a escalada da contestação pela escalada do terrorismo. Praticam graves atos de banditismo, assassinatos, roubos e sequestros de agentes diplomáticos de nações amigas. Golpes de mão, tais quais de nada mais precisam senão da audácia de poucos fanáticos dispostos ao crime inspirados no desespero. A nação brasileira os repudia porque sempre abominou a brutalidade, a violência, o sacrifício de inocentes. [...] Buscam induzir o governo da revolução a uma nova escalada da repressão. [...] Haverá repressão, sim, dura e implacável, mas somente contra o crime e somente contra os criminosos. [...] Esse governo é forte demais pra se deixar atemorizar pelo terror."*

Três datas-chave ilustram quão veloz foi o esmagamento dos esquerdistas insurgentes pela máquina da ditadura. O governo abriu sua vantagem sobre a guerrilha urbana em 4 de novembro de 1969, quando o líder da ALN, Carlos Marighella, foi morto em uma emboscada em São Paulo. Chegamos então a 17 de setembro de 1971, dia em que Carlos Lamarca, da VPR e depois do MR-8, foi morto no interior da Bahia, deixando já evidente a vitória do regime. E enfim saltamos para o início de 1974, quando a Guerrilha do Araguaia, criada pelo PC do B (Partido Comunista do Brasil), foi exterminada por um Exército pouco preocupado em fazer prisioneiros. O terceiro lance já era a prorrogação de um jogo ganho, na qual o regime extinguia a versão rural dos planos guerrilheiros, sepultando de vez as oposições armadas. E ainda estávamos a onze anos do fim do regime.

A dureza da ditadura mirava os guerrilheiros dispostos a matar e morrer, mas atingia outras vítimas pelo caminho. Foi o caso, por exemplo, do ex-deputado federal pelo PTB Rubens Paiva. Sem atuação na esquerda armada, foi preso, torturado e morto, entrando para o rol de desaparecidos do regime — a versão oficial é de que fugiu.

O regime tinha em mãos o arcabouço de normas de exceção dos atos institucionais e a Constituição autoritária que ele mesmo criara, mas violou suas próprias leis ao torturar, matar sem processo legal e sumir com corpos em quartéis, delegacias e centros clandestinos comandados por agentes da polícia e das Forças Armadas. Em depoimento à Comissão da Verdade em 2014, ao ser questionado sobre quantas pessoas matou, o coronel da reserva Paulo Malhães respondeu: "Tantas quanto foram necessárias". "Arrepende-se de alguma morte?", ouviu de volta. "Não." "Quantos torturou?" "Difícil dizer, mas foram muitos", rebateu. Um mês depois de prestar o depoimento, foi encontrado morto, asfixiado em casa.

O número de casos relatados de tortura explodiu sob os anos Médici. Um dos epicentros da repressão era o Destacamento de Operações de Informação — Centro de Operações de Defesa Interna (DOI-Codi) de São Paulo, sob comando de Carlos Alberto Brilhante Ustra. De 1970 a 1974, passaram por ali 2 mil presos, com um saldo de 45 mortes e desaparecimentos forçados. Contaram ter sido torturadas no local integrantes de organizações armadas, como Dilma Rousseff e Criméia Alice de Almeida. Esta última quando estava grávida:

> Pela manhã, o próprio comandante major Carlos Alberto Brilhante Ustra foi retirar-me da cela e ali mesmo começou a torturar-me. [...] Espancamentos, principalmente no rosto e na cabeça, choques elétricos nos pés e nas mãos, murros na cabeça quando eu descia as escadas encapuzada, [...] palmatória de madeira nos pés e nas mãos. Por recomendação de um torturador que se dizia médico, não deviam ser feitos espancamentos no abdômen, e choque elétricos somente nas extremidades dos pés e das mãos. [...] Nunca me penduraram num pau de arara, porque acho que a barriga não permitia.

Ustra cresceu na carreira ao longo do regime, chegando a coronel e recebendo do Exército a Medalha do Pacificador. Depois da ditadura, escreveu livros e coordenou articulações para expor a culpa da guerrilha pela violência durante a ditadura. Como muitos de sua época, insistia que o regime se defendia em uma situação de guerra e ressaltava que a esquerda comunista havia cometido crimes, matado inocentes e executado até os próprios pares suspeitos de traição. Para ele, a guerrilha tinha tanto ou mais responsabilidade que o governo nos excessos do período. O coronel não via na reação estatal nada de desproporcional ou imoral, ainda que fosse função do Estado guardar a lei, e não a descumprir, tal qual fazem os criminosos.

A Lei da Anistia o protegeu de penas, mas não impediu que fosse reconhecido pela Justiça como responsável por tortura. Em 2013, dois anos antes de morrer, afirmou à Comissão da Verdade: "Quem tem que estar aqui não é o coronel Carlos Alberto Brilhante Ustra, quem tem que estar aqui é o Exército brasileiro, que assumiu, por ordem do presidente da República, a ordem de combater o terrorismo".

Em 1974, Médici entregou a seu sucessor, Ernesto Geisel, um país onde as guerrilhas urbanas e rurais haviam sido exterminadas, mas com uma máquina repressiva ainda a pleno vapor. Fora do Planalto, o general de Bagé se distanciou do debate nacional, embora tenha continuado a defender a necessidade do caráter autoritário de seu governo. Morreu em outubro de 1985, aos 79 anos de idade, quando o país iniciava sua caminhada pós-ditadura.

Para Carlos Fico, é bastante negativo o legado de Emílio Garrastazu Médici para a história do país, tanto em função do "milagre econômico" e seu passivo (dívida externa, inflação e injustiça social) como por ter contribuído para teses estapafúrdias de que ditaduras podem ter saldos positivos.

Existem pessoas que têm a imagem de que a ditadura teve um lado bom ou valeu a pena. Em grande medida, isso se deve ao governo Médici, que com seu crescimento artificial baseado em medidas autoritárias e propaganda política vendia a imagem de um país pacificado, de mãos dadas, cantando músicas edulcoradas, quando, na verdade, pessoas eram torturadas e mortas. Foi um momento terrível não apenas pela obviedade de ter sido uma ditadura repressiva, mas por ter sido vendido como seu exato oposto.

Infelizmente, essa imagem não está presente apenas entre as pessoas mais ingênuas, que poderíamos desculpar, mas entre indivíduos mais ilustrados que citam pontes, estradas e usinas, sem se dar conta de que essas conquistas materiais se assentam em uma trajetória de longa duração e que teriam acontecido independentemente de termos sido uma ditadura ou não.

24

Ernesto Geisel (1974-1979), tensão e distensão

Posse de Ernesto Geisel como presidente da República, 1974.

Poucas vezes o regime iniciado em março de 1964 pareceu tão estável e autoconfiante quanto em março de 1974. No mês em que completava sua primeira década, a ditadura dava posse a Ernesto Beckmann Geisel, seu quarto general-presidente. A economia do país ia bem, com emprego e consumo nas alturas. A maior dor de cabeça do governo, a esquerda armada, havia sido eliminada pelo aparato de repressão estatal. Havia sujeira e sangue sob o tapete, mas isso não era assunto para a posse do novo presidente. Era dia de mostrar para o mundo inteiro que aquele era um país que ia para a frente. De uma gente amiga e tão contente.

Em uma posse prestigiada por Pelé, pela primeira-dama americana, Pat Nixon, e pelo ditador chileno Augusto Pinochet, Geisel saudou seu popular antecessor com uma mais do que esperada adulação:

Senhor presidente Emílio Garrastazu Médici, ao receber das mãos dignas de Vossa Excelência esta simbólica faixa presidencial, sinto-me duplamente honrado. Não só pela insigne distinção que me é conferida de exercer a suprema magistratura da nação, mas ainda por me caber prosseguir a notável obra de governo que Vossa Excelência, com aplauso geral dos brasileiros, vem de realizar nesses últimos quatro anos portentosos.

A ditadura militar completaria dez anos sob a presidência de um general da reserva de cabelos muito brancos, óculos de aros grossos e uma profusão de rugas que o fazia parecer ter mais do que seus 66 anos de idade. Mas se engana quem vê Geisel como um vovô frágil. Com 1,77 metro de altura, tinha postura ereta e um vozeirão. Passava à primeira vista — e à segunda, terceira... — a impressão de ser a própria representação humana da frieza. Sem carisma, formal, caseiro e de poucos amigos, evitava chamar os outros de "você" ou beijar mulheres no rosto. Suas emoções costumavam ser identificadas quando levantava a voz ou tinha explosões de ira.

Ao passar a faixa, Médici citou a "plena estabilidade reinante do país" e a escolha do sucessor por "pleito livre e democrático, sob clima de absoluta tranquilidade". Faltou citar que, do alto de sua popularidade, o presidente controlou pessoalmente a própria sucessão, censurando o noticiário sobre o assunto. Tampouco mencionou que a eleição indireta que escolheu Geisel era uma bela barbada para o governo: os eleitores, ou seja, os parlamentares, viviam sob a ameaça da cassação de mandatos prevista pelo AI-5, e quem não seguia a determinação de seu partido poderia ser ejetado do Congresso.

Com o apoio da governista Arena, Geisel teve 400 votos, contra apenas 76 de Ulysses Guimarães, deputado do MDB paulista que rodou o país como "anticandidato" em desafio ao regime. O emedebista havia apoiado o golpe de 1964, mas dez anos depois tornara-se um dos principais adversários dos militares.

Ex-presidente da Petrobras, Geisel unia formação militar e experiência como tecnocrata, espécie de perfil profissional de sonhos do regime. O novo presidente contou que certa vez o antecessor lhe dissera:

O fato de eu não ter ido buscar um general da ativa demonstra que o país está bem e está evoluindo, porque se houvesse um problema militar, eu teria que buscar um general da ativa. Isso mostra uma evolução, uma transição.

A tal transição a que o novo presidente se dedicaria seria um processo sinuoso e repleta de idas, vindas, resistências e violências. Sob sua presidência, o "milagre brasileiro" começaria a virar um pesadelo recorrente para o regime.

Terceiro gaúcho seguido a presidir o Brasil, Geisel nasceu em 1907, em Bento Gonçalves. Era de família de origem alemã e luterana, embora estivesse mais para agnóstico e colecionasse posicionamentos anticlericais. Não aprendeu a falar direito a língua dos antepassados e detestava que seu apelido fosse Alemão. Além de Ernesto, os Geisel deram à história mais que uma figura relevante: seu irmão Orlando, que também viraria general, chegaria a ministro do Exército de Médici e seria um importante articulador da eleição em família.

Ernesto Geisel era um tenente quando estourou a Revolução de 1930, tendo chegado a comandar uma das tropas que foi do Rio Grande do Sul a São Paulo com o objetivo de derrubar o presidente Washington Luís. Como tantos de sua geração e formação, cresceu sob o novo regime getulista, ocupando cargos burocráticos pelo país, especialmente na área de petróleo.

Em 1957, o então coronel sofreu seu maior trauma: o filho Orlando, de 16 anos de idade, foi atropelado por um trem e morreu. Os cabelos louros do pai Ernesto ficaram rapidamente brancos, e o militar austero se fechou ainda mais. Não queria mais saber de datas comemorativas, como o Natal, nem de menções ao filho morto. Muito tempo depois, diria que aquela dor era uma dor que não acabava, e que, ao longo de sua vida, havia sido um infeliz.

Depois da morte do filho, Geisel mergulhou mais do que nunca no trabalho e na política militar. Quando o país vivia a crise dos anos Jango, o já general integrava a elite intelectual da Escola Superior de Guerra, que conspirava contra o trabalhista e planejava um Brasil com o Exército como protagonista. Aliado de Castelo Branco, ganhou do primeiro presidente da ditadura o posto de chefe do Gabinete Militar da Presidência.

Como tantos de seu entorno, Geisel detestava o comunismo e não morria de amores pela democracia. Em sua série de livros sobre a ditadura, Elio Gaspari reproduziu trechos do diário de seu secretário, Heitor Ferreira, que registra o que pensava o general:

> *Bom era no tempo dos reis. O problema de legitimação era simples. Era o direito divino. Depois inventaram esse negócio de povo. Quem é povo? Resultado: de Deus passou para o povo, e agora para o sabre, esse sabre enferrujado.*

O historiador Marcos Napolitano afirma que a trajetória de Geisel é uma espécie de síntese do lugar do Exército na política no século XX:

> *Ele tinha uma mentalidade autoritária, o que era comum no grupo militar e também no civil. Entendia-se que a sociedade brasileira era incapaz de se autogovernar e, portanto, precisava de uma tutela que levasse a um estágio superior de civilização e desenvolvimento econômico.*

Sob ordens de Castelo, Geisel chefiou a investigação sobre torturas infligidas pelo país, que não chegou a conclusões significativas. A energia que ele não investiu na missão abundou na hora de se dedicar a articulações políticas. O chefe do Gabinete Militar fez o que pôde para evitar a candidatura presidencial de Artur da Costa e Silva, líder da linha dura, adversária do castelismo.

Derrotado, Geisel foi enxotado do Palácio do Planalto e se arranjou como ministro do Superior Tribunal Militar, cargo de menor importância que, ao menos, serviu para evidenciar a mentalidade do general. Chamou denúncias de tortura de "falsidades e lendas", e afirmou que "teóricos da guerra revolucionária tendem a explorar a credulidade pública, atribuindo a elementos das Forças Armadas arbitrariedades e abusos de autoridade incompatíveis com a dignidade da função militar e do sentimento humano".

Sob Médici, Geisel partiu para o prestigiado comando da Petrobras e, dali, para os holofotes da sucessão. Como lembra Napolitano, o regime buscava mais estabilidade e previsibilidade institucional, e, para isso, o presidente dos "anos de chumbo" pensava em um sucessor discreto e sem tendências populistas ou personalistas. Antes que se chegasse a Geisel, porém, havia o obstáculo da linha dura das Forças Armadas à eleição de um general castelista.

Para que Médici enfim decidisse por seu nome, seriam necessárias as articulações de bastidores do irmão ministro do Exército e uma rasteira do próprio aspirante a presidente. Geisel era próximo do ex-chefe do SNI, Golbery do Couto e Silva, um general simpático à abertura política que Médici não engolia. Questionado pelo presidente, o presidenciável disse que não sabia se daria algum tipo de cargo ao amigo. Médici se tranquilizou e deu o aval que faltava à escolha. Quanto a Golbery, foi empossado chefe da Casa Civil de Geisel e tornou-se o mais importante personagem de seu governo.

Desembarcados no Planalto, o novo presidente e seu braço direito trabalhariam para pôr de pé um plano de abertura política que seria definido por Geisel como uma "distensão lenta, gradual e segura". O plano de afrouxar o garrote da ditadura existia menos por amor à democracia do que por desejo de domar tanto demandas da sociedade quanto arroubos de militares e agentes da repressão espalhados pelo país, seduzidos por anos de poder e voluntarismo.

Para Napolitano, no governo Geisel o presidente da República passava a ser também um estrategista da transformação do modelo político do regime em direção a uma maior estabilidade e, em um futuro incerto, a um governo civil.

Uma das explicações para esse freio de arrumação em busca de uma institucionalização da ditadura era a existência de uma situação econômica que mudava rapidamente. Em 1973, ainda sob Médici, os principais países produtores de petróleo aumentaram seus preços abruptamente, o que elevou os custos da energia e surpreendeu o planeta. As nações ricas também foram afetadas, o que encarecia o acesso ao crédito pelo mundo.

Ao fim de 1974, uma análise superficial dos números podia dar a impressão de que as coisas iam bem: sim, a inflação saltou de 15% para 34% de um ano para o outro, mas o crescimento ainda era bom. Não tínhamos mais os 14% de alta do PIB de 1973, mas o ano seguinte fechou em significativos 8,2%. Porém, foi com um semblante tenso e contrariado que Geisel foi à TV fazer um balanço daquele ano. Citou uma "conjuntura internacional em rápida deterioração e condições imprevisíveis" e deu péssimas notícias à população: "A inflação em recrudescimento, desafiando a engenhosidade dos economistas, acoplou-se à recessão econômica e ao espectro do desemprego contagiante".

Com a situação mundial em tamanha instabilidade, muitos países pisaram no freio, mas não o Brasil. Afinal, quem gosta de impopulares medidas de austeridade, não é mesmo? O governo federal preferiu responder à escassez com o II Plano Nacional de Desenvolvimento, uma estratégia intervencionista para tentar manter o crescimento do país.

A ideia era captar recursos externos e financiar novas indústrias, complexos de energia e grandes obras no país, além de tirar dinheiro do Tesouro Nacional para as empreitadas. Ao início do fim da bonança, o governo respondia com as obras da usina hidrelétrica de Itaipu e linhas de metrô em São Paulo e no Rio de Janeiro.

Um ano depois, o pronunciamento de balanço de 1975 indicava que as coisas não estavam dando muito certo. "Não foi um ano fácil para o Brasil, aliás não o foi para país algum do mundo", disse o presidente na TV.

A dívida externa de 6,2 bilhões de dólares em 1970 chegou a 25,1 bilhões de dólares em 1975 e saltou para 52,2 bilhões de dólares em 1978. O crescimento do país foi de 5,2% em 1975, índice ainda expressivo, mas não era algo que se apresentasse a um país que acreditava em milagres. Estava claro que a economia desacelerava e as contas públicas se comprometiam, o que acendeu a luz amarela para o empresariado que por anos apoiara com entusiasmo a ditadura.

Marcos Napolitano lembra ainda que o próprio Geisel, ao reforçar o planejamento central e aumentar a influência da burocracia estatal nas decisões econômicas, levava os grandes capitalistas a perderem poder:

A presença do Estado e a dívida pública aumentam, e há um choque cada vez maior com setores do capital privado, que passam a defender um modelo mais liberal e menos estatista na economia. Principalmente a partir de 1977, há indício claro de tensão entre parte do grande capital e o Estado.

Não eram só os empresários que andavam incomodados. A população em geral sentia no bolso a restrição ao crédito e a alta nos preços, consumindo menos. Já no fim de 1974, em uma mistura de cansaço com a mesma turma no poder e incômodo com os furos que surgiam no casco do regime, brasileiros e brasileiras mandaram um recado na eleição parlamentar. O MDB elegeu 16 senadores, contra 6 da Arena, vencendo em São Paulo, Rio de Janeiro, Guanabara, Minas Gerais e Rio Grande do Sul, entre outros estados. Na Câmara, a oposição saltou de menos de 90 para mais de 160 deputados. A classe política sentiu os ventos da mudança, e o regime, como conta Napolitano, foi perdendo apoio:

Setores mais conservadores e os próprios liberais começam a se afastar, seja porque começam a fazer uma crítica ao estatismo na economia, seja porque se incomodam com a censura, a tortura e todas as restrições às liberdades civis do regime que eles haviam ajudado a construir em 1964.

Às derrotas e pressões, Geisel responde com mudanças na legislação para dificultar a vida da oposição. Em 1976, a fim de evitar surpresas, como a vitória do MDB, aprova uma lei que proíbe pronunciamentos de candidatos na TV. Assim, os interessados nos cargos públicos ficavam apenas estranhamente calados, olhando para a câmera, enquanto uma narração citava nomes e currículos de maneira protocolar.

A mais drástica rasteira na abertura viria em 1977. Em um cenário de degradação econômica que permitia imaginar que a Arena levaria um sacode na eleição parlamentar de 1978, o governo aproveitou uma crise pontual com o Legislativo para lançar o chamado Pacote de Abril.

Com ele, a ditadura voltou a fechar o Congresso, estendeu o mandato presidencial de cinco para seis anos, ampliou bancadas de estados mais pobres nos quais a Arena era forte e determinou que um terço das cadeiras do Senado passariam a ser preenchidas de forma indireta. Os chamados senadores biônicos saíam de fábrica programados para evitar surpresas para Geisel.

Além disso, o presidente continuava a cassar mandatos valendo-se do AI-5, extinto enfim em 1978. Logo que a medida saiu de cena, porém, foi aprovada uma nova Lei de Segurança Nacional que mantinha como crimes "tentativas de subverter a ordem a organização político-social" e proibia greves ou passeatas que o governo entendesse como ameaças à segurança do país. Não restavam dúvidas de que a abertura também era feita de fechamentos.

Se de um lado da corda a sociedade civil cobrava mudanças, do outro a linha dura das Forças Armadas e a ainda ativa máquina de repressão se movimentava para manter suas estruturas de poder. A exposição de suas insatisfações ocorria de forma violenta, com explosões de bombas na OAB e na Associação Brasileira de Imprensa (ABI), de autoria dos radicais de direita, e também em conversas de bastidores em gabinetes e quartéis. O ministro do Exército, Sylvio Frota, buscava se cacifar como candidato da linha dura à sucessão presidencial, criticando a abertura e tentando enquadrar o Planalto. O plano ficou em seus sonhos, já que a reação de Geisel foi demitir o subordinado e lembrar à cúpula militar que todo o poder emanava do gabinete presidencial.

Por atitudes como a demissão e pela máxima da "distensão lenta, gradual e segura", Geisel é lembrado por muitos como o presidente que abriu o regime, apesar de tantos recuos. A imagem contrasta, porém, com um documento elaborado pela CIA e descoberto em 2018 nos arquivos do governo americano pelo pesquisador Matias Spektor. O papel relata uma reunião em 30 de março de 1974, com a presença do recém-empossado Geisel e do chefe do SNI, João Baptista Figueiredo, futuro presidente.

No encontro, segundo a CIA, o general Milton Tavares disse que métodos extralegais deveriam continuar a ser utilizados contra subversivos e que 104 pessoas já haviam sido executadas pelo Centro de Informações do Exército. Geisel reagiu citando a gravidade e os aspectos prejudiciais daquela política, e concluiu afirmando que gostaria de refletir sobre a questão no fim de semana.

O documento da CIA relata que, em uma nova reunião, Geisel disse a Figueiredo que a política de execuções deveria continuar, mas com precauções para que apenas elementos perigosos fossem mortos. Além disso, era preciso que Figueiredo autorizasse as mortes.

O novo documento se soma a um diálogo, descrito na obra de Elio Gaspari, entre Geisel e seu primeiro ministro do Exército, Vicente de Paulo

Dale Coutinho, no qual Geisel afirma, um mês antes da posse presidencial: "Esse troço de matar é uma barbaridade, mas eu acho que tem que ser".

Se tinha que ser, assim seria. No começo de sua gestão, uma máquina repressiva sem mais guerrilhas para combater promoveu uma onda de execuções contra dirigentes do PCB, mesmo que os membros do velho partido comunista tivessem decidido desde 1967 que não participariam de ações armadas.

Napolitano, que também contesta a visão de um Geisel arauto da abertura, afirma que os movimentos de distensão de sua presidência foram em grande parte uma questão de "*Realpolitik*" — pragmatismo político:

Foi uma tentativa de realizar uma abertura sob controle. Havia um grande medo dos estrategistas do regime de que a sociedade civil assumisse um protagonismo incontrolável e o regime caísse. As massas retornam à cena pública sem capacidade de intervenção constitucional, mas fazendo uma pressão inédita, sobretudo com o movimento operário. Ao mesmo tempo, havia uma forte resistência no núcleo militar em largar o Estado e perder o controle do processo político, e temor de que a sociedade civil levasse o país ao caos político-econômico sob uma influência muito forte da extrema esquerda.

Napolitano ressalta quão cioso de seu comando como presidente e militar era Geisel. No momento que o governo precisava acenar para a sociedade civil, o presidente, enquanto responsável último pela cadeia de comando, buscava ter mais informações e controle sobre os chamados "porões" em que se praticavam torturas e assassinatos.

Ele busca enquadrar as práticas repressivas. Quer ter informação e dar a ordem em última instância. […] Quando olhamos para as estatísticas da repressão, os dados são contrastantes com essa memória mais benevolente que se formou em torno do governo Geisel.

Apesar dos esforços do presidente em ter ciência das prisões e mortes, ele continuaria a passar por vexames. Em outubro de 1975, Vladimir Herzog, diretor de jornalismo da TV Cultura, em São Paulo, foi chamado para se explicar no DOI-Codi sobre suspeitas de ligações com o PCB. No local, o jornalista foi torturado e morto. O general Ednardo Dávila Mello, comandante do II Exército, emitiu comunicado em que afirmava que Herzog havia sido encontrado morto por enforcamento na cela. Uma foto que mostrava o cadáver em uma cena improvável de suicídio revoltou a opinião pública, além de ter sido contestada por testemunhas. Em reação ao episódio, uma cerimônia reuniu mais de 8 mil pessoas na catedral da Sé, em São Paulo, e no entorno da igreja.

Em janeiro de 1976, foi a vez do operário Manuel Fiel Filho aparecer enforcado no DOI-Codi paulista. Segundo a versão oficial, tinha se matado usando as próprias meias. Dessa vez, a reação do presidente foi demitir o general Ednardo, chefe das tropas sediadas em São Paulo.

Ao longo de seus cinco anos com a faixa presidencial, Ernesto Geisel viu uma economia pujante e um regime prestigiado se transformar em algo contestado e em vias de ruir. Com medo de ver o regime perder autoridade, ou mesmo cair, buscou uma descompressão política que permitisse algum tipo de expressão da sociedade, contanto que a transição fosse mantida sob controle militar. Entre fluxos e refluxos, tocou sua abertura torta, deixando para o sucessor, Figueiredo, a tarefa de encerrar a ditadura.

Fora do cargo, Geisel continuaria influente entre militares e políticos. Morreria apenas em 1996, aos 89 anos de idade, tendo tido bastante tempo para testemunhar e refletir a respeito do ocaso do regime do qual fez parte.

As coisas foram difíceis em sua passagem pelo Planalto, mas seria com Figueiredo que a economia, a política e as ruas sairiam do controle de vez. A bomba ia estourar no colo do governo do último general da ditadura, como já previa uma marchinha do Pacotão, bloco de Carnaval de Brasília:

Geisel, você nos atolou
O Figueiredo também vai atolar
Aiatolá, aiatolá, venha nos salvar
Que esse governo já ficou gagá
Que esse governo já ficou gagá

25

João Figueiredo (1979-1985), o regime escreve seu fim

João Figueiredo, c. 1983.

Na hora de escolher seu sucessor, Ernesto Geisel não queria inventar moda. Optou pelo arroz com feijão. A economia havia perdido seus ares milagrosos, e aliados políticos e empresariais batiam em retirada. A oposição, antes recolhida, voltava a crescer, aproveitando as brechas abertas pelo regime. Ganhavam proeminência os oposicionistas interessados em disputar voto em eleições democráticas, discurso bem mais efetivo e popular do que substituir uma ditadura militar por outra proletária — plano da esquerda armada esmagada pela repressão. Com uma sociedade civil ativa e barulhenta, o Brasil definitivamente não era mais o mesmo. Mas o regime era.

Geisel descartava entregar o poder a um civil — para ele, só um militar seria capaz de continuar a enquadrar as Forças Armadas, processo sem o qual a normalidade democrática não poderia ser atingida. O presidente decidiu que seu sucessor seria João Figueiredo, chefe do SNI, figura que o presidente considerava próxima e confiável a ponto de compartilhar segredos. O vice-rei do governo, general Golbery do Couto e Silva, apoiou a escolha e, com ares de tutor, continuou na Casa Civil no mandato seguinte.

Figueiredo já habitava a cozinha do poder desde 1969: antes de seguir para o SNI sob Geisel, havia sido chefe do Gabinete Militar de Médici. O convívio diário com dois presidentes e os dez anos de conhecimento acumulado de Palácio do Planalto davam-lhe credenciais para tocar a distensão no ritmo definido pelo regime. Até houve descontentamento de outros oficiais que almejavam a candidatura, mas, como era de se esperar, nada falou mais alto que a vontade de Geisel.

Em mais uma eleição indireta, um Congresso anabolizado pelo Pacote de Abril deu a vitória a Figueiredo, então com 61 anos de idade, apresentado como candidato da Arena, com 355 votos. O MDB lançou o também general Euler Bentes Monteiro, que alcançou 226 votos — foi o mais disputado dos pleitos da ditadura.

João Baptista de Oliveira Figueiredo nasceu no Rio de Janeiro e foi o primeiro carioca a chefiar o Estado brasileiro desde, acredite se quiser, dom Pedro II (excluídos os sempre esquecíveis membros de juntas militares). Nascido em 1918, não foi formado no tenentismo dos anos 1920 e 1930, como seus antecessores, mas tinha a seu favor o fato de ser integrante de uma espécie de aristocracia do Exército. Com vários militares na família, era filho de Euclides Figueiredo, oficial conservador e fiel ao governo da

Primeira República, que combateu os tenentes em 1922 e ficou do lado de Washington Luís e contra Getúlio em 1930.

Sempre na oposição ao getulismo, Euclides lutou ao lado dos paulistas em 1932, foi exilado, anistiado e preso durante a ditadura do Estado Novo. Com a redemocratização, tornou-se político pela UDN. Por ironia, o filho do preso político presidiria uma ditadura. Em seu discurso de posse, em 15 de março de 1979, o herdeiro de Euclides prometeu:

> *Reafirmo: é meu propósito inabalável [...] fazer deste país uma democracia. As reformas do eminente presidente Ernesto Geisel prosseguirão até que possam expressar-se as muitas facetas da opinião pública brasileira, purificado o processo das influências desfigurantes e comprometedoras de sua representatividade.*

João Figueiredo deixava claro, assim, que o plano ali era uma democracia e uma abertura pensada e guiada pelas Forças Armadas. Os militares desejavam que, mesmo com o fim do regime dos quartéis, fossem mantidas as estruturas de serviços de inteligência e segurança nacional idealizadas por eles. Também temiam que os envolvidos na repressão política sofressem algum tipo de punição no futuro, o chamado revanchismo. Em resumo, o objetivo era substituir as Forças Armadas e os mecanismos de arbítrio da ditadura por um governo civil institucionalizado e de viés centralizador e autoritário. Não estava em questão cometer a temeridade de criar uma democracia sem restrições.

Para a surpresa de muitos, o homem escolhido para essa delicada missão revelou não ser um previsível e discreto burocrata palaciano, desenvolvendo uma extravagante persona presidencial. Embora sofresse de dores de coluna e tivesse problemas cardíacos graves, o que lhe rendeu afastamentos do poder, o oficial de cavalaria gostava de exibir uma imagem de montador atlético e bronzeado. Deixava-se fotografar de sunga, tênis e meias brancas, isso quando não estava com o par de óculos escuros que se tornavam marca registrada dos generais da ditadura.

Fazia o tipo informal, esquentado e mal-humorado, descambando muitas vezes para a boçalidade. Deixou para a posteridade uma coleção de frases memoráveis. Por exemplo, em uma de suas recuperações por problemas no coração, declarou: "Quando estou com vontade de bater em alguém, é sinal de que estou melhorando. E eu já estou com vontade de bater em uma porção de gente". Sobre a abertura do regime, ficou famosa a máxima "É para abrir mesmo, e quem quiser que não abra eu prendo, arrebento". Questionado por um menino de 10 anos de idade sobre o que faria se fosse criança e seu pai ganhasse um salário mínimo, revelou: "Eu dava um tiro no coco".

Abundavam ainda as referências aos cavalos, a grande paixão presidencial. Sobre a inflação, Figueiredo disse que se o índice fosse um equino, ele já a teria domado. Em uma de suas frases mais célebres, foi questionado por um jornalista sobre o cheiro do povo e respondeu: "Para mim era melhor o cheiro do cavalo". A língua presidencial também não poupou a capacidade dos brasileiros de eleger seus representantes. Em uma conversa com estudantes, afirmou:

> *E vocês me respondam: o povo está preparado para votar? Vejam se em muitos lugares do Nordeste o brasileiro pode votar bem, se ele não conhece noções de higiene? Aqui mesmo, em Brasília, eu encontrei outro dia, em um quartel, um soldado de Goiás que nunca escovara os dentes e outro que nunca usara um banheiro. E por aí vocês me digam se o povo está preparado para eleger o presidente da República.*

O temperamento, acompanhado do mar de problemas de seu governo, faria com que posteriormente Geisel e Golbery se arrependessem da escolha que haviam feito. Para eles, o ex-chefe do SNI havia se transformado em outra pessoa depois de entrar em contato com a faixa presidencial. No livro *A ditadura encurralada*, o quarto da série Ditadura, Elio Gaspari faz outra interpretação:

> Jamais houve dois Figueiredos. Houvera um general trancado no Gabinete Militar e no SNI, protegido ora pela censura, ora pela trama para torná-lo presidente. Retirado das funções militares e da redoma, expôs-se. Expondo-se, mostrou-se um primitivo.

Na fila de problemas à frente do explosivo presidente, despontava o caos da economia. Os gastos públicos e empréstimos que tentaram esticar os anos do "milagre" vieram cobrar a conta, e em nada contribuiu um novo choque do preço do petróleo. Em meio a discordâncias internas, o governo oscilou entre tentar manter estímulos e ajustar a economia, admitindo a recessão. A inflação explodiu ao longo de seu mandato, indo de 77,3% ao ano em 1979 a 235,1% em 1985. A dívida externa quase duplicou de tamanho, chegando a 105,2 bilhões de dólares no último ano de seu governo. O PIB até cresceu na virada da década, mas encolheu 4,3% em 1981.

Ao fim de 1982, Figueiredo foi provocado em uma entrevista sobre a possibilidade de pular o ano seguinte, que se desenhava péssimo para a economia. Com uma franqueza que só soa inesperada se esquecermos que se tratava do líder de um regime autoritário, respondeu:

Infelizmente não vai ser possível pular por cima de 1983. Nós temos três anos de seca, viemos de duas crises do petróleo. [...] As perspectivas não são boas, está todo mundo atemorizado. [...] Há dois anos eu dizia que nós tínhamos que enfrentar o regime de economia de guerra. Muita gente achou graça, outros acharam exagero. Está aí a economia de guerra...

Não deu mesmo para pular 1983, ano em que o PIB encolheu 2,9%. O governo buscou socorro junto ao FMI. Delfim Netto, que chefiou as pastas da Agricultura e do Planejamento sob Figueiredo, deixou de ser o príncipe do "milagre econômico" da era Médici e passou a ser alvo de versinhos pelas ruas: "Estamos a fim da cabeça do Delfim". O ministro também foi acossado por suspeitas de envolvimento em irregularidades, o que ele sempre rechaçou. A recessão aprofundou a desigualdade e a miséria do país, ajudando a compor o quadro desolador que marca a memória dos anos 1980.

Com a credibilidade da política econômica na berlinda, Figueiredo tentou manter ao menos a política sob controle. A preocupação veio desde o início do mandato, com o encaminhamento ao Congresso, em 1979, da Lei da Anistia, visando extinguir punições ocorridas por meio dos atos de exceção da ditadura. Em discurso, o presidente disse ter consciência de que havia elaborado "o melhor projeto para a época atual":

Podem os brasileiros ver que a minha mão, sempre estendida em concilia-
ção, não está vazia. Nunca esteve. Espero ver os anistiados reintegrados na vida
nacional. E que, isto feito, saibam, possam e queiram participar do nosso esforço
em prol dos ideais que — sendo os da Revolução de 1964 — são os de toda a nação.

Entre cassados, banidos, exilados e exonerados, a lei beneficiou mais de 4 mil brasileiros. Ao som de "O bêbado e o equilibrista", de Aldir Blanc e João Bosco, foram recebidos com festa em aeroportos gente como Leonel Brizola, Miguel Arraes, Fernando Gabeira e Herbert de Sousa.

O regime tomava iniciativa diante da pressão da sociedade civil, que vinha pedindo "anistia ampla, geral e irrestrita". A historiadora Angela Moreira lembra que, à frente dessa campanha, tiveram papel importante lideranças femininas, como ex-presas políticas e mães e esposas de perseguidos pela ditadura.

Apesar das reivindicações, o que passou no Congresso não era exatamente o ansiado por ex-adversários do regime e familiares. A anistia aprovada foi limitada e restrita: excluiu dos benefícios condenados por terrorismo, assaltos, sequestros e atentados. Também foi recíproca: de acordo com a interpretação ainda em vigor do texto da lei, agentes de repressão também foram contemplados pelo perdão graças a um trecho que considera "conexos [...] os crimes de qualquer natureza relacionados com crimes políticos".

Angela Moreira lembra que em nenhuma parte da Lei da Anistia há uma menção direta, clara e objetiva de que deveriam receber o benefício os agentes repressivos. Ainda assim, esse é o entendimento atual, fruto de uma interpretação da lei feita pelo STF em 2010. Impediu-se, desse modo, que ocorressem, tal qual em países vizinhos, punições judiciais de integrantes do regime depois da redemocratização.

Sob Figueiredo, o governo continuava a promover sua abertura que mordia e assoprava. Além da anistia, foi posta em prática uma reforma partidária que extinguiu o bipartidarismo. Parecia um avanço democrático, que permitia opções além de Arena e MDB, mas a decisão tinha como pano de fundo uma preocupação da impopular ditadura de dissipar o caráter plebiscitário das eleições, pulverizando votos para várias siglas e evitando uma vitória retumbante dos emedebistas.

Outra mudança exigia que as siglas do novo sistema pluripartidário incluíssem a palavra "partido" em seus nomes, o que forçava o MDB a mudar de nome para PMDB (em 2017, quase quarenta anos depois, o partido voltou ao nome original em uma tentativa de refazer sua imagem, o que ainda não deu certo). Extinta, a Arena deu lugar ao governista Partido Democrático Social (PDS), ancestral de Progressistas (PP) e Democratas (DEM, que em 2021 anunciou fusão com o Partido Social Liberal sob o nome União Brasil). A legenda do velho PTB foi disputada por Brizola e por Ivete Vargas, sobrinha-neta de Getúlio. A Justiça Eleitoral deu vitória a Ivete, e o novo PTB virou um coadjuvante oportunista de diferentes governos. O trabalhismo brizolista, mais próximo do DNA da velha sigla de Getúlio, formou o Partido Democrático Trabalhista (PDT).

A salada de siglas não acabou. Sindicalistas, acadêmicos, católicos de esquerda e ex-integrantes de grupos armados fundaram o PT, a menor e mais barulhenta das agremiações criadas na época. O partido teve sua origem em uma das maiores dores de cabeça da ditadura na virada dos anos 1970 para os 1980: o ressurgimento do sindicalismo e as greves na região do ABC paulista. Sob a liderança do migrante pernambucano Luiz Inácio da Silva, chamado de Lula, a partir de 1978 os operários de São Bernardo do Campo e outras cidades da região começaram a promover sucessivas paralisações por melhores salários e condições de trabalho.

As greves foram reprimidas pela PM do então governador Paulo Maluf, e um operário, Santos Dias da Silva, foi morto por um tiro vindo da polícia. Na paralisação de 1980, o governo federal pôs helicópteros do Exército para sobrevoar a assembleia, e líderes grevistas foram presos por um mês. Entre eles estava Lula, então com 34 anos de idade.

Quem não estava gostando nada deste novo Brasil de greves, anistia e confusão nas ruas era a linha dura das Forças Armadas. Para pressionar o governo contra a abertura, radicais ligados à repressão promoveram atentados pelo país. Entre as explosões, incluindo várias em bancas de revista, dois ataques se destacam. Em 1980, uma carta-bomba enviada à OAB do Rio de Janeiro matou a secretária Lyda Monteiro da Silva. No ano seguinte, veio o mais icônico dos atos promovidos pela extrema direita: o atentado no Riocentro, no Rio de Janeiro.

No dia 30 de abril daquele ano, 20 mil pessoas estavam no local para um show em comemoração ao Dia do Trabalho quando duas bombas explodiram. Não no meio da multidão, mas em um carro no estacionamento. Dentro do veículo estavam os sargentos Guilherme Rosário e o capitão Wilson Machado, integrantes do DOI, órgão do aparato repressivo. O primeiro, que estava com o dispositivo no colo, morreu. O segundo ficou ferido.

Versões oficiais diziam que a explosão tinha sido obra da VPR, grupo de esquerda eliminado havia tempos pela ditadura. Mas a suspeita geral era de que aquilo fora uma tentativa malsucedida da dupla de militares de atentar contra o evento. Em um vídeo revelado anos depois pelo Fantástico, Figueiredo contou como reagiu ao saber do atentado:

Eu disse: "até que enfim os comunistas fizeram uma bobagem". Eu estava crente [de] que os comunistas tinham posto a bomba no carro. Meia hora depois telefonaram para mim: "presidente, há indícios de que foi gente do nosso lado". Eu disse: "barbaridade".

Entre versões e suspeitas, a investigação do Riocentro nunca chegou a punições, mas comprometeu a imagem do regime militar. Depois do atentado, pediu demissão da Casa Civil um incomodado general Golbery, o cérebro por trás da distensão política.

Assim, foi sem sua principal matéria cinzenta que o governo chegou ao pleito de 1982, uma eleição decisiva em que os brasileiros escolheriam de uma só vez governadores, senadores, deputados, prefeitos e vereadores. Com a avaliação pública em frangalhos, o regime tirou da cartola mais uma manobra eleitoral para evitar um estrago por parte da oposição: era preciso sufragar candidatos do mesmo partido para todos os cargos, sob pena de ter o voto anulado. A medida visava reduzir o potencial de crescimento de PMDB e afins, e manter o controle do Congresso pelo regime, que já estava preocupado em ter maioria na eleição presidencial indireta de 1985.

Abertas as urnas, o PDS elegeu 12 dos 22 governadores, mas a oposição venceu nos principais estados, com os peemedebistas Franco Montoro e Tancredo Neves em São Paulo e Minas Gerais, respectivamente; e com o pedetista Brizola no Rio de Janeiro. A situação conseguiu manter o controle do Senado, mas as siglas oposicionistas atingiram a maioria na Câmara dos Deputados. A população explicitava mais do que nunca sua rejeição à ditadura.

A vitória eleitoral elevaria a régua dos oposicionistas. Em abril de 1983, um deputado do Mato Grosso chamado Dante de Oliveira, do PMDB, propôs uma emenda à Constituição para estabelecer eleições diretas para presidente. Abraçada pelas siglas de oposição, a ideia gerou a famosa campanha Diretas Já pelo país.

O que começou com um tímido comício de 5 mil pessoas em Goiânia se espalhou a ponto de reunir, em São Paulo, 1,5 milhão de pessoas, segundo os organizadores, ou 400 mil, de acordo com o Datafolha. Os brasileiros estavam de volta às ruas por motivos políticos, o que não se via desde os anos 1960. A gigantesca manifestação de 16 de abril de 1984 se manteve invicta como maior ato político da história do país por 32 anos, até ser superada pelos 500 mil contra Dilma Rousseff na avenida Paulista.

Diferentemente do evento de 2016, em 1984 reuniram-se nos mesmos palanques petistas, peemedebistas e os futuros tucanos. Ao lado de artistas, revezavam-se nos microfones Ulysses Guimarães (apelidado de "Senhor Diretas"), Tancredo, Fernando Henrique Cardoso, Brizola e Lula. Para pressionar a Câmara, a campanha instalou placas pelas principais cidades do país com informações sobre como os deputados deveriam votar.

A população aderiu ao movimento saindo às ruas vestida de amarelo, e a estética patriótica das Diretas Já era a prova de que o Brasil tinha mudado. Ao longo dos anos 1970, a ditadura explorou tanto o conceito de pátria que elementos como a bandeira, o Hino Nacional e até a seleção de futebol passaram a ser associados à imagem do regime. Aquilo tudo não passava de patriotada, diziam aqueles que o rejeitavam.

A oposição democrática que ascendeu na segunda metade daquela década, porém, superou os complexos do passado e tomou para si os símbolos que o regime tratava como se fossem de sua propriedade. O resultado eram multidões entoando juntas "Pátria amada, Brasil" e empunhando bandeiras verde-amarelas contra o agora malquisto governo.

Depois de meses de atos de rua, a oposição não cabia em si de otimismo. Os organizadores das Diretas Já calculavam exageradamente que até 30 milhões de pessoas haviam ido aos eventos da campanha em todo o país. Mas a verdade é que não se subestima a força de uma ditadura há vinte anos no poder. Figueiredo decretou estado de emergência em Brasília e no entorno do Distrito Federal para evitar as pressões populares. O general Newton Cruz, da linha dura do Exército, ficou com a tarefa de criar barreiras nas entradas da capital federal e dissolver manifestações.

Em 25 de abril de 1984, a emenda Dante de Oliveira foi a votação em um plenário da Câmara com as galerias tomadas por apoiadores das diretas. Foram 298 votos a favor e apenas 65 contra, mas o quórum qualificado (dois terços dos deputados) não foi atingido devido a uma articulação do Palácio do Planalto para que 113 deputados do PDS se ausentassem. Por apenas 22 votos, não avançou a proposta que devolveria aos brasileiros o direito de eleger seu presidente.

A ressaca foi forte, mas era preciso pensar no amanhã. Se as diretas tivessem passado, provavelmente o candidato da oposição seria o popular e enérgico Ulysses Guimarães, mas, diante de indiretas, quem ganhou protagonismo foi o radicalmente moderado Tancredo Neves. O governador mineiro seria capaz de acalmar os temores das Forças Armadas e construir uma ampla aliança.

Perdido diante da crise econômica e da má avaliação do regime, o enfraquecido PDS entrou em uma disputa interna da qual saiu vitorioso como candidato governista o deputado Paulo Maluf. O controverso político paulista não tinha a simpatia nem de Figueiredo, e o racha da sigla foi tamanho que levou à renúncia do próprio presidente do partido, José Sarney. O então senador maranhense saltou para o campo adversário, deixando de ser o principal dirigente do partido da ditadura para se tornar vice de Tancredo.

A virada de casaca de Sarney talvez tenha sido a mais chamativa, mas não foi a única. Com o barco do regime militar a pique, levas de políticos com expressivas folhas de serviços prestados à ditadura o abandonaram naquelas horas finais. Vários se reuniram em uma dissidência chamada Frente Liberal, que se tornaria um poderoso partido dos anos seguintes, o Partido da Frente Liberal (PFL), que se rebatizaria mais tarde de Democratas (DEM) e, depois disso, de União Brasil.

Além dos ex-amigos do governo, Tancredo trouxe para seu lado o PDT e até comunistas. O amargor da derrota das diretas foi convertido em um intenso apoio popular ao mineiro, gerando um peculiar pleito indireto com *jingles* e comícios pelo país. Com tamanha movimentação da opinião pública e articulação política, veio o resultado esperado: em 15 de janeiro e 1985, os membros do Colégio Eleitoral deram 480 votos a Tancredo e apenas 180 a Maluf. Em repúdio à eleição indireta, o PT decidiu se abster — três petistas que se rebelaram e votaram no candidato do PMDB foram expulsos do partido.

O Brasil voltava a ter um presidente civil. O regime militar que derrubara João Goulart findava com a eleição de seu primeiro-ministro. Depois da vitória, Tancredo prometeu:

> *Vim para promover as mudanças, mudanças políticas, mudanças econômicas, mudanças sociais. Nunca em nossa história tivemos tanta gente nas ruas para reclamar a recuperação dos direitos de cidadania e manifestar seu apoio a um candidato. Dizia-nos, a quase duzentos anos, Tiradentes, aquele herói enlouquecido de esperança, poderemos fazer deste país uma grande nação. Vamos fazê-la.*

Ex-líder de um regime extinto, João Figueiredo foi questionado por seu ex-porta-voz Alexandre Garcia, em entrevista à TV Manchete, o que diria ao "povão". O general respondeu:

> *O povo, povão que poderá me escutar será talvez os 70% dos brasileiros que estão apoiando o Tancredo. Desejo que eles tenham razão e que o doutor Tancredo consiga fazer um governo bom para eles, que consiga dar a eles o que eu não consegui. E desejar felicidade para eles. E que me esqueçam. E que não venham mais conversar sobre política, que aí eu abro meu arquivo.*

Fora do Planalto, o ex-presidente sumiu dos holofotes, mas reapareceu de tempos em tempos, apesar do desejo de esquecimento. Em uma entrevista em 1987, afirmou: "Se as Forças Armadas tiverem que intervir, vão fazê-lo, porque não vai depender do que estiver escrito na Constituição, vai depender do que estiver escrito no coração de cada brasileiro".

Sua saúde deteriorou bastante a partir de 1995, e o velho general passou seus últimos anos isolado em seu apartamento no Rio de Janeiro, com problemas cardíacos e de coluna, chegando a recorrer a uma cirurgia espiritual para aplacar a dor. Morreu na véspera do Natal de 1999.

Protegido pela Lei de Anistia que promulgou, Figueiredo, assim como todos os chefes da ditadura que o precederam, jamais sofreu qualquer tipo de punição pelos crimes cometidos pelo Estado brasileiro entre 1964 e 1985.

Angela Moreira comenta a imagem que ficou para a história do general carioca:

Figueiredo costuma ser imediatamente associado à figura de um presidente sisudo, avesso ao diálogo. Sua imagem está muito amalgamada àquilo que a sociedade ansiava em relação à abertura política, à frustração da eleição presidencial via voto direto que não aconteceu em seu governo. Ele fechou 21 anos de regime ditatorial comandado por militares que deixaram o país com um passivo de inflação, desigualdade e anistia a agentes repressivos do Estado.

26

José Sarney (1985-1990), por ele ninguém esperava

José Sarney (à direita) e Tancredo Neves durante campanha eleitoral para presidência da República, 1984.

Só se falava em Tancredo Neves. No dia seguinte à sua eleição pelo Colégio Eleitoral, em janeiro de 1985, Herbert Vianna, dos Paralamas do Sucesso, disse no palco do Rock in Rio: "A gente vai ver aquela careca na TV por um bom tempo, mas espera que alguma coisa de bom seja feita". Foi a deixa para que fustigasse o pleito indireto tocando "Inútil", do Ultraje a Rigor:

A gente não sabemos
Escolher presidente
A gente não sabemos
Tomar conta da gente
A gente não sabemos
Nem escovar os dentes

Apesar do tom debochado do cantor, eram altas as expectativas dos brasileiros em relação ao mineiro de quase 75 anos de idade que encerrava as mais de duas décadas de protagonismo militar no país.

O fato de ser Tancredo o homem a marcar o retorno dos civis ao poder era simbólico, afinal, ele parecia ter o dom da ubiquidade, tamanha sua participação em diferentes momentos de nossa história política. Deputado federal pelo PSD getulista, ele se aproximou do gaúcho na fase democrática, foi seu ministro da Justiça, testemunhou os momentos dramáticos que antecederam o suicídio e até mesmo acudiu o presidente agonizante no Palácio do Catete.

Aberta a crise da renúncia de Jânio Quadros, foi Tancredo quem convenceu João Goulart a aceitar a gambiarra parlamentarista, evitando um golpe de Estado em 1961 e se tornando, ele próprio, primeiro-ministro. A experiência durou pouco e, de volta à Câmara, buscou, como líder da maioria formada por PSD e PTB, moderar as ações e o discurso do presidente, farejando que a escalada populista de Jango se chocaria com as Forças Armadas. Derrotado, reagiu gritando "canalhas" no plenário enquanto Auro de Moura Andrade declarava vaga a Presidência da República. Com o bipartidarismo, refugiou-se na oposição emedebista.

Mas que o episódio de 1964 não crie a falsa impressão de que Tancredo fosse um político inflamado. Na verdade, ouvia mais do que falava, e sua fama de moderado perdurou até o último fio de seu pouco cabelo. Com sua fala mansa característica, definia-se no coletivo:

Nós mineiros, que estamos perto das montanhas, somos obrigados à reflexão, à meditação, estamos muito mais perto do céu do que os outros brasileiros. Temos um pouco de vocação mística que nos leva à tolerância, à compreensão, a receber sem paixão as críticas, os reparos e até as manifestações mais contundentes de hostilidade. Não há mineiro que não seja conciliador, você não encontra mineiro radical.

O estilo radicalmente contido rendia críticas de alguns, que preferiam uma atuação mais firme nos momentos mais sombrios da ditadura, quando colegas do MDB eram cassados ou se arriscavam a sê-lo. Mas, sem mudar sua forma de ser, Tancredo manteve seu mandato na Câmara durante os anos Castelo Branco, Costa e Silva, Médici e Geisel, elegendo-se em 1978 ao Senado e em 1982 ao governo de Minas Gerais.

Quando o regime militar mergulhou em sua espiral de impopularidade e crises política e econômica, estava posicionado como figura destacada da oposição, posando de sóbrio conselheiro: "A nação está muito conturbada, muito desordenada, é preciso um mínimo de racionalidade no processo político brasileiro".

Enquanto o Congresso e as ruas se debatiam em torno das Diretas Já, Tancredo jogava em duas posições, indo aos comícios populares e, ao mesmo tempo, articulando nos bastidores o próprio nome para a hipótese mais provável de o pleito ser indireto. Foi o que aconteceu, e lá estava ele, bem situado para pôr no bolso o Colégio Eleitoral. Era só esperar e partir para o abraço na posse presidencial marcada para 15 de março de 1985.

Mas o presidente eleito vinha sentindo dores no abdômen. Ele evitava demonstrar e passava longe de hospitais — não gostava de ir ao médico e, acima de tudo, temia que qualquer contratempo pusesse em risco a delicada transição. Dizia que precisava tomar posse nem que fosse em uma maca. "Depois, vocês façam de mim o que quiserem", afirmava.

Quando chegou a véspera da posse, as dores se tornaram demasiadamente agudas, e Tancredo precisou ser internado às pressas em Brasília. Era um tumor benigno, mas uma sucessão de problemas comprometeu de vez a saúde do presidente eleito: a demora em se tratar, questionamentos sobre os procedimentos médicos e as condições hospitalares. Sua longa agonia durou sete cirurgias, uma delas com políticos presentes na sala de operações, e uma transferência para São Paulo. A seu neto, Aécio, disse: "Eu não merecia isso".

Em 21 de abril de 1985, pouco mais de um mês depois da posse a que ele faltou, seu porta-voz foi à TV e deu a notícia da morte do primeiro presidente civil eleito em mais de duas décadas. A multidão que aguardava notícias em frente ao hospital caiu em prantos e cantou o Hino Nacional.

Com a inesperada morte, a transição rumo à democracia não seria tocada por uma figura de destaque da história republicana, mas por um coadjuvante que até dias antes havia sido aliado do regime militar. Para o jornalista Clóvis Rossi, que participou da cobertura daqueles anos, eis algo que somente o escritor Gabriel García Márquez poderia descrever com acuidade, tamanho o nível de realismo mágico envolvido.

O timing *de tudo foi totalmente dramático. Os governantes estrangeiros convidados para transmissão do cargo já estavam em Brasília quando Tancredo, que se gabava de jamais ter tido um resfriado, foi horas antes da posse para o hospital. Saiu dali para outro e, de lá, para o cemitério. Em seu lugar ficou o ex-presidente do PDS, partido de sustentação da ditadura. Faltava legitimidade a Sarney, escolhido vice-presidente em uma eleição indireta. Ele tampouco se preparou para ser presidente, era um político regional que foi aprendendo no tranco.*

O improvável presidente sobre quem recairia a missão de comandar o país sob um novo regime nasceu em Pinheiro, no interior do Maranhão, em abril de 1930, sendo o último presidente brasileiro a nascer ainda na Primeira República — o que não deixa de combinar com seu jeitão de oligarca. Filho de Sarney de Araújo Costa e Kiola Ferreira de Araújo Costa, foi batizado como José Ribamar Ferreira de Araújo Costa. Conhecido por todos como "Zé do Sarney", cedeu à voz do povo e trocou de nome, virando José Sarney.

Estudou em boas escolas e se formou em direito na capital São Luís. Desde cedo interessou-se por literatura, construindo uma carreira paralela de escritor que o levaria a uma cadeira de imortal na Academia Brasileira de Letras em 1980. A carreira literária seria objeto de infindáveis piadas de humoristas durante sua presidência e depois dela, e o maranhense chegou a lamentar o fato de desgostarem de seus livros sem tê-los lido.

Na política, Sarney começou no PSD de Getúlio Vargas e Juscelino Kubitschek, mas migrou para a UDN. Estreando na Câmara dos Deputados em 1956, integrava uma ala do udenismo chamada "bossa nova", que discordava do direitismo predominante na sigla e estava mais próxima do que culminaria nas campanhas por reformas de base no governo João Goulart. Pouco antes do golpe de 1964, subiu à tribuna da Câmara e afirmou: "Foi através da democracia, da manifestação do pensamento em praça pública e do voto que os trabalhadores conseguiram conquistar a situação de que hoje desfrutam".

Com a ditadura levando a melhor, a UDN virou governo e os anseios bossa-novistas se esmaeceram, inclusive em Sarney, que era, acima de tudo, um pragmático. Sob os novos tempos, ele se elegeu governador do Maranhão em 1965. Sua posse foi registrada em um curta-metragem de Glauber Rocha, no qual cenas da miséria do estado mesclam-se a discursos do político de 35 anos de idade, que ainda exibia cabelos escuros e já ostentava seu famoso bigode.

Começava naquele ano o longuíssima-metragem do domínio de Sarney sobre os destinos dos maranhenses. A extensa trajetória de poder da família no estado inclui ainda quatro mandatos da filha Roseana, além da eleição de uma penca de aliados para diversos cargos.

Naquela segunda metade dos anos 1960, o jovem governador trabalhou para consolidar seu poder local por meio da construção de uma relação próxima e simpática com o governo federal. Com um pé na província e outro nos assuntos nacionais, Sarney se mantinha sempre atento à direção dos ventos políticos. Em 1971, já como senador, foi questionado sobre o embate entre o regime e a esquerda armada e decretou: "Interessa a todos nós que ela acabe. A democracia tem instrumentos de defesa e acredito que outra coisa não tem feito o presidente Médici senão procurar construir e implantar esse sistema de defesa".

Com Geisel no Planalto, decidiu apoiar a abertura no ritmo vagaroso definido pelo governo. "Estamos num processo de transição revolucionária, o poder revolucionário afirma que deseja continuá-lo, e, portanto, não cabe à oposição julgar sua determinação", opinou. Sob Figueiredo, ganhou proeminência até chegar ao comando da Arena e, depois, do sucessor PDS. Antes da eleição nos estados e no Congresso realizada em 1982, na qual a oposição obteve vitórias significativas, alertou: "O Brasil ainda não tem instituições políticas para viver um sistema no qual um governo tenha minoria no Congresso".

Pois a minoria veio, assim como a campanha das Diretas Já e o colapso da economia, o que não escaparia do apurado senso de sobrevivência de Sarney. Aproveitando a briga interna do PDS em torno da sucessão, o senador migrou para aliança entre o oposicionista PMDB e os dissidentes do governismo. Não foram poucos os peemedebistas que torceram o nariz ao ver um recém-chegado sentar na janelinha da Vice-Presidência, mas prevaleceu a necessidade de ampliar o alcance da candidatura de Tancredo, dando a ela salvaguardas conservadoras. Para evitar problemas legais na chapa com um vice filiado ao partido adversário, o maranhense ingressou no PMDB.

O plano original era que Sarney continuasse no papel de vice, como uma memória da união nacional a que Tancredo precisou recorrer para redemocratizar o país. Sofrendo de depressão naquele momento, o senador era tão decorativo que nem chegou a apitar na formação do ministério ou no programa do governo.

Mas quis o destino — ou o acaso, a depender das crenças do leitor — que o maranhense saltasse para a ribalta, sendo ele a jurar à Constituição em 15 de março de 1985. Para Clóvis Rossi, ao ascender ao posto mais alto da República, Sarney exibiria suas fraquezas:

Eu não o chamaria de tímido, porque você não consegue ser dono político do Maranhão sendo tímido, mas de pouco preparado tecnicamente para o cargo de presidente. Costumo dizer que ele passou do próprio limite de competência, que era ser senador pelo Maranhão. Não era valente para enfrentar obstáculos, os quais ele procurava contornar. Era basicamente um conciliador. Nisso Tancredo não era muito diferente, mas era muito mais malandro politicamente.

Além da faixa presidencial de Tancredo, Sarney herdou seus ministros e a necessidade de lidar com um PMDB no qual era um patinho feio sob a sombra do grande líder da sigla, Ulysses Guimarães.

Sob esse climão, o governo começou disposto a se livrar do "entulho autoritário", como era chamada a legislação herdada da ditadura. Foram estabelecidas as eleições diretas para presidente e para prefeitos de capitais, o direito a voto de analfabetos e a legalidade de partidos como PCB e PC do B. Uma proposta de emenda foi enviada ao Congresso para convocar a

Assembleia Nacional Constituinte que elaboraria uma nova Carta, cujos membros seriam eleitos pela população em novembro de 1986.

Outro problemaço a ser resolvido era a economia, que respirava por aparelhos desde Figueiredo. Em 1985, a inflação do país foi de 235%, e a dívida externa, de 105 bilhões de dólares. O ministro da Fazenda escolhido por Tancredo, Francisco Dornelles, sobrinho do mineiro morto, era um defensor de cortes de gastos para reequilibrar as contas públicas, mas durou pouco. Já em agosto de 1985 foi substituído pelo empresário Dilson Funaro, que, cercado por economistas heterodoxos ligados ao PMDB, lançou a grande tentativa de Sarney para salvar o país da inflação: o Plano Cruzado.

Anunciado com estardalhaço em fevereiro de 1986, o plano substituía a antiga moeda, o cruzeiro, e incluía um congelamento de preços, tarifas e serviços tal qual uma varinha mágica para impedir os preços de subirem. Ao anunciar a nova moeda na TV, o presidente conclamou o povo: "Cada brasileiro ou brasileira será e deverá ser um fiscal dos preços". O que não faz um povo para se livrar da inflação, ainda mais quando atiçado pelo governo?

Os chamados "fiscais do Sarney" tomaram o país em um frenesi que era a própria cara do novo Brasil, mais caótico, barulhento e democrático. Empoderados, os consumidores faziam escândalos nos supermercados, denunciavam remarcações ilegais e evocavam as ordens do "presidente da Nova República". Aquelas cenas explícitas de anos 1980 não passariam batidas por humoristas como Os Trapalhões, Jô Soares e Juca Chaves, que cantaria:

Todos prendem gerentes
De padaria ou supermercado
Quanta coragem, toda essa gente
Quando se sente televisado

A medida começou funcionando bem, e a inflação se manteve sob controle, o que fez explodir a popularidade de Sarney. Embriagado pela aprovação popular, o presidente ignorou conselhos e não quis saber de complementar o plano com ajuste fiscal e controle de gastos, ações bem menos populares do que estimular a ação de justiceiros em mercados.

Assim, o governo segurou o congelamento de preços até a eleição geral de novembro, dando tempo para que o PMDB colhesse os frutos do sucesso e conquistasse a maioria absoluta do Congresso e todos os governos estaduais, com exceção de Sergipe. A alegria, porém, duraria pouquíssimo, e o Plano Cruzado sucumbiria aos próprios erros e incongruências logo depois do pleito, entrando para a história como um dos principais casos de "estelionato eleitoral" do país. A inflação voltou com tudo, e a popularidade de Sarney desabou para sempre. Mais uma vez, Clóvis Rossi recorre à imagem do universo de García Márquez:

> *Um presidente que não tinha legitimidade, extremamente regional, pouco carismático, de repente vira um herói nacional. Dias após a eleição acaba o congelamento, o plano desanda, e Sarney vira um dos presidentes mais impopulares da história. É mesmo uma transição cheia de coisas mágicas.*

Outros sucessivos planos furados viriam, como Cruzado II, Bresser e Verão. Em 1987, ano em que a dívida externa foi de 121 bilhões de dólares, o presidente anunciou uma moratória, suspendendo o pagamento dos juros da dívida para recompor as reservas brasileiras. A coisa continuaria a desandar, e 1989 fecharia com a inflação em estratosféricos 1.783% ao ano.

Com a economia em frangalhos, foi um Sarney pequeno e fraco que lidou com a Assembleia Constituinte instalada no início de 1987 para substituir a Carta da ditadura. O presidente agarrou-se a algumas poucas demandas, sendo a principal delas a de estabelecer um mandato presidencial de cinco anos, que o manteria no poder, mesmo impopular, até janeiro de 1990.

O poderoso ministro das Comunicações, Antonio Carlos Magalhães, distribuía concessões de rádio e TV a políticos, enquanto Sarney negava a existência de um balcão de negócios em troca do mandato de cinco anos. Outros escândalos atingiam o governo, como a revelação de Janio de Freitas, na *Folha de S.Paulo*, de um esquema de fraude na concorrência da ferrovia Norte-Sul. Em um tempo de Ministério Público sem as prerrogativas criadas pela Constituição de 1988, investigações pouco avançavam, e o caso foi arquivado.

Na Constituinte, os congressistas trabalhavam no ambiente mais democrático que o país já teve para elaborar uma Carta. Figuras como Fernando Henrique Cardoso, José Serra, Mário Covas, Nelson Jobim, Luiz Inácio Lula da Silva, Plínio de Arruda Sampaio e José Maria Eymael — o democrata cristão — atuavam sob a pressão dos *lobbies* de sindicatos patronais e de trabalhadores, líderes indígenas, servidores públicos, ruralistas, advogados, médicos e igrejas.

O resultado foi um documento extenso que mergulha em minúcias da vida social e econômica do país. Seus entusiastas hoje celebram a profusão de direitos protegidos, enquanto os críticos reclamam do engessamento do poder de iniciativa de sucessivos governos em um país em constante mutação.

A nova Carta foi promulgada em 5 de outubro de 1988, dia em que Ulysses Guimarães, presidente da Assembleia, proferiu um dos melhores discursos de nossa história política. Alguns trechos:

A Constituição certamente não é perfeita. Ela própria o confessa ao admitir a reforma. Quanto a ela, discordar, sim. Divergir, sim. Descumprir, jamais. Afrontá-la, nunca. Traidor da Constituição é traidor da pátria. Conhecemos o caminho maldito. [...] Temos ódio à ditadura. Ódio e nojo. [...] A corrupção é o cupim da República. República suja pela corrupção impune tomba nas mãos de demagogos que a pretexto de salvá-la a tiranizam. Não roubar, não deixar roubar, pôr na cadeia quem roube, eis o primeiro mandamento da moral pública. [...] A nação quer mudar. A nação deve mudar. A nação vai mudar. A Constituição pretende ser a voz, a letra, a vontade política da sociedade rumo à mudança. Que a promulgação seja o nosso grito. Mudar para vencer. Muda, Brasil.

Ao longo do processo constituinte, estruturou-se a primeira encarnação do chamado centrão, bloco parlamentar com pitadas de centro e direita e, acima de tudo, fisiológico, isto é, mais interessado em cargos e verbas do que exatamente na defesa de princípios. Com o tempo, e usufruindo das benesses do poder e da condição de partido majoritário, parte do PMDB se aproximou desse mesmo perfil. Sem ter uma ditadura para combater, a sigla perdeu progressivamente sua identidade para virar essa velha conhecida: quase sempre governista, sem ideologia clara e dividida entre caciques e interesses regionais.

Em 1988, um grupo de peemedebistas de maior nitidez ideológica, defensores do parlamentarismo e de uma reforma do Estado com privatizações e abertura ao capital estrangeiro, pularam fora da nave mãe e fundaram o Partido da Social Democracia Brasileira (PSDB).

O combalido governo Sarney caminhava para seu fim, e o assunto do país passou a ser a eleição presidencial de 1989, a primeira de caráter direto desde 1960. Depois de anos de anseios democráticos represados, foram lançados 22 nomes, entre eles Covas (PSDB), Lula (PT), Brizola (PDT), Maluf (PDS), Ulysses (PMDB) e "elle", Fernando Collor de Mello, pelo nanico Partido da Reconstrução Nacional (PRN).

O outsider do PRN venceu com um marketing que vendia uma imagem de jovem e moderno. "Ele é um homem bem-nascido, que não precisa do dinheiro do povo", dizia a atriz Cláudia Raia na propaganda de TV do candidato. Collor recorreu a uma campanha de ataques, tanto contra Lula, seu opositor no segundo turno, como contra Sarney, a quem acusou de manobrar para tumultuar a eleição com a candidatura, depois cassada, do apresentador Silvio Santos.

No horário eleitoral, Collor esbravejava contra o presidente:

Peço licença, minha gente, para hoje falar com [...] um homem que desgraçadamente ainda ocupa a Presidência da República. Gostaria de tratar o senhor José Sarney com elegância e respeito. Gostaria, mas não posso. Não posso porque estou falando com um irresponsável, um omisso, um desastrado, um fraco. [...] O senhor sempre foi um político de segunda classe, nunca teve uma atitude de coragem, pegou uma carona na história, beneficiando-se de uma tragédia que emocionou o país. O senhor é o culpado pela maior inflação de todos os tempos. [...] Passou todo o tempo do seu governo apadrinhando seus amigos, familiares, muitos dos quais hoje estão sendo processados por atos de corrupção. [...] Acabou o tempo da corrupção e do conchavo de políticos desonestos. Chegou, senhor José Sarney, a vez dos homens de bem. Chegou a nossa vez.

Nos bastidores, Sarney seria depois avisado, pela equipe de Collor, de que aquilo era necessário para radicalizar o discurso oposicionista do candidato do PRN e neutralizar Lula. O presidente que engolisse o choro. Abandonado politicamente e sem defensores na eleição, o maranhense foi fazer um autoelogio na TV:

Eu lembro-me do nosso caminho percorrido, não foi fácil. [...] Mas deixo ao país, mercê de Deus e do apoio do povo, a maior realização sonhada pelo gênero humano: viver e compartilhar a vida em regime de liberdade, de justiça, sob o império da lei e da ordem. O Estado de Direito, a transição democrática está concluída.

Clóvis Rossi afirma que os créditos do grande mérito de Sarney na Presidência não são apenas do presidente, mas também do Congresso e da sociedade, que juntos puseram de pé a mais ampla, geral e irrestrita democracia que o Brasil conheceu:

Em todos os momentos anteriores ao golpe de 1964, havia uma democracia condicionada, sujeita a trovoadas, tempestades, com restrições ao voto e partidos proscritos. No governo Sarney, liberou geral, o país se tornou realmente uma democracia ampla e sem condicionamentos. Não que o presidente fosse um rebelde, um revolucionário, que se opusesse às Forças Armadas — tanto que participou do regime militar sem nenhum constrangimento —, mas tinha algo de liberal e udenista dos velhos tempos. Poderia ter se apoiado mais nos militares e não o fez. Entregou-se ao centrão, que bem ou mal é gente eleita democraticamente. A tutela a que ele se submeteu foi muito mais do PMDB original, de Ulysses, do que dos militares.

Fora da Presidência, Sarney se elegeu senador, dessa vez pelo Amapá, comandando a Casa por quatro vezes. Obteve seguidas reeleições até 2014, quando optou por não tentar um novo mandato. Seja dentro ou fora do Congresso, o longevo ex-presidente manteve influência nos governos FHC, Lula, Dilma, Temer e Bolsonaro. Seu nome também continuou a aparecer em investigações de corrupção e outras irregularidades, o que sempre rechaçou. Nunca foi condenado nos escândalos em que foi citado.

O maranhense nunca deixou de captar os ventos da política. Em 1994, criticou o que via como elitismo de FHC, mas o apoiou. Na eleição seguinte, deixou de lado suas ressalvas à abertura "selvagem" da economia para redobrar a aposta no tucano.

Em 2002, sua filha Roseana despontou como pré-candidata pelo PFL, mas ficou de fora depois de virem à tona suspeitas de corrupção.

A família Sarney farejou um golpe do PSDB contra a candidatura, o PFL abandonou o governo FHC, e o ex-presidente decidiu mudar de lado, apoiando Lula. "Será o primeiro presidente da história do Brasil oriundo da área do trabalho, e não dos interesses capitalistas. Nós temos que passar por esse gargalo, passar pelo PT. Então, vamos passar logo", afirmou.

Repetiu a dose na reeleição do petista, chamando-o de esquerda responsável e equilibrada. O carinho se tornaria recíproco. Lula, que colecionava xingamentos a Sarney no passado, saiu em sua defesa quando o maranhense foi acusado de malfeitos no Senado: "Eu penso que o Sarney tem história para que não seja tratado como uma pessoa comum".

Em 2014, Sarney votou com um adesivo de Dilma no peito, mas uma câmera de TV indiscreta captou que ele sufragou, na verdade, Aécio Neves. Inicialmente, o peemedebista negou que tivesse votado no tucano, mas depois admitiu o voto, justificando-o como "gratidão a Tancredo".

27

Fernando Collor (1990-1992), voto direto e *impeachment*

Collor e a mulher, Rosane, deixam o Palácio do Planalto, em Brasília, após o presidente ser afastado do cargo, 1992.

Pouco mais de dois anos e meio separam 15 de março de 1990 e 2 de outubro de 1992. É quase nada na escala da história do Brasil, mas, para Fernando Collor, pareceram dias de universos distintos. Nas imagens de TV que registraram os dois momentos, as únicas constantes foram o presidente, a primeira-dama Rosane e os palácios brasilienses.

Em março de 1990, um Collor radiante e ovacionado por populares era empossado presidente da República, o primeiro eleito pelo voto direto em 29 anos. Com um cabelo repartido ao meio e aspecto jovial, o novo mandatário acenava efusivamente para o povo, com um sorriso de orelha a orelha. Ao chegar ao Congresso com o vice Itamar Franco para jurar à Constituição, foi cercado e celebrado por parlamentares de diversos partidos.

Em outubro de 1992, um Collor ladeado por alguns poucos aliados no Palácio do Planalto era oficialmente notificado de seu afastamento da Presidência, em meio a um processo de *impeachment*. Com um cabelo brilhoso, perfeitamente penteado e mais grisalho, agia mecânica e apressadamente, fuzilava seus interlocutores com o olhar e transbordava um constrangimento de quem queria que aquela situação acabasse logo.

O "furacão Collor" surpreendeu o país com uma campanha eleitoral meteórica, um governo conturbado e uma queda humilhante. Aquele que prometia deixar a direita indignada e a esquerda perplexa de certa forma cumpriu com a palavra.

Mais jovem presidente brasileiro, chegando ao cargo com apenas 40 anos de idade, Fernando Afonso Collor de Mello nasceu no berço de ouro de duas famílias políticas. Seu avô materno, o gaúcho Lindolfo Collor, integrou a Revolução de 1930 e foi ministro do Trabalho de Getúlio Vargas. Seu pai, Arnon de Mello, foi governador e senador por Alagoas, onde construiu um conglomerado de mídia. Entrou para a história em 1963, ao disparar tiros dentro do plenário do Senado, mirando um colega e matando outro — apesar das testemunhas presentes, foi absolvido e manteve o mandato.

O neto de Lindolfo e filho de Arnon nasceu no Rio de Janeiro e cresceu em Brasília, onde o pai senador trabalhava. Fernandinho se divertia na capital da República com amigos que, como ele, virariam políticos: Paulo Octávio, que governou por uns dias o Distrito Federal em 2010, até renunciar em meio ao mensalão do DEM; e Luiz Estevão, que foi senador pelo PMDB e condenado e preso por desvio de verbas públicas.

Depois de se formar em economia, o rebento dos Collor de Mello se mandou para Maceió, onde assumiu o jornal da família, a Gazeta de Alagoas. Chegou a presidir o clube de futebol CSA e se casou com sua primeira mulher, Lilibeth Monteiro de Carvalho, herdeira de outra família tradicional — ele casaria mais duas vezes ao longo da vida, com Rosane e Caroline. Para completar a jornada do herdeiro, faltava só entrar na política, o que aconteceu em 1979, quando virou prefeito nomeado de Maceió com apenas 29 anos de idade, graças a um acordo costurado por seu pai.

Inicialmente filiado à Arena, Collor seguiu para o sucessor PDS e foi eleito deputado federal. Em uma passagem pela Câmara sem grandes lances, apoiou as Diretas Já e votou em Paulo Maluf, padrinho de seu segundo casamento, na eleição presidencial indireta de 1985.

Com a mudança do poder federal de mãos, Collor migrou para o PMDB, surfando na onda de governadores peemedebistas eleitos depois do Plano Cruzado.

À frente de Alagoas, iniciou a construção da figura pública que o alçaria ao Planalto, abraçando a bandeira do combate à corrupção e aos altos salários de parte do funcionalismo público. O "caçador de marajás", apelido que colou no governador, bateu de frente com os Poderes Legislativo e Judiciário estaduais, reduzindo a máquina pública por decreto e extinguindo secretarias. Além disso, comprou briga com os influentes usineiros alagoanos ao cobrar o pagamento de dívidas do setor.

O estilo personalista e impetuoso do governador chamou a atenção da imprensa nacional e pôs Collor na lista de possíveis candidatos à sucessão de Sarney, o que não era levado a sério no PMDB. Oferecendo-se para ser vice de Ulysses Guimarães, o jovem político ouviu como resposta um "cresça e apareça" do presidenciável do PMDB (que não receberia nem 5% dos votos no fim das contas).

Sem espaço no partido, Collor lançou sua própria sigla, o Partido da Reconstrução Nacional (PRN). Distanciou-se de Sarney, que já não era popular, chegando a chamar o presidente de "o maior batedor de carteira da história". O pré-candidato adicionou a seu discurso de luta contra corrupção e privilégios o mantra da modernização do país por meio da redução da máquina do Estado, com menos intervenção, abertura comercial e privatizações, agenda em voga nos anos 1980 de Ronald Reagan e Margaret Thatcher.

Apesar de simpatizar com o discurso collorido, os donos do dinheiro preferiam apostar suas fichas nos nomes mais confiáveis e estabelecidos do PFL, do PSDB e do PMDB. O problema é que os candidatos dessas siglas não decolavam nas pesquisas, enquanto surgia da esquerda uma dupla ameaça: Luiz Inácio Lula da Silva (PT) e Leonel Brizola (PDT). Collor se aproveitou da falta de opções competitivas à direita e ao centro e, assim, foi colhendo apoio no empresariado, na Rede Globo e entre setores conservadores da classe média.

A campanha tinha ainda o vice mineiro, Itamar Franco, que garantia alguns votos no Sudeste, e o tesoureiro da campanha, Paulo César Farias, o PC, que fazia o dinheiro entrar. Era, como seu poderoso marketing fazia questão de frisar, o salvador de uma pátria cansada de crise, inflação e dos políticos de sempre.

Collor fugia da divisão entre esquerda e direita, preferindo classificar-se como "progressista" ou "reformista cristão", embora seu discurso liberal e anticomunista o posicionasse evidentemente à direita do espectro político. Ao confrontar Lula, seu adversário no segundo turno na TV, afirmou:

> *Não se trata de direita ou esquerda, essa discussão está sendo enterrada sob os escombros do muro de Berlim. A correta divisão que me separa de meu adversário é uma só: é uma ideia nova contra uma ideia velha; é uma visão moderna contra uma visão atrasada; é um futuro possível contra um passado já testado, por exemplo, na Polônia, na Hungria, na Alemanha Oriental e na Checoslováquia. Um passado que, como nós estamos vendo, fracassou. [...] O novo, minha gente, não é criar um Estado cada vez mais gigantesco e ineficiente, como fez a ditadura militar durante tantos anos. O novo é diminuir o tamanho da máquina do Estado para tornar o governo mais forte e eficiente no cumprimento de suas obrigações.*

Explorando a proximidade do PT com o socialismo, em voga nos primeiros anos da legenda, Collor associava Lula à desapropriação de imóveis e ao confisco das cadernetas de poupança. O candidato do PRN ia além do debate ideológico e adentrava no terreno do ataque pessoal, chegando a exibir em sua propaganda um depoimento de uma ex-namorada de Lula que dizia que o petista havia lhe oferecido dinheiro para abortar uma filha do casal, o que foi negado pelo candidato do PT.

A disputa seguiu acirrada até o último debate do segundo turno, no qual Lula teve um mau desempenho, maximizado no dia seguinte pela edição exibida no Jornal Nacional: no recorte transmitido pela Globo, Collor teve mais tempo de fala. O debate foi na quinta-feira, 14 de dezembro. No dia 17, Collor venceu Lula por 53% a 47% dos votos válidos.

Vitorioso e empossado, o novo presidente lançou o Plano Collor, agressivo pacote econômico que teve como medida mais lembrada a retenção no sistema bancário de valores superiores a 50 mil cruzados, os quais os correntistas só voltariam a ver depois de dezoito meses, com correção monetária e juros. Ou seja: para surpresa geral, foi o governo Collor que fez o confisco.

O objetivo do sequestro do dinheiro não era gerar pânico e até mesmo infartos na população, como ocorreu, mas retirar recursos da economia para reduzir a fórceps a inflação — com o confisco, cerca de 80% dos recursos que habitavam o sistema bancário saíram temporariamente de circulação. O problema da medida residia no fato de que, além de privar os cidadãos de liquidez, a devolução do dinheiro em suaves prestações levaria à perda de seu valor real, rendendo um mar de ações futuras na Justiça.

Mas a garfada da poupança não feriu de morte a popularidade do governo recém-chegado. O sociólogo Brasílio Sallum Júnior lembra que a maioria da população não possuía valores acima da linha de corte do confisco, de modo que não foi afetada negativamente. O que muita gente sentiu foi, ao contrário, o efeito positivo da estabilização dos preços, ao menos por certo tempo.

Em uma guinada em relação a anos de desenvolvimentismo estatizante no governo federal, Collor demitiu servidores, extinguiu estatais e subsídios a exportadores, congelou preços e salários e promoveu uma ampla abertura da economia ao mercado internacional — o Brasil da época era ainda mais restritivo às importações do que hoje, o que comprometia a inovação no país.

O presidente parecia incluir a promoção da própria imagem em seu chamado pacote modernizador. Os brasileiros se acostumaram a ver Collor saindo da Casa da Dinda, sua residência pessoal, onde permaneceu como presidente, para correr vestido com camisetas motivacionais. O jovem mandatário pilotava *jet skis* e se deixava fotografar dentro de aviões a jato. No rock "Presidente mauricinho", Lobão captava o estilo collorido:

O presidente sai de moto
Pelo eixão monumental
O presidente anda a mil
No país do Carnaval

O presidente tira fotos
Com um índio no palácio
O presidente sai com o papa
E sua corte é um esculacho

[...]
O presidente de avião a jato
Dá mais bandeira que doidão

A imagem positiva cativaria a população pelo tempo que funcionassem as medidas de estabilização. Mas a inflação, que desacelerara nos primeiros meses do confisco, fechando 1991 em 480%, voltaria a subir no ano seguinte. A política econômica restritiva levava o país à recessão, à queda do consumo e ao desemprego. O PIB se movia tal qual uma gangorra: o crescimento de 3,2% em 1989 se transfigurou em -4,3% em 1990, seguido de leve alta de 1% em 1991 e fechando 1992, último ano de Collor no poder, em -0,5%.

A popularidade presidencial afundava com a economia. Depois de três meses de governo, o novo presidente foi bem avaliado por 36% da população e mal avaliado por 19%, de acordo com o Datafolha. Com um ano de gestão, a rejeição já havia tomado a dianteira: 34% contra 23% de aprovação. Os números iriam ladeira abaixo ao longo da administração, atingindo um rechaço popular de 68% em 1992, ano do *impeachment* — só 9% o aprovavam.

Os conflitos políticos que naturalmente acompanham dificuldades econômicas e impopularidade eram amplificados pelo estilo presidencial. Tal qual fazia no governo de Alagoas, Collor presidia o país de forma espetaculosa, com pouco diálogo e tratando o Congresso com desprezo.

O presidente foi perdendo a conexão com partidos mais próximos ao centro, que tinham pautas econômicas em comum com sua administração, como PSDB e PMDB.

Incomodados com o que viam como autoritarismo, essas duas importantes siglas contribuíram para ampliar uma oposição que poderia ter ficado restrita à esquerda, liderada pelo barulhento, mas ainda pequeno, PT.

Embora contasse com apoio entre congressistas conservadores em algumas votações, Collor não buscou construir uma aliança governista de acordo com o presidencialismo de coalizão. Nesse modelo, que predominou depois da redemocratização, o governo cede aos partidos políticos cargos no Executivo e controle de fatias do orçamento em troca de apoio aos projetos de seu interesse no Congresso, conseguindo uma base aliada sólida e confiável. Brasílio Sallum comenta o *modus operandi* imperial do presidente:

> *Collor achava que quem controlava o Executivo era ele e, assim, não tinha que compartilhá-lo com o Parlamento. Então ele negociava a legislação que ele pretendia ver aprovada, claro que também com mecanismos de clientelismo, mas sem uma política global.*

As dificuldades de governar sem coalizão ficariam claras ao longo de 1991, quando o governo lançou o Plano Collor II, em uma tentativa de fazer a economia reagir, esbarrando na forte resistência de um Congresso renovado por uma eleição no ano anterior. Com a legitimidade do voto ainda mais fresca que a do presidente, o Legislativo não apenas rechaçava a agenda do Planalto, que pretendia fazer reformas constitucionais liberalizantes, mas também impunha a própria, criando novos gastos orçamentários, como no caso de um reajuste para os aposentados.

Emparedado, o presidente decidiu ceder ao jogo das alianças em 1992, trazendo para mais perto de si um partido grande, o PFL, e nomeando o ex-senador catarinense Jorge Bornhausen como seu articulador político. Collor também tentou atrair o PSDB, chegando a receber sinais simpáticos do senador Fernando Henrique Cardoso e do deputado José Serra, mas Mário Covas, também senador, vetou a aproximação.

No mesmo ano, em mais uma tentativa de recauchutar sua imagem, Collor montou o que foi chamado de ministério de notáveis, com figuras de boa reputação na sociedade.

Naquele momento, porém, já era enorme a pressão da opinião pública contra o presidente, fomentada pela crise político-econômica e por uma coleção de suspeitas de irregularidades no governo. A grande bomba viria por meio de entrevistas de Pedro Collor, irmão do presidente, à revista *Veja*. Ele acusava PC Farias de usar a amizade com o presidente para enriquecer e, mais grave, dizia que Fernando Collor era conivente com os crimes do amigo, que seria seu testa de ferro.

No fim de maio de 1992, a Polícia Federal abriu uma investigação e o Congresso criou uma CPI para investigar as acusações. PMDB, PSDB e PT se organizaram em uma coalizão oposicionista contra o presidente, que negava tudo e afirmava que o irmão tinha problemas psicológicos.

As denúncias não acabavam. Em entrevista à revista *IstoÉ*, Eriberto França, motorista da secretária de Collor, disse que empresas de PC Farias pagavam as despesas familiares do presidente por meio de depósitos na conta da funcionária. Revelou-se ainda que um Fiat Elba para uso do presidente foi comprado com um cheque de uma conta fantasma ligada ao ex-tesoureiro. Tantas suspeitas faziam os ânimos da oposição e de parte da imprensa migrarem de cobranças por investigações para pedidos explícitos de renúncia do presidente da República.

Collor estava sendo encurralado, mas ainda não estava só. Em meados de 1992, tinha o apoio de empresários, políticos à direita e até mesmo alguns à esquerda, como Brizola, então governador do Rio de Janeiro. Collor afirmava que só morto deixaria o Palácio do Planalto e se dizia perseguido por PT e Central Única dos Trabalhadores (CUT), a qual ele chamava de "sindicato do golpe" e "central única dos conspiradores". Segundo o presidente, a oposição sabia que não teria votos para dar prosseguimento a um processo de *impeachment*.

Uma amostra do apoio ainda existente veio do oficialesco programa de TV Semana do Presidente, transmitido pelo SBT, que exibiu as cenas do aniversário de 43 anos de Collor, em 12 de agosto. As imagens o mostravam cercado de populares e artistas, como Chitãozinho e Leandro e Leonardo. "Nós desejamos ao nosso presidente muitas felicidades e que Deus continue lhe dando sensibilidade e sabedoria para continuar governando o nosso país", afirmava o locutor Lombardi enquanto o presidente assoprava as velas de um bolo oferecido por um empresário.

A avenida do *impeachment* começaria a ser desbloqueada no dia seguinte ao aniversário presidencial, uma quinta-feira. Em um evento com taxistas no Palácio do Planalto, um Collor aos berros jogaria um fósforo aceso nas ruas do país:

> No próximo domingo, e esta é uma mensagem que eu dirijo a todo o Brasil, a todos aqueles que têm a mesma profissão de fé, que saiam no próximo domingo de casa com alguma peça de roupa em uma das cores de nossa bandeira, que exponham nas suas janelas toalhas, panos, o que tiverem nas cores da bandeira. [...] Nós estaremos mostrando onde está a verdadeira maioria: na minha gente, no meu povo, nos pés descalços, nos descamisados, naqueles por quem fui eleito e para quem estarei governando até o último dia do meu mandato.

Os brasileiros ouviram o pedido e foram às ruas, mas não de auriverde, como havia demandado o mandatário, e sim de preto. Vestiam-se contra o presidente. Anos depois, em entrevista ao jornalista Geneton Moraes Neto, na GloboNews, Collor diria se arrepender da conclamação:

> Foi uma atitude temerária, é o que a gente chama de cutucar a onça com vara curta. Quando as informações começaram a chegar de que a população estava se vestindo de preto em vez de verde e amarelo, eu disse: "a Presidência está perdida".

O 16 de agosto de luto deflagrou uma onda de novas manifestações que ganhou estímulo de partidos de oposição, sindicatos e associações. Estudantes com as caras pintadas de verde e amarelo se tornaram os símbolos dos protestos, adornados por bonecões de Collor e PC Farias, antepassados dos "pixulecos" petistas.

O pequeno PRN, sigla do presidente, não era capaz de pôr nas ruas atos equivalentes a favor de Collor, e não havia movimentos governistas organizados. Contra ele, erguiam-se máquinas partidárias que iam do centro à esquerda: PMDB, PSDB, PT, além de entidades como UNE e diversos outros grupos da sociedade civil que se uniriam no que chamaram de Movimento pela Ética na Política.

À direita, políticos do PFL e do PDS foram abandonando o barco, e até Paulo Maluf aderiu ao *impeachment*. O padrinho de casamento de Collor era, naquele momento, candidato a prefeito de São Paulo, e, com a campanha eleitoral em curso, o *timing* para apoiar um presidente impopular era péssimo. Voz relevante do empresariado, a Fiesp anunciou que apoiaria o que o Congresso decidisse.

O decisivo mês de setembro de 1992 começou com o presidente da OAB, Marcelo Lavenère, e da ABI, Barbosa Lima Sobrinho, dirigindo-se à Câmara dos Deputados para apresentar formalmente um pedido de *impeachment* de Collor, citando o esquema do ex-tesoureiro PC Farias.

A indigência da articulação governista se via no pedido de demissão de Jorge Bornhausen, chefe da Secretaria de Governo — pasta responsável pela articulação política —, que se mandou de férias para Aruba, ou no fato de até o PRN ter liberado sua bancada para votar como quisesse. Collor se tornara tóxico. Do lado dele se manteve apenas uma pequena e folclórica tropa de choque, liderada pelo deputado Roberto Jefferson (PTB-RJ), que prometia cargos, verbas e um "*Diário Oficial* gordo" a quem votasse contra o *impeachment*.

Um jantar de Collor com seus aliados em 16 de setembro seria a imagem perfeita do isolamento — e da instabilidade emocional — do presidente. Aos sessenta deputados e quatro senadores presentes, Collor expôs toda a sua raiva e amargura. Chamou a oposição de cagões e bundões. O patriarca peemedebista Ulysses Guimarães, de senil e esclerosado. O presidente da Câmara, Ibsen Pinheiro (PMDB-RS), que deu o aval inicial ao pedido de *impeachment*, de canalha, escroque e golpista imoral. Para os veículos de comunicação sobrou o seguinte comentário: "Essa imprensa de merda. Esses cagalhões vão engolir pela boca e pelo outro buraco o que estão falando contra mim". Ao saber do episódio, Ulysses comentou: "Quando acaba a razão, começa o grito. É a insânia".

Enquanto isso, já se construía paralelamente uma alternativa de poder em torno do vice-presidente, Itamar Franco. Segundo Brasílio Sallum, ao lado do peso dos milhares de pessoas nas ruas, esse movimento foi um estímulo fundamental para o *impeachment*:

Itamar já estava se dissociando de Collor desde o começo de 1992, rompeu com o partido do presidente, e, a partir de agosto, começam a dis-

cutir seu governo. Os partidos que apoiavam Collor não apenas viam como era difícil manter o apoio ao presidente, como observavam que surgia uma luz no fim do túnel. Itamar consegue, através de um grupo de parlamentares, principalmente do PMDB e do PSDB, montar um esquema assimilando gente que a princípio estaria defendendo Collor.

Em 29 de setembro de 1992, a Câmara deu aval ao *impeachment*, com 441 votos a favor e apenas 38 contrários, o que abriu caminho para o afastamento temporário do presidente. Seu julgamento definitivo começou em 29 de dezembro, mas, em uma tentativa de escapar da suspensão de seus direitos políticos por oito anos, Collor renunciou ao mandato. Ainda assim, o Senado prosseguiu com o julgamento, tornando-o inelegível. O ex-presidente reuniu a imprensa na Casa da Dinda e, com sua ira característica, chamou o Brasil de republiqueta tribal, disse ter sido derrubado por aqueles que eram contra a modernização do país e se comparou a Getúlio Vargas. Apesar de curta, a presidência do "carioca das Alagoas" foi intensa e deixou sua marca. Brasílio Sallum faz um balanço:

Há o legado das primeiras iniciativas de liberalização e privatização. As pessoas se esquecem, mas tínhamos um sistema econômico muito fechado. Com o processo de globalização, não havia mais a possibilidade de replicar de forma fechada uma economia industrial. Outro legado foi a demonstração de que, sem uma coalizão sólida, você não governa, não se sustenta nos períodos negativos. O presidencialismo de coalizão, que se tornou corriqueiro nos governos seguintes, teve sob Collor uma espécie de vitrine negativa. Ele fez exatamente tudo que não deveria fazer.

Condenado politicamente pelo *impeachment*, Collor foi absolvido das acusações de corrupção pelo STF, em 1994. O tribunal entendeu que faltavam provas para punir o ex-presidente no caso do esquema de PC Farias. O ex-tesoureiro e sua namorada, Suzana Marcolino, foram assassinados em 1996. Até hoje não se sabe quem os matou ou se houve mandante do crime.

Ao longo dos anos 1990, Collor passou um tempo em Miami afastado da política. De volta ao país, fracassou em uma tentativa de se eleger governador em 2002, mas quatro anos depois obteve uma vaga de senador.

Nunca chegou a ter a relevância no Congresso de um Sarney, mas aproximou-se de governos de diferentes colorações.

Deu-se particularmente bem com Jair Bolsonaro. Os dois colecionaram elogios mútuos e foram juntos a diversos eventos oficiais — a presença de um ex-presidente no palanque emprestava institucionalidade a um mandatário sem diálogo com as forças políticas que protagonizaram o período pós-redemocratização.

Ecumênico, Collor integrou antes disso a base aliada dos governos de Lula — nunca foram próximos, mas trocaram amabilidades inimagináveis em 1989 — e de Dilma Rousseff. Os espaços ocupados na administração petista o levaram a ser acusado pela Lava Jato de corrupção, lavagem de dinheiro e organização criminosa, o que novamente o tornou réu no STF.

Quando Dilma foi ela também às cordas em um processo de *impeachment*, o ex-afastado desembarcou e votou a favor da suspensão da petista. "A história me reservou este momento. Devo vivê-lo no estrito cumprimento do dever", disse.

Comparou o rápido processo de 1992 ao de 2016, mais vagaroso. Criticou Dilma pelo "desleixo com a política" e pela "falta de diálogo com o Parlamento". Faltou que o senador sexagenário se recordasse do jovem presidente e aconselhasse: faça o que eu digo, não o que eu fiz.

28

Itamar Franco (1992-1994), hiperinflação e Plano Real

Itamar Franco (à direita) e Rubens Ricupero, então ministro da Fazenda, lançam o real, 1994.

Com apenas dois anos de governo espremidos entre a curta e palpitante era Collor e os longos e movimentados anos FHC, Itamar Franco acaba, muitas vezes, reduzido a seu aspecto folclórico. Ficou a imagem do personagem impulsivo, temperamental e involuntariamente cômico, que fazia a alegria dos fotógrafos por seu topete grisalho e esvoaçante, ou por se deixar fotografar ao lado de pessoas sem roupas íntimas, como aconteceu no Carnaval de 1994, momento em que o país parou para debater o fato de o presidente ter curtido a folia na Sapucaí ao lado de uma modelo vestida de camiseta e nada mais.

Que o episódio venha até hoje à mente de quem pensa em Itamar diz muito sobre certa memória burlesca de sua presidência. Em um artigo publicado na *Folha de S.Paulo* no penúltimo dia do governo do ex-vice, o jornalista Marcelo Coelho assim o definiu:

> Ele não merece críticas, pois qualquer crítica a ele se contamina da desimportância de sua atuação. [...] Simpatizo moderadamente com seu jeito garnisé. Alternam-se em seu rosto o espevitamento galante e um mineirismo deprimido. O topete lhe dá alegria, mas o cerca de uma estranheza sessentona. Itamar não é gordo nem magro, não é alto nem baixo, não é bonito nem feio, não é charmoso nem desprovido de charme. É como se a personalidade abusiva de seu antecessor, Fernando Collor de Mello, tivesse absorvido tudo o que um presidente possa ter de "pessoal". Itamar quase não existe. [...] Esta é a maior obra de seu governo: ter sido pouco presidente. Uma espécie de reizinho que encontrou o primeiro-ministro certo, a saber, Fernando Henrique. [...] De todo modo, é absurdo dizer que Itamar fez seu sucessor. O sucessor é quem fez Itamar.

Mas aquela dupla de anos vai além de um momento breve e curioso. Foi também a presidência do Plano Real, uma estratégia complexa e criativa, que pôs um ponto-final em anos de hiperinflação no Brasil — e que até hoje gera polêmicas sobre quem o concebeu, se foi o presidente da República ou o então ministro da Fazenda, Fernando Henrique Cardoso.

As controvérsias começaram cedo na vida de Itamar Franco. Desde seu nascimento, pode-se dizer. Segundo a versão relatada pelo próprio, ele nasceu em junho de 1931 no Oceano Atlântico, a bordo de um navio no litoral baiano. O problema é que um registro de um cartório de Salvador indica um endereço na capital baiana como local de nascimento do menino. Quanto à data, consta 1929. Já sua certidão de batismo afirma que ele nasceu em Juiz de Fora (MG). E seu título de eleitor, que nasceu em 1930. Talvez as origens exatas do presidente se escondam para sempre no passado, tal qual um rei medieval, mas é certo dizer, ao menos, que Itamar pouco teve de baiano ou "atlântico", tendo crescido e feito sua vida pessoal e política no interior mineiro.

Formado em engenharia, obteve sua primeira vitória na política em 1966, ao ser eleito prefeito de Juiz de Fora pelo MDB. Antes disso, ainda no PTB getulista, fracassara em tentativas de ser vereador e vice-prefeito da cidade. O voo para além da política municipal ocorreria em 1974, no começo do governo Geisel, quando o apoio popular à ditadura começava a falhar e o MDB dava um banho na Arena. Foi então que se elegeu senador.

Como político de oposição, Itamar tinha um discurso nacionalista e moderado. Cobrava a volta da normalidade institucional para que fossem eliminados "todos os movimentos de extrema direita ou de extrema esquerda radicais". Defendia a legalização do PCB, não por amar secretamente o comunismo, mas porque militantes da sigla se abrigavam dentro do MDB, o que ia contra seu ideal de um emedebismo distante do radicalismo e mais coeso ideologicamente. Depois, em 1986, disputas locais em Minas Gerais o fariam trocar o PMDB pelo Partido Liberal (PL).

Em 1987, como senador constituinte, foi fiel a seu velho ideário petebista e votou a favor da nacionalização do subsolo e da estatização do sistema financeiro. Posicionou-se, ainda, a favor da legalização do aborto, do jogo do bicho e contra a pena de morte e o mandato de cinco anos para José Sarney. O mineiro — vamos identificá-lo assim — também teve atuação em uma CPI que investigou denúncias de corrupção no governo do então presidente, o que o colocaria no radar de um desafeto de Sarney que mudaria sua vida: Fernando Collor.

Não que os dois tivessem algo em comum. Eram de gerações distintas, com históricos de relacionamento distintos com a ditadura. Um era estatista e nacionalista, enquanto o outro sonhava com liberalismo econômico e privatizações. Collor desdenhava do político provinciano de velha guarda, a quem via como antiquado, mas tais questões ficaram de lado diante do ativo de ter um vice de um estado com a força eleitoral de Minas Gerais e que emprestava à chapa trajetória política e boa reputação ética. Itamar topou a aliança, filiou-se ao nanico PRN e virou vice-presidente da República.

Como era de se imaginar, a relação entre titular e vice seria ruim desde o início. Itamar foi se afastando à medida que o presidente se envolvia em crises e se tornava impopular. Em desacordo com a agenda liberal, o mineiro era mantido à margem das decisões, observando com satisfação o Congresso derrubar projetos do governo.

O distanciamento se ampliou ao longo do decisivo ano de 1992. O vice deixou o PRN, fez críticas ao ministério de Collor e se disse pronto para assumir a Presidência caso fosse aprovado o *impeachment*.

Não estava isolado: em torno dele formou-se um grupo suprapartidário que incluía parlamentares de PMDB, PFL, PDT e PSDB, o chamado "cinturão do Itamar". Entre os conselheiros, estava o senador Fernando Henrique Cardoso, que alertava o vice sobre o risco de sua visão estatizante assustar o empresariado.

Aos 61 anos de idade (ou seriam 62? Ou 63?), alçado ao gabinete presidencial depois do afastamento de Collor, Itamar falou em dar ao país um "governo transparente". "Nossa vida e a vida daqueles que estarão comigo é uma vida limpa. A nação pode estar certa de que não haverá corruptos neste governo", afirmou.

Para acomodar tantos aliados que o ajudaram a chegar ao Planalto, ele aumentou o número de ministérios, recriando pastas extintas por Collor, como Cultura e Ciência e Tecnologia. O bonde governista incluía PSDB, PMDB, PDT, PSB, PFL e até a petista Luiza Erundina, ex-prefeita de São Paulo — ela embarcou no ministério por alguns meses contra a vontade de seu partido, que havia decidido se manter na oposição. Em cargos-chaves da administração, como Educação, Planejamento e Casa Civil, o novo presidente pôs amigos mineiros próximos, o que levaria o governo a ser apelidado de República do Pão de Queijo — pode ter pesado também o fato de que o presidente servia a iguaria mineira em reuniões.

Itamar era alvo de críticas por sua insegurança e inconstância nas decisões. Como interino antes do julgamento definitivo de Collor, no fim de 1992, chegou a anunciar que não promoveria medidas relevantes até o titular sair de vez do cargo. A posição — que como veremos diferia bem da extrovertida interinidade de Michel Temer — desesperou o mercado, que cobrava medidas urgentes para combater a inflação e a crise econômica.

Idas e vindas se explicavam também por uma queda de braço dentro do governo, um balaio de gatos que incluía liberais e estatistas. Um novo plano econômico, lançado no fim de 1992, por exemplo, até tratava de ajuste fiscal e privatizações, mas tinha como principais objetivos estímulo ao crescimento, obras públicas, criação de empregos e distribuição de alimentos.

O intervencionismo do governo bebia na fonte até das preferências estéticas e nostálgicas do presidente. Em um dos episódios mais pitorescos de sua administração, foi retomada a produção do Fusca no país. Itamar simpatizava com o modelo, fora de linha desde 1986, e assim o carro da Volkswagen voltou graças a isenções tributárias.

A economia não saía da UTI. Em 1993, não havia muito clima para festejar o crescimento do PIB de quase 5% quando, no mesmo ano, a inflação atingiu o recorde de inacreditáveis 2.708% anuais, depois de fechar o ano anterior em também pornográficos 1.157%. A hiperinflação comia salários, convulsionava a vida cotidiana e fazia os brasileiros terem pesadelos com o som das máquinas de remarcação de preços em supermercados. O desabastecimento de produtos era uma constante, com fornecedores aguardando o reajuste da inflação antes de recolocar mercadorias nas gôndolas. A bagunça afetava principalmente os mais pobres, incapazes de se proteger por meio de reservas bancárias ou de moeda estrangeira.

Para complicar o ambiente geral, o país ainda realizou, em abril de 1993, um novo plebiscito para definir a forma de governo — se presidencialista ou parlamentarista. Tratava-se de um rescaldo da Constituinte, que, em desacordo sobre qual modelo adotar, empurrou a definição sobre o tema para uma decisão popular posterior.

A votação ganhava elementos surreais pelo fato de que os eleitores também votariam em manter a República ou trazer de volta a monarquia, extinta em 1889. Os descendentes do destronado dom Pedro II até que tentaram, mas o retorno do rei só teve o apoio de 10% do eleitorado. Quanto ao parlamentarismo, defendido pelo PSDB, só empolgou um quarto dos votantes. Tudo ficou como era.

Debatendo-se para encontrar uma saída para a crise econômica, Itamar anunciou, em maio de 1993, seu quarto ministro da Fazenda: o sociólogo FHC, que ocupava a chefia do Itamaraty. A população observava com apreensão os movimentos do presidente, que naquele mesmo mês era aprovado por apenas 19% dos entrevistados pelo Datafolha — 26% o rejeitavam e 50% o julgavam regular. A popularidade de Itamar só pioraria ao longo daquele ano, atingindo seu recorde negativo em novembro — 12% de ótimo/bom, 41% de ruim/péssimo e 43% de regular.

No centro de todas as preocupações nacionais, estava a hiperinflação, que persistia depois de repetidas fórmulas supostamente milagrosas. Até ali, porém, nenhuma delas atacava as raízes fundamentais do descontrole de preços, conforme explica a economista Monica de Bolle. A primeira delas era a desordem das contas públicas, nas quais governos que gastavam mais do que arrecadavam imprimiam dinheiro para cobrir despesas. A credibilidade da moeda ia para a lona, e a inflação, para as alturas. Se nada fosse feito, os salários seriam corroídos pelo aumento infindável de produtos e serviços, o que levava à medida oficial seguinte: a indexação, isto é, reajustar automaticamente os rendimentos para tentar proteger a população do processo inflacionário. O gatilho gerava uma espiral em que preços das mercadorias cresciam, o valor da alta virava índice para o aumento dos salários, e o aumento salarial justificava novos aumentos de preços.

Não era fácil quebrar o círculo vicioso. Sob pressão, Itamar deu carta branca ao novo ministro. O que o tucano fez com essa tal liberdade foi montar uma equipe econômica que elaborou um plano de estabilização em várias fases. Para começo de conversa, buscou-se reduzir o déficit das contas públicas por meio de alta de impostos e cortes de gastos. Mais uma vez, cortaram-se zeros da moeda nacional, que passou a se chamar cruzeiro real e a conviver com outra "moeda", uma sigla com a qual os brasileiros se acostumaram no dia a dia: URV, ou Unidade Real de Valor. Os preços das mercadorias apareciam em cruzeiro real, o qual era levado pelos ventos inflacionários, e também em URV, que tinha um valor fixado em relação ao dólar e, portanto, não mudava. Assim, aos poucos as pessoas podiam absorver a ideia de que viviam em um país em que não era difícil entender o valor das coisas. Segundo Monica De Bolle, o câmbio fixo associado ao dólar, essa espécie de "importação" da política monetária americana, pretendia dar credibilidade ao processo. Dando certo, a próxima etapa era consolidar tudo em uma só moeda, o real, que enfim foi lançada em julho de 1994.

Dos mais de 2.500% anuais de 1993, a inflação ficou em menos de 15% em 1995, sem nunca mais voltar aos níveis do passado. O real conseguira debelar um problema que assolava o Brasil havia muitas décadas. Afirma Monica De Bolle:

> *O Plano Real teve um efeito muito positivo não apenas para expectativas sobre o futuro, mas para o poder de compra das pessoas. Gerou na população uma sensação imediata de que a renda não estava mais sujeita às perdas inflacionárias enormes do passado. Naturalmente alguém tinha que colher os frutos políticos disso, e essa pessoa foi Fernando Henrique.*

Para a oposição, o *timing* de todos aqueles acontecimentos cheirava mal, já que ocorriam a meses da eleição presidencial marcada para outubro. PT e CUT evocavam o passado do "estelionato eleitoral" do Plano Cruzado, que ajudou José Sarney e seu PMDB a conquistarem uma esmagadora vitória nas urnas em 1986 para fracassar logo em seguida.

O PT também dizia que o plano tinha características de arrocho de salários dos trabalhadores e, em virtude da paridade do real com o dólar, uma concorrência desleal entre produtos brasileiros e importados, que inundaram o país naquela época. Isso afetaria a indústria e geraria desemprego e desigualdade, acusavam os petistas. O presidenciável do partido, novamente Lula, pedia que a população não fosse imediatista, e questionava se a economia resistiria ao plano de estabilização no longo prazo.

FHC, que ficou no cargo só até o fim de março para poder se candidatar ao Planalto, defendia seu plano e rechaçava a tese do plano eleitoreiro. O mesmo fazia Itamar, que afirmou:

> *A grandeza dessa conquista transcende as circunstâncias do tempo eleitoral. Trata-se de um esforço de toda nação, que coube ao presidente da República coordenar e administrar, a fim de, no cumprimento impostergável de seu dever, deixar a seu sucessor, quem quer que seja o escolhido, uma moeda sólida, capaz de promover o desenvolvimento sem faltar a justiça.*

Notou o "coube ao presidente coordenar"? Pois é. O fato de Itamar ter dado superpoderes ao ministro da Fazenda, depois favorito para a sucessão presidencial, alimentaria desde o começo a polêmica sobre quem seria, afinal de contas, o pai da bem-sucedida moeda. Para Monica de Bolle, tem real tanto para Itamar como para FHC:

Fernando Henrique foi o grande fiador do Real, talvez entendesse um pouco mais o que implicava fazer tudo aquilo, mas, no fim das contas, o plano começou no governo Itamar, com FHC na Fazenda, depois chefiada por Rubens Ricupero e Ciro Gomes. Em seguida, o próprio FHC virou presidente e a coisa toda foi mais consolidada. Na realidade, os dois estão certos, porque a paternidade foi múltipla.

Fora da Presidência e tendo feito seu sucessor, Itamar ganhou do governo FHC postos diplomáticos no exterior, mas a questão da autoria da estabilização da economia, além das discordâncias entre o estatizante ex-presidente e o liberalizante presidente azedou a relação dos dois. Itamar se opôs às privatizações e à reeleição de FHC, tentando se lançar pré-candidato do PMDB à Presidência em 1998. Derrotado internamente no partido, disputou e venceu o governo de Minas Gerais, usando o cargo para dar uma série de belas dores de cabeça ao presidente. Cobrou mudanças na política econômica, recusou-se a aceitar privatizações de empresas mineiras e decretou uma moratória da dívida estadual com a União.

Com a vitória de Lula para o Planalto, Itamar foi indicado para comandar a embaixada do Brasil na Itália, mas, depois de um tempo, o turrão ex-presidente também passou a criticar o PT. Mantendo o discurso antipetista, retornou ao Senado em 2010, junto ao tucano Aécio Neves. Como senador, fez oposição ao recém-iniciado governo Dilma Rousseff, mas seu retorno ao centro dos acontecimentos em Brasília foi breve. Diagnosticado com leucemia, morreu em julho de 2011.

Segundo reportagem de Josias de Souza, publicada na *Folha de S.Paulo* depois da morte do ex-presidente, a mágoa pelo que Itamar via como falta de reconhecimento durou até o fim. Ao saber de um amigo que se organizava uma homenagem pelos 80 anos de idade de FHC, disse: "Já fiz 80, quem se lembrou? Se não fosse por mim, o Fernando Henrique seria hoje um professor universitário". Também afirmou: "Quando morrer, talvez me façam Justiça".

29

Fernando Henrique Cardoso (1995-2002), vaidade e reeleição

Segunda posse de Fernando Henrique Cardoso (à esquerda). Ao seu lado, está Antonio Carlos Magalhães, então presidente do Senado, 1999.

Há, no primeiro presidente a governar no século XXI, certa estirpe principesca, então comecemos com um rápido retorno ao século XIX. Mais especificamente, à noite de 6 de novembro de 1889, quando o tenente-coronel Benjamin Constant recebia em sua casa, no Rio de Janeiro, um grupo de militares que conspiravam com ele pela queda da monarquia. Em dado momento da discussão de planos, o anfitrião perguntou: "O que devemos fazer de nosso imperador?". O alferes Joaquim Ignácio Baptista Cardoso propôs: "Exila-se!". Mas e se dom Pedro II resistir? "Fuzila-se!", respondeu no ato Joaquim. Assustado com proposição do jovem militar de 29 anos de idade, Constant reclamou: "O senhor é um sanguinário! Pelo contrário, devemos rodeá-lo de todas as garantias e considerações, porque é um nosso patrício muito digno".

Joaquim era filho de Felicíssimo do Espírito Santo Cardoso, político conservador do Império, que chegou a assumir o governo da província de Goiás. Derrubada a monarquia, Felicíssimo mandou uma carta ao filho conspirador, dizendo que a República não tinha servido de nada, porque, segundo ele, em Goiás, "agora, como antes, continuam mandando os Caiado".

A mesma família Cardoso daria ao país um prefeito do Distrito Federal, um presidente do Banco do Brasil e um general nacionalista que liderou a campanha "O petróleo é nosso". Também pertenciam à mesma linhagem dois ministros da Guerra de Getúlio Vargas, um nos anos 1930 e outro nos anos 1950. E ainda um deputado federal pelo PTB getulista, de nome Leônidas Cardoso.

Neto do cético goiano Felicíssimo e filho do intenso alferes Joaquim, Leônidas foi pai de Fernando Henrique Cardoso, um sociólogo que se destacou em sua área a ponto de ficar conhecido como "príncipe" da sociologia brasileira. A alcunha combina bem com a figura vaidosa, sabichona e de modos pomposos que se tornou o mais célebre e o que mais longe chegou da dinastia política dos Cardoso. Elegeu-se presidente da República em 1994 — diga-se, com o apoio dos Caiado de Goiás.

FHC, acrônimo pelo qual ficou conhecido e que facilita muito o encaixe de seu nome no espaço limitado de títulos de reportagens, venceu a disputa daquele ano em primeiro turno, com mais de 54% dos votos. Usou como combustível eleitoral o sucesso do Plano Real, que enfim derrotou a inflação.

O peso do plano pode ser medido pela progressão das intenções de voto do ex-ministro da Fazenda de Itamar Franco ao longo daquele ano eleitoral de 1994. Em maio, o candidato do PSDB tinha apenas 16% das intenções, contra 42% do candidato do PT, Luiz Inácio Lula da Silva. A diferença entre os dois foi desaparecendo ao longo dos meses, até o tucano ultrapassar o petista no começo de agosto, mês seguinte ao lançamento da nova moeda, e nunca mais deixar a dianteira. Abertas as urnas, Lula teve apenas 27% dos votos.

FHC montou sua chapa vitoriosa com o vice Marco Maciel, uma figura discreta e que é mais lembrada por seu tipo físico alto e longilíneo ("o mapa do Chile", na definição de Carlos Chagas durante a transmissão ao vivo da posse presidencial pela TV Manchete). Senador por Pernambuco, Maciel era do PFL, o que atraía para a chapa os votos do Nordeste, reduto do partido e região em que o presidenciável, um acadêmico com vida política em São Paulo, era pouco conhecido.

Mas, além de ganhos, a união entre os dois partidos trazia custos à imagem dos tucanos. É algo que pode soar estranho aos ouvidos de hoje, depois de tantas eleições em que PSDB e PFL (depois chamado de DEM e União Brasil) andaram de mãos dadas, mas em 1994 as siglas pareciam divididas por um muro ideológico. Tucanos, afinal, tinham nascido como uma costela supostamente à esquerda e menos fisiológica do PMDB, o partido de oposição à ditadura.

Já o PFL tinha o próprio DNA do regime, sendo formado por ex-aliados dos militares que abandonaram o barco nos momentos finais do governo João Figueiredo. O pefelismo era tido como a própria imagem do governismo, do fisiologismo e da velha política. *"Hay gobierno? Soy a favor."*

Durante a eleição, a aliança era constantemente criticada por Lula e outros adversários, o que forçava FHC a ficar apresentando suas credenciais de homem de esquerda. Em um debate da TV Bandeirantes, ele afirmou:

Não existe mais, a meu ver, especialmente num país como o Brasil, cabida para políticas nem neoliberais nem conservadoras, tanto assim que não há quem as defenda, ao menos de uma maneira clara. Praticamente não há nenhuma força conservadora com capacidade hoje de aglutinar a população brasileira através do voto. Houve um deslocamento nesse sentido para o centro e para a esquerda. E de alguma maneira eu represento esse movimento.

A identificação à esquerda do candidato pode soar descolada do presidente de um governo marcado por privatizações e à frente de um partido que por anos liderou o campo antipetista e de centro-direita, tendo como principais opositores partidos e grupos de esquerda. A autodeclaração canhota, porém, persistiria mesmo depois da passagem pelo Planalto. Em 2014, FHC afirmou: "Hoje, se disser que sou de esquerda, as pessoas não vão acreditar, embora seja verdade".

De fato, posições à esquerda estão na origem da formação acadêmica do tucano. O rebento dos Cardoso nasceu carioca em 1931, mas logo cedo se mudou para São Paulo, onde estudou em colégios tradicionais e se formou em ciências sociais pela Universidade de São Paulo (USP). Especializado em sociologia, teve como mestres figuras como Florestan Fernandes e passou a dar aulas na universidade. Lá conheceu Ruth Vilaça Correia Leite, antropóloga também de destacada carreira com quem se casou.

Filho de deputado, o sociólogo se envolveu em política ainda jovem, participando da campanha pela nacionalização do petróleo e colaborando para publicações do PCB. A invasão da Hungria pelos soviéticos em 1956 afastou logo cedo o jovem das simpatias comunistas, mas não da pesquisa sobre o tema. Sua participação em um grupo de estudos sobre Karl Marx lhe renderia uma ordem de prisão em 1964 sob a acusação de comunismo — além de um exílio.

FHC passou, então, por Argentina, Chile e França, escrevendo com o colega chileno Enzo Faletto o livro *Dependência e desenvolvimento na América Latina*, que se tornou uma obra de referência no campo das ciências sociais. Na Europa, dava aula na Universidade de Nanterre, nos subúrbios de Paris, quando estouraram os protestos estudantis que levaram ao célebre Maio de 1968. Em julho do mesmo ano, a ordem de prisão foi revogada, e Fernando Henrique achou que era uma boa ideia voltar a dar aulas na USP. Pois em cinco meses o marechal Costa e Silva editaria o AI-5, e lá estaria o sociólogo entre os setenta professores da universidade aposentados compulsoriamente na esteira da nova medida de exceção da ditadura.

Ele e outros acadêmicos fundaram então o Centro Brasileiro de Análise e Planejamento (Cebrap), instituição de pesquisas em ciências sociais que se bancava com conferências, trabalhos para a iniciativa privada e recursos do exterior. O centro se aproximou do MDB, única oposição consentida pela ditadura, e FHC atuou na elaboração do programa do partido para a eleição de 1974 para o Congresso Nacional.

O professor de esquerda moderada e desencantado com o Partido Comunista era a cara da nova oposição que ganhava força na segunda metade do regime militar: disposta a fazer alianças e concessões, contrária aos grupos armados e focada em chegar ao poder pelo voto.

FHC estreou, então, na política eleitoral, elegendo-se suplente de Franco Montoro (MDB-SP) ao Senado, com apoio da OAB, da Igreja Católica e de certo Sindicato dos Metalúrgicos de São Bernardo do Campo. Pois é, estávamos nos anos das greves do ABC paulista, e o sociólogo se aproximava do então líder sindical Luiz Inácio da Silva, o Lula, que naquela época chegou a chamar o professor de "reserva moral" do país. FHC até participou de reuniões que levariam à criação do PT, mas incomodou-se com a defesa que o novo partido fazia do socialismo e preferiu ficar no PMDB, novo nome do MDB.

A eleição de Montoro para o governo de São Paulo em 1982 abriu uma vaga no Senado para o suplente, que ganhou visibilidade, frequentou os palanques das Diretas Já e se lançou candidato a prefeito de São Paulo em 1985. Em uma aliança do PMDB com PCB e PC do B (pois é…), FHC enfrentou o ex-presidente Jânio Quadros, lançado pelo PTB com o apoio dos conservadores PFL e PDS, partidos derivados da Arena pró-ditadura.

Na propaganda de TV do peemedebista, a atriz Regina Duarte pedia que se votasse em FHC "para impedir que as forças da corrupção e da ditadura voltem a se juntar e destruam a nossa frágil democracia". O espírito do tempo parecia estar ao seu lado, mas o sociólogo mostrou não ser político o suficiente, cometendo uma série de erros durante a campanha. Pareceu arrogante ao se deixar fotografar na cadeira de prefeito antes de a população votar; admitiu ter experimentado maconha, tema amplamente explorado pela campanha adversária, que chegou a falar em inclusão da droga na merenda escolar caso o professor fosse eleito. Por fim, enrolou-se em um debate ao ser perguntado por Boris Casoy se acreditava em Deus. "Essa pergunta o senhor disse que não me faria", foi sua resposta infeliz. Em um país tão católico, FHC ganhou a fama de ateu, o que ele negava, afirmando acreditar, sim, em Deus (muitos anos depois, já ex-presidente e sem eleições à vista, declarou-se agnóstico).

Naquele pleito municipal, obteve 34% dos votos, contra 37,5% de Jânio — a eleição era de turno único. O prêmio de consolação foi a reeleição ao Senado no ano seguinte, com direito a participação na Constituinte. Foi também o período do rompimento com o PMDB e a criação, com Mário Covas, José Serra e outros, do PSDB, que empunhava bandeiras como parlamentarismo, reformas sociais, privatizações, abertura econômica e ética na política.

Anos depois, em 1992, os tucanos teriam papel central na aliança responsável pelo *impeachment* de Fernando Collor, e FHC se tornou chanceler e, depois, ministro da Fazenda de Itamar Franco. Consta desse período mais uma polêmica que ainda persegue o sociólogo. Em reportagem publicada pela *Folha de S.Paulo*, empresários atribuíram ao então comandante da economia a seguinte declaração: "Esqueçam o que escrevemos no passado, porque o mundo mudou e a realidade hoje é outra". Encurtada para a história como "Esqueçam o que eu escrevi", a autoria da frase seria sempre rechaçada por FHC.

Tendo-a dito ou não, foi um Fernando Henrique francamente aberto ao capitalismo e de braços dados com os novos amigos do PFL que chegou à Presidência em 1995, aos 63 anos de idade. Dizendo-se inspirado por Tancredo Neves e Juscelino Kubitschek, falava em superar o modelo de desenvolvimento de forte presença do Estado implantado por Getúlio Vargas. Em sua posse presidencial, o ex-ministro que estabilizou a economia era pura confiança:

> *Sem arrogância, mas com absoluta convicção, digo: este país vai dar certo. Não por minha causa, mas por causa de todos nós. Não só por causa de nossos sonhos, pela nossa imensa vontade de ver o Brasil dar certo, mas porque o momento amadureceu e o Brasil tem tudo para dar certo. [...] Hoje não há especialista sério que preveja para o Brasil outra coisa que um longo período de crescimento. [...] A maioria absoluta dos brasileiros fez uma opção pela continuidade do Plano Real e pelas reformas estruturais necessárias para afastar de uma vez por todas o fantasma da inflação.*

Com tal fantasma tão fresco na memória, havia uma obsessão por manter a economia estável, o que era especialmente complicado em um ambiente de elevada dívida e sucessivas crises internacionais. Ao longo daquele mandato e do seguinte, convulsões atingiriam México, Rússia, países da Ásia e Argentina, gerando uma eterna pergunta: quando o Brasil será a bola da vez?

O país, com a Fazenda chefiada por Pedro Malan, precisava fazer dinheiro para que as contas fechassem, ou ao menos manter o endividamento sob controle, e para isso caíam muito bem as privatizações de empresas estatais. O pacote incluía abertura de mercados ao exterior, reformas financeiras e uma reorganização do Estado. Entre as vendas mais relevantes do período estavam a então Companhia Vale do Rio Doce e o sistema Telebras, que não ocorreram sem protestos e suspeitas de favorecimentos. Segundo o jornalista Vinicius Torres Freire, a privatização, feita às pressas, levou à criação de oligopólios, em vez de promover uma pulverização do capital.

A manutenção de uma paridade entre o real e o dólar barateou as importações, o que, com a baixa inflação, levou a uma febre de consumo no país, e as classes mais favorecidas aproveitaram para colecionar carimbos nos passaportes. O outro lado da moeda, porém, foi a criação de déficits comerciais, com problemas para exportadores e para a indústria nacional. O governo respondia com a tentativa de restringir o consumo por meio de aumentos da taxa de juros.

A economia mudava rápido, e o governo planejava alterações ambiciosas no monopólio das estatais, na estabilidade dos funcionários públicos e na Previdência. Para que tudo isso acontecesse, era preciso combinar com o Congresso, e FHC montou uma coalizão que ia do centro à direita, com políticos de partidos como PSDB, PMDB, PTB e PFL. Despontavam figuras que carregavam o piano da articulação política nas costas, como Luís Eduardo Magalhães (PFL-BA), filho de Antonio Carlos Magalhães e presidente da Câmara; o ex-presidente José Sarney, então à frente do Senado; o senador Jader Barbalho (PMDB-PA); e o ministro das Comunicações, Sérgio Motta.

Os planos eram muitos, e o mandato, de apenas quatro anos, sem previsão constitucional de reeleição. Fernando Henrique decidiu então se engajar em negociar a possibilidade de dobrar seu mandato — e de lambuja os de governadores e prefeitos. Assim que foi lançado, o projeto de reeleição passou a consumir tempo, energia e espaço no noticiário. O presidente não demorou a receber críticas por gastar seu capital político, que poderia estar sendo usado para implementar sua plataforma de governo, em promover a mudança eleitoral.

Ao defender a emenda da reeleição que o beneficiava diretamente, argumenta Torres Freire, FHC exibia uma crença de que sem ele não haveria continuidade das reformas, mesmo que seu sucessor fosse um tucano, o que demonstrava certa desconfiança do presidente em relação aos sucessores e ao próprio processo democrático — era como se, para o tucano, apenas sua permanência no poder garantisse o país em bom curso.

Ao componente oportunista, seria acrescentado o das suspeitas de corrupção. Em maio de 1997, quatro meses depois de a Câmara aprovar a emenda da reeleição, a *Folha de S.Paulo* revelou gravações de conversas de dois deputados do PFL do Acre em que diziam ter vendido seus votos a favor da reeleição por 200 mil dólares cada um, acusando outros parlamentares de terem feito o mesmo. As gravações citavam ainda os governadores do Amazonas e do Acre — Amazonino Mendes e Orleir Cameli — e o ministro Sérgio Motta. Os deputados gravados renunciaram, uma CPI para investigar o caso não avançou, e FHC e o governo sempre negaram envolvimento no esquema. Em 2007, o já ex-presidente afirmaria: "Houve compra de votos? Provavelmente. Foi feita pelo governo federal? Não foi. Pelo PSDB, não foi. Por mim, muito menos". O então procurador-geral da República, Geraldo Brindeiro, jamais apresentou denúncia sobre o caso de compra de votos, ficando conhecido como "engavetador-geral da República". Afirma Torres Freire:

Isso lembra outro aspecto importante do governo Fernando Henrique, ainda mais em comparação com os tempos de hoje: o papel da Justiça, da polícia e do Ministério Público na fiscalização das instituições. Não havia independência do Ministério Público como há hoje, menos ainda da Polícia Federal, que estava desorganizada, com muitos conflitos internos, e era bem menos profissional do que é atualmente. Então, houve uma série de escândalos no governo FHC que foram enterrados. Brindeiro era muito fiel ao governo, e o presidente não se importou com isso.

Acossado pelas suspeitas que apareciam na imprensa, FHC insistia em se mostrar uma figura distante da política tradicional, como se não pertencesse ou não falasse a língua dos que o rodeavam. Em seus diários, publicados anos depois, anotaria:

Hoje veio a bancada do PFL tomar café da manhã comigo. [...] Eles só querem umas nomeaçõezinhas, uns contratinhos, essas coisas, o beabá dessa política empobrecida. [...] Dei uma quase aula sobre a situação do Brasil, foi agradável.

Em outro trecho, registraria que "está visível que o PMDB deseja estar com o governo, deseja estar numa posição mais moderna e não se perder nesses descaminhos antiquados e de interesses mais rasteiros de alguns deles". Para Torres Freire, trata-se de um verniz sobre a imagem de alguém que atuava na política desde os anos 1970:

FHC tinha uma vaidade intelectual grande, fazendo sempre questão de se mostrar como melhor — era alguém que se achava superior às pessoas com que tinha que conversar, as quais considerava um bando de selvagens. Ao mesmo tempo, ele era um político em tempo integral, estava metido ali e lutava pelo poder como qualquer um, inclusive propondo a reeleição para si mesmo. Isso é algo que um líder personalista faria, e o personalismo era justamente um traço que ele criticava em seus colegas menos sofisticados.

Vitorioso na aprovação da reeleição, o presidente construiu para a eleição de 1998 uma aliança com PFL, PPB (ex-Arena e atual PP) e integrantes do PMDB. Novamente, teria como principal adversário Lula — mas, dessa vez, a campanha petista estava reforçada por uma coligação com o PDT, com Leonel Brizola como candidato a vice. A economia não ia bem, o PIB estava estagnado, a situação externa era instável, e a popularidade do governo, que havia sido boa na maior parte do primeiro mandato, capengava. Para não correr riscos, FHC apostou em atemorizar o eleitorado, vendendo-se como o único confiável para guiar o país em uma travessia difícil. Sua algo deprimente canção de campanha afirmava:

Ele plantou a semente do futuro
É o pulso firme nesse tempo turbulento
Está fazendo um Brasil para todo mundo
Mas felicidade é construção que leva tempo

Deu certo, e mais uma vez o tucano derrotou Lula no primeiro turno, obtendo 53% dos votos. Ajudou bastante na vitória uma custosa manutenção do real valorizado em relação ao dólar, obtida por meio da queima de reservas do país durante o período eleitoral. As más notícias viriam logo depois da segunda posse, em janeiro de 1999, quando o governo enfim desvalorizou a moeda, o que veio acompanhado de aumento da dívida externa e elevação da taxa de juros para controlar o temor dos investidores.

Diante do endividamento, o governo promoveu enxugamento de gastos públicos e aumentou a carga tributária, um pacote completo de maldades que ajudaria a definir a má imagem do segundo mandato do tucano, derrubando o prestígio e a popularidade presidencial.

Como durante a campanha a promessa era de que o câmbio não seria desvalorizado, a oposição partiu para cima com ataques ferozes ao governo. Liderada pelo PT, a esquerda pedia o *impeachment* de Fernando Henrique e organizava protestos com os motes "Fora, FHC" e "Fora, FMI". Em agosto de 1999, uma "marcha dos 100 mil" foi até Brasília. Irritado, FHC chamou o ato de golpista, comparando o protesto aos atos que antecederam o golpe militar de 1964.

Apesar das pressões, o presidente conseguiu conter o pânico diante do real desvalorizado e fazer uma transição da política econômica em direção ao câmbio flutuante e a superávits primários. Quem observasse os números do ano 2000, quando o PIB cresceu 4,4%, diria que o segundo mandato havia encontrado seu caminho, com um FHC mais desenvolto para circular na arena internacional, confraternizando com líderes, como o americano Bill Clinton, o britânico Tony Blair e o francês Jacques Chirac, e consolidando no programa humorístico Casseta & Planeta o apelido de "Viajando Henrique Cardoso".

Os sonhos de bonança seriam, porém, logo obscurecidos pelo apagão elétrico de 2001, uma mistura de estiagem e mau planejamento diante do crescimento econômico que levou a racionamentos de energia e multas para quem gastasse demais. A restrição forçada do consumo trouxe más notícias na economia, o que foi agravado por mais uma crise externa, dessa vez vinda da Argentina. O crescimento do Brasil naquele ano ficaria em apenas 1,3%.

Diante de tal quadro, o presidente não veria seus índices de popularidade saírem do vermelho ao longo de seus dois últimos anos de mandato, exceto por um breve respiro em julho de 2002, quando a avaliação positiva superou a negativa por 31% a 26%, respectivamente. Mas logo veio o período eleitoral, e a reprovação do presidente voltou a ser regra, o que ajudaria a comprometer a campanha presidencial do PSDB. FHC estava tão malvisto que o então candidato tucano, José Serra, buscava se dissociar dele, tática que o partido repetiu nas eleições seguintes, com exceção daquela de 2014, quando Aécio Neves decidiu enfim defender abertamente o legado de FHC (o que, a propósito, não deu certo).

Depois de oito anos de mandato, período no poder superado só pelos mais de dezoito anos de Getúlio Vargas e depois igualado por Lula, Fernando Henrique Cardoso entregou um país de hiperinflação extinta, pobreza reduzida, frequência escolar ampliada significativamente e com avanços importantes no combate à aids, na política de medicamentos genéricos e na aprovação da Lei de Responsabilidade Fiscal.

Por outro lado, a inflação não deixara completamente de ser um problema — subiu de forma preocupante em 2002, em parte em razão do temor do mercado em relação ao "risco Lula". O Brasil também continuava a ter elevada dependência externa e expressiva taxa de juros, além de profunda desigualdade social, desemprego crescente, fortes cobranças por reforma agrária vindas de organizações, como o Movimento dos Trabalhadores Rurais Sem Terra (MST), e problemas crônicos na educação e na saúde.

Para alguns, seu governo fez mais pela economia do que pela área social, que teria ficado em segundo plano, mas Torres Freire contesta essa imagem. Ele concorda que as iniciativas de distribuição de renda criadas na era tucana, como Bolsa Escola e Vale Gás, eram tímidas e dispersas se comparadas com o Bolsa Família de Lula, e que faltava a FHC inclinação e pressões aliadas, fossem partidárias ou de movimentos sociais, para iniciativas mais robustas. O jornalista lembra, porém, que a carência de recursos daqueles anos 1990 era gritante se comparada à prosperidade de meados dos anos 2000. Além disso, com a hiperinflação fresca na memória, temia-se que o descontrole retornasse, o que tornava mais urgente a agenda de controle rígido dos gastos.

A economia estável é apontada por Torres Freire como uma das heranças positivas de um governo que foi por anos acusado pelo PT de deixar para o país uma "herança maldita". O jornalista também ressalta a abertura econômica e o combate a ineficiências estatais por meio da privatização de serviços, como a telefonia, apesar do processo com defeitos e feito às pressas.

Ele classifica como "divertido" o "governo neoliberal" de FHC, gestão que ganhou tal pecha de seus críticos mesmo ao elevar a carga tributária, não fazer mudanças profundas no tamanho e na configuração da máquina pública e não conseguir aprovar uma reforma da Previdência de peso.

Como pontos problemáticos, Torres Freire aponta consequências da empreitada presidencial em nome da reeleição:

> *A emenda da reeleição deixou uma ideia que permaneceu nos próximos governos: todo mundo tem um pouco de desconfiança da democracia. Ao longo dos governos pós-estabilização há sempre uma característica que mostra que o governo de turno acredita que tem que permanecer no poder qualquer que seja o custo, seja pagando propina, firmando alianças descabeladas com gente da pior espécie, promovendo mudanças legais que favorecem a seu partido e a si mesmo, fazendo a economia crescer de maneira enganosa e não sustentável para ganhar eleições. A gente vê em vários governos essa desconfiança de que "se não formos nós, a coisa não anda".*

Em 2020, o próprio ex-presidente mostraria alinhamento com tal argumento ao escrever em um artigo um mea-culpa sobre a criação do duplo mandato: "Visto de hoje, imaginar que os presidentes não farão o impossível para ganhar a reeleição é ingenuidade [...]. Devo reconhecer que historicamente foi um erro".

Ao passar a faixa a Lula, em 1º de janeiro de 2003, FHC ouviu do petista: "Você tem aqui um amigo". Mas não haveria muito ali além de palavras. O tucano se tornaria um crítico frequente dos governos petistas, recebendo de volta constantes bordoadas de Lula e seus aliados.

O nome do ex-presidente apareceu no âmbito da Operação Lava Jato, com delatores relatando casos de propina durante seu governo, ou de caixa dois à sua própria campanha, como contou Emílio Odebrecht, patriarca da empreiteira baiana. A investigação sobre o caso foi arquivada por prescrição.

Em 2018, Fernando Henrique preferiu anular o voto quando o segundo turno opôs o PT a Jair Bolsonaro, decisão algo surpreendente, já que, no passado, o candidato de extrema direita defendeu fuzilar o tucano. Posto pelo bolsonarismo no mesmo balaio de esquerda do petismo, FHC depois se declararia em oposição ao governo, revelando sentir um "certo mal-estar" por não ter votado contra Bolsonaro e chegando até mesmo a se reaproximar de Lula. O tucano se deixou fotografar com o petista e, com sua habitual nota de condescendência ao se referir ao rival histórico, disse que, na falta de uma terceira via, votaria em Lula. "Quem não tem cão caça com gato. E no caso é um gato que não é tão feroz. É um gato pacificado. Tem experiência. A vida ensina." Afirmaria ainda: "Eu, para ser sincero, gosto do Lula. Mas ele, em relação a mim, sempre está com a guarda levantada. Não sei por quê."

30

Luiz Inácio Lula da Silva (2003-2010), amor e ódio

Luiz Inácio Lula da Silva exibe as mãos sujas de petróleo após acionar umas das válvulas da plataforma P-50 da Petrobras, em comemoração à autossuficiência do país na produção do combustível. Atrás dele, à esquerda, está Renan Calheiros, então presidente do Senado, 2006.

Alguns poucos presidentes nasceram em famílias pobres ou passaram por privações na infância, mas nenhum deles nasceu e se criou na pobreza da mesma forma que Luiz Inácio Lula da Silva. Em um cargo por onde passaram tantos bacharéis em direito e oficiais militares, ele é, além do efêmero João Café Filho, o único a não ter concluído curso superior.

Inicialmente em um PT intransigente na defesa de bandeiras socialistas e sectárias, Lula flexibilizou seu discurso e seus critérios de alianças depois de sofrer três derrotas presidenciais. Em 2002, a mudança enfim lhe rendeu uma vitória. Conciliou-se, acomodou-se, emparelhou-se com o empresariado e ao longo de seus oito anos de governo — e depois deles — encheu de elogios ex-adversários como José Sarney, Fernando Collor e Renan Calheiros.

Teve uma presidência marcada por crescimento econômico, redução da pobreza e melhora na distribuição de renda. O sucesso foi retribuído com uma avaliação positiva recorde de 83% dos brasileiros ao fim de seu segundo mandato, em 2010, e a eleição de sua sucessora, a também petista Dilma Rousseff.

Foram também oito anos de escândalos que vieram à tona durante a era Lula e depois dela. Em sua trajetória de recordes e ineditismos, Lula também foi o primeiro ex-presidente a ser condenado e preso depois de processo na esfera penal — no caso, por corrupção e lavagem de dinheiro no âmbito da Operação Lava Jato. As sentenças acabariam anuladas no Supremo Tribunal Federal em 2021, mas antes disso manteriam o petista encarcerado por 580 dias e o impediriam de disputar a Presidência em 2018.

O ex-presidente se mantém como personagem da política brasileira há mais de quatro décadas, indo de mero coadjuvante a protagonista. Para alguns, é a estrela, o mito, o herói popular. Para outros, o ladrão, a farsa, o vilão populista. Também há aqueles que veem as duas faces e as ambiguidades tão comuns na política. O que se custa a encontrar é quem seja indiferente ao petista.

Pernambucano da pequena Caetés, distrito de Garanhuns hoje transformado em município, Luiz Inácio foi o sétimo dos oito filhos do casal Aristides e Eurídice, conhecida como dona Lindu. Veio ao mundo em outubro de 1945, nos momentos finais da ditadura do Estado Novo — não que a política passasse perto da vida daquela família de lavradores pobres do agreste. Em um roteiro bastante comum na dinâmica de migração de retirantes do Nordeste em direção ao Sudeste, o patriarca foi trabalhar em Santos (SP), construiu uma nova família e deixou Lindu com as crianças em Pernambuco. Pouco depois, foi a vez dela e da prole partirem para o estado de São Paulo em uma viagem de treze dias em um caminhão pau de arara.

No litoral paulista, penaram com a rigidez de Aristides, o fato de ele ter uma segunda família e a falta de dinheiro, o que obrigou as crianças a trabalharem desde pequenas como ambulantes e em outros bicos. Em seguida, Lindu e os filhos se mudaram para a periferia da capital paulista, o que faria Lula crescer afastado do pai, que morreu como indigente em 1978.

Em São Paulo, o menino estudou até o quinto ano, abandonando os estudos aos 12 anos de idade, depois de arranjar um emprego fixo em uma tinturaria. Foi ainda engraxate, *office boy* e funcionário de uma fábrica de parafusos. Em 1964, aos 19 anos de idade, fez um curso de torneiro mecânico e foi trabalhar em uma metalúrgica. No local, onde eram comuns turnos de trabalho de doze horas seguidas, Luiz Inácio perdeu o dedo mínimo da mão esquerda em um acidente numa prensa. Passaria anos envergonhado com a deficiência, até adquirir a segurança dos políticos e transformar o episódio trágico em piada, repetindo que o médico poderia ter deixado ao menos um toco para que ele pudesse coçar o ouvido ou o nariz. Lula teve de voltar ao trabalho treze dias depois do acidente. Tempos depois, encontrou um trabalho em uma metalúrgica em São Bernardo do Campo, cidade do ABC paulista.

A entrada na política veio pelas mãos de um de seus irmãos, José Ferreira da Silva, o frei Chico, que era militante do Partido Comunista e levou o irmão para o sindicato dos metalúrgicos. Era 1967, e jovens se preparavam para explodir em contestação a governos no Brasil e no mundo, mas isso era conversa de estudante de classe média. O jovem operário Lula estava interessado mesmo em não abrir mão de seus 20 e poucos anos de idade, sem muita disposição para política e questões sindicais. No fim da década, casou-se pela primeira vez, com Maria de Lourdes, que adoeceu grávida e morreu em 1971. Depois, casou-se com Marisa Letícia, uma viúva que já tinha um filho, e com ela teria mais outros três.

Com o tempo, Lula se envolveu mais na vida sindical, tornando-se titular da diretoria em 1972 e presidente em 1975. A rotina de entrevistas à imprensa o transformava em figura relativamente conhecida, sobretudo na Grande São Paulo. Na época, era comumente citado como Luiz Inácio da Silva, o Lula — só depois viria a mudança oficial de nome.

O sindicalismo brasileiro hibernava desde a repressão às greves em 1968 e o AI-5, mas, com a abertura controlada de Geisel, a turma do ABC passou a reunir meios para cobrar reajustes salariais de donos de fábrica e do governo. Greves se repetiram em 1978, 1979 e 1980, sendo esta última combatida duramente pelas forças de segurança. Presos, Lula e outros dirigentes passaram 31 dias no Departamento de Ordem Política e Social (Dops). O metalúrgico foi processado por incitação à desordem e condenado em primeira instância pela Justiça Militar, mas acabou tendo a sentença anulada.

Em termos de cuidado com as palavras, o jovem Lula era bem mais sindicalista do que político. Em entrevista à revista *Playboy* em 1979, disse ter preguiça de ler, que era impossível para uma dona de casa e mãe ser feminista e que admirava a força e a disposição — mas não as ideias — de certo ditador. "Hitler, mesmo errado, tinha aquilo que eu admiro num homem, o fogo de se propor a fazer alguma coisa e tentar fazer", declarou.

A transição para o figurino de político começaria em 1980, quando foi posta em prática a ideia de ir além da disputa no plano sindical e entrar na política partidária. Os operários do ABC se uniram a intelectuais, lideranças católicas e ex-integrantes da esquerda armada para fundar o PT. Presidente da sigla, Lula afirmava:

A gente tem que mostrar para o trabalhador que partido político não é privilégio de Magalhães Pinto, Jânio Quadros, Getúlio Vargas e Leonel Brizola. O governo e a burguesia vêm com a história de que a gente não pode misturar sindicato com política. A verdade é que todo mundo participa de política neste país, menos a classe trabalhadora.

O primeiro teste nas urnas viria na eleição de 1982, com candidatos para todos os cargos exceto presidente. Nanico, o PT elegeu oito deputados federais, treze estaduais e dois prefeitos. Lula ficou em quarto lugar para o governo de São Paulo, com 10% dos votos. O pleito serviu para o partido consolidar o discurso de que "trabalhador vota em trabalhador".

Os petistas buscavam se diferenciar de outros partidos opositores da ditadura e também ligados à esquerda de então, como PMDB e PDT.

Embora tenham se unido a lideranças de outras siglas pelas Diretas Já, recusaram-se a participar do Colégio Eleitoral que elegeu Tancredo Neves presidente em 1985, e deputados da sigla que desobedeceram a ordem e votaram no peemedebista foram expulsos.

Depois, em uma Assembleia Nacional Constituinte amplamente dominada pelo PMDB e com o PFL como segunda força, o PT e seus então dezesseis deputados foram voto vencido. Um deles era Lula, que votou a favor da estatização do sistema financeiro, da estabilidade no emprego e da limitação ao direito da propriedade privada. Líder do PT na Constituinte, ele anunciou que o partido votaria contra a redação final da Carta, que, afirmava, mantinha intactas as estruturas de poder do país.

No fim das contas, os parlamentares da sigla cumpriram a formalidade de assinar a Constituição de 1988. Com poucos sucessos como legislador, Lula reclamaria que apenas uma minoria se preocupava com o país no Congresso, enquanto "trezentos picaretas defendem só seus próprios interesses".

Apesar das derrotas e da irrelevância numérica no Congresso, o PT era barulhento, fortalecia-se por meio de elos com movimentos de esquerda, como a CUT, e ganhava espaço. Na eleição municipal de 1988, o partido levou as prefeituras de Porto Alegre, Vitória, Campinas (SP), Santos (SP), Contagem (MG) e São Paulo, esta última com Luiza Erundina.

No pleito presidencial do ano seguinte, o próprio Lula foi lançado em uma coligação com PSB e PC do B chamada Frente Brasil Popular. A campanha tinha comícios enormes e a adesão em peso de artistas, como Chico Buarque, Beth Carvalho e Malu Mader, entre outros. A propaganda de TV exibia a multidão de globais e grandes nomes da música entoando o *jingle* do candidato, em um clima de "We Are the World" com tons vermelhos.

Lula lá, brilha uma estrela
Lula lá, cresce a esperança
Lula lá, o Brasil criança
Na alegria de se abraçar
Lula lá, com sinceridade
Lula lá, com toda certeza
Pra você meu primeiro voto
Pra fazer brilhar nossa estrela

O programa do PT falava em reforma agrária ampla, suspensão do pagamento da dívida externa, contenção do lucro das empresas via controle de preços e aumentos salariais. Intervencionista e estatizante, exasperava o empresariado e fazia o candidato adversário no segundo turno, Fernando Collor, surfar a onda anticomunista. O líder nas pesquisas acusava o petista de ter planos de desapropriar imóveis de classe média, tomar empresas privadas e confiscar a poupança — coisa feita pelo próprio Collor ao ser eleito.

Nem comícios, nem artistas, nem o apoio do PSDB de Mário Covas ou do PDT de Leonel Brizola impediram Lula de sofrer sua primeira derrota presidencial. No pleito seguinte, em 1994, ele decidiu mudar um pouco a imagem, aproximando-se de empresários e se vendendo como mais "light", mas o PT errou ao se opor ao Plano Real, que estabilizou a economia do país e deu a vitória em primeiro turno a Fernando Henrique Cardoso.

A segunda derrota e a oposição a um governo tucano popular em seu primeiro mandato significaram vacas magras para o petismo e para Lula, que buscaram forças em apoio a greves ou às invasões de terra promovidas pelo MST.

Ao longo daqueles anos 1990, consolidou-se uma mudança operada desde a década anterior no próprio partido: a defesa da revolução socialista deu espaço à "revolução democrática", com aceitação da alternância de poder, do capitalismo e da iniciativa privada. Depois de perder duas eleições presidenciais, o PT passou a ser controlado por uma direção mais pragmática e preocupada em moderar o discurso em nome de vitórias eleitorais.

Os novos tempos eram representados pela figura do ex-líder estudantil José Dirceu, que presidiu o partido de 1995 a 2002. Foi subindo degraus a mais na escalada de moderação que Lula tentou chegar ao Planalto pela terceira vez, em 1998. E foi de novo derrotado por FHC.

No impopular segundo mandato do tucano, o PT promoveu oposição dura, denunciando escândalos de corrupção. Um célebre vídeo de propaganda petista exibia na TV ratos roendo a bandeira do Brasil, afirmando: "Xô, corrupção. Uma campanha do PT e do povo brasileiro".

Com FHC nas cordas, Lula se lançou na campanha em 2002 mais apaziguado, de barba feita e terno mais bem cortado do que nunca. Sob o comando do marqueteiro Duda Mendonça, a propaganda eleitoral vendia um "Lulinha paz e amor", amadurecido e aberto aos anseios dos empresários — até mesmo seu vice era um deles, José Alencar, do Partido Liberal (PL).

Em uma "Carta ao Povo Brasileiro", o petista acalmou o mercado financeiro com a promessa de respeito a contratos.

No documentário *Entreatos*, de João Moreira Salles, que acompanhou os bastidores da campanha petista daquele ano, um Lula em harmonia com o *establishment* e já à beira da vitória chega a comentar:

> *Qual é a grande preocupação que eu tenho: é você permitir que a máquina te conquiste. O meu medo é esse. O que é a máquina conquistar? É você ficar preso a uma agenda totalmente institucionalizada, em que as regras já estão decididas e você vai ter que cumprir aquele ritual.*

O discurso ao centro deu certo: aos 57 anos de idade, Lula superou seu teto histórico de cerca de um terço do eleitorado e terminou o primeiro turno com 46%. No segundo turno, derrotou o tucano José Serra com 61% dos votos válidos. Vitorioso, afirmou que a "esperança venceu o medo".

Para o cientista político André Singer, porta-voz do governo Lula de 2003 a 2007 e autor de obras sobre o lulismo, a vitória nas urnas foi uma conjunção de três fatores: o movimento de Lula em direção à moderação, uma grave situação de desemprego e o acúmulo de experiências eleitorais do PT, que fez com que a sigla chegasse a 2002 como um partido grande.

Já o doutor em geografia Demétrio Magnoli, crítico dos governos petistas, defende que Lula só venceu devido a um governo tucano recheado de crises internacionais, levando o eleitorado a rejeitar os anos de estagnação e, também, a conciliação de FHC com a elite política fisiológica do país. "Não se votou tanto em Lula, mas contra o governo", opina.

As promessas de mudança do novo presidente esbarravam, no entanto, em uma realidade de profundas dificuldades na economia. O crescimento do PIB em 2003 foi de apenas 1,1%, e a inflação se recuperava dos 12% em 2002. Em busca da paz com os mercados, Lula pôs na Fazenda o petista Antonio Palocci, com bom trânsito entre os donos do dinheiro. Para o Banco Central, escolheu o ex-executivo do BankBoston Henrique Meirelles, deputado federal eleito pelo PSDB goiano. Um ruralista foi para a Agricultura, e um empresário, para a Indústria. A Casa Civil, e com ela a articulação política do governo, ficou a cargo de José Dirceu.

O governo ampliou a meta de superávit primário e aumentou os juros, seguindo uma cartilha de austeridade dentro do espírito do acordo firmado com o FMI no fim do governo FHC. Com votos favoráveis de parlamentares de PSDB e PFL, aprovou-se no Congresso uma reforma da Previdência que limitou os benefícios do funcionalismo público. As medidas de ares atucanados do novo governo surpreenderam aliados históricos do petismo e tendências internas à esquerda do partido. Com o apoio de Lula, foram expulsos da sigla deputados que se recusaram a aprovar as mudanças no sistema de aposentadoria — os dissidentes fundariam o Partido Socialismo e Liberdade (PSOL).

Na área social, programas criados sob FHC foram unificados em um só, o Bolsa Família, com transferência de recursos pra famílias de baixa renda que preenchessem certos requisitos. Já em 2006, o programa beneficiava mais de 11 milhões de famílias — 45 milhões de brasileiros — a um custo de mais de 8 bilhões de reais.

Singer define o lulismo como uma combinação inesperada de elementos antagônicos:

De um lado, houve sim, sobretudo nos primeiros anos, uma aceitação da macroeconomia neoliberal, com superávit fiscal, juros altos e câmbio flutuante. Por outro lado, começou-se a política que resultou no Bolsa Família, que teve efeitos sociais e econômicos, pois aumentou o poder de consumo. Não imediatamente, mas ainda no primeiro mandato, houve um aumento do emprego que, com Bolsa Família, crédito consignado e aumento do valor real do salário mínimo, forma um conjunto poderoso de estímulo da economia por baixo.

Além de medidas sociais, multiplicavam-se no governo Lula as suspeitas e acusações de corrupção. No primeiro mandato, a principal delas foi detalhada pelo deputado federal Roberto Jefferson (PTB-RJ), em entrevista à *Folha de S.Paulo* em 6 de junho de 2005. Isolado politicamente depois de ser envolvido em um escândalo de corrupção nos Correios, o parlamentar se defendeu com o ataque, expondo um esquema de mesadas pagas pela cúpula do PT a parlamentares da base aliada para que votassem a favor de iniciativas de interesse do governo. Jefferson citou as bancadas de PP e PL como receptoras dos recursos e disse que ministros como Palocci, Dirceu e Ciro Gomes ouviram relatos sobre o mensalão e não levaram a Lula. "Deixaram o presidente completamente desinformado de uma das coisas que viciou a relação do governo e do PT com a base aliada. [...] Quando eu disse a ele [Lula] do mensalão, ele tomou um susto", disse. Ainda segundo o denunciante, "é mais barato pagar o exército mercenário do que dividir o poder. É mais fácil alugar um deputado do que discutir um projeto de governo. Quem é pago não pensa".

Os relatos de Jefferson abriram o portal do inferno de uma crise que tomou boa parte do primeiro governo Lula, com repercussões em anos posteriores. CPIs incendiaram o Congresso, e nomes como Delúbio Soares (tesoureiro petista), José Genoino (presidente do PT), Marcos Valério (empresário apontado como operador do esquema), Valdemar Costa Neto (presidente do PL) e Pedro Corrêa (presidente do PP) apareciam em *looping* no noticiário. Bem-sucedido em mudar de assunto, Jefferson fazia discursos espetaculosos na Câmara, nos quais tinha como alvo preferencial o chefe da Casa Civil.

Negando, assim como os demais ministros e dirigentes partidários, envolvimentos em malfeitos, Dirceu não resistiu à pressão política e deixou o cargo no fim de junho de 2005. Acuado, Lula declarou em pronunciamento em agosto:

Eu me sinto traído. Traído por práticas inaceitáveis das quais nunca tive conhecimento. [...] Não tenho nenhuma vergonha de dizer ao povo brasileiro que nós temos que pedir desculpas. O PT tem que pedir desculpas. O governo, onde errou, tem que pedir desculpas.

A oposição falava em *impeachment*, e dentro do governo se chegou a cogitar um afastamento temporário do presidente. Com o tempo, porém, Lula reagiu. Tinha ganhado corpo a versão de que todas aquelas movimentações sob suspeita eram, na verdade, caixa dois de campanha, o que seria configurado, no máximo, como crime eleitoral, de menor gravidade. Antes mesmo do discurso cheio de humildade, Lula já incrementava a narrativa petista com o argumento de que "o que o PT fez do ponto de vista eleitoral é o que é feito no Brasil sistematicamente". Em entrevista, afirmou:

Acho que as pessoas não pensaram direito no que estavam fazendo, porque o PT tem na ética uma de suas marcas mais extraordinárias. Não é por causa do erro de um dirigente ou de outro que você pode dizer que o PT esteja envolvido em corrupção.

O escândalo do mensalão levou à cassação dos mandatos de Jefferson e de Dirceu na Câmara. O caso rendeu uma denúncia da Procuradoria-Geral da República contra 40 pessoas e, anos depois, a condenação no STF de 26 delas, até mesmo do ex-chefe da Casa Civil e do ex-deputado do PTB. Acusados e citados declararam inocência e negaram o conhecimento do esquema por parte de Lula, que não foi processado.

Ao longo de 2005, a crise política reduziu a popularidade do presidente, que chegou a ser rejeitado por 29% da população e aprovado por outros 28%. Sua recuperação, entretanto, foi rápida: já em março de 2006 o petista tinha avaliação positiva de 36% e rejeição de 23%. A popularidade não foi comprometida nem pela queda de Palocci, suspeito de ter participado da quebra ilegal do sigilo bancário de um caseiro que relatou a ligação do ministro da Fazenda com lobistas — Palocci seria absolvido pelo STF nesse caso.

Mesmo com a sucessão de escândalos, a reeleição de Lula ganhava força no ano eleitoral. Com o ex-governador paulista Geraldo Alckmin (PSDB) como principal adversário, o presidente fez uma campanha com o mote "É Lula de novo, com a força do povo", ecoando a ideia de que ele era a opção mais segura — o mesmo conceito usado contra ele em 1998. Seu *jingle* afirmava:

Não troco o certo pelo duvidoso
Eu quero o Lula de novo
[...]
Continua, nosso companheiro
Deixa o homem trabalhar
Humilde, justo e verdadeiro
Deixa o homem trabalhar

O país tinha registrado boas taxas de crescimento em 2004 e 2005, o que se repetiria em 2006. A inflação ia bem, assim como os índices de emprego. O Bolsa Família se expandia. Uma parte da população se encantava com os ganhos econômicos, enquanto outra se desencantava com o PT no mensalão. Se em 2002 Lula foi bem entre as classes médias e urbanas — seu melhor desempenho naquele ano foi no Sudeste —, em 2006 seu apoio passou a vir das populações e regiões mais pobres do país, ao passo que eleitores de maior renda aderiam à campanha adversária.

O racha socioeconômico e geográfico se repetiria nas eleições seguintes e se tornaria padrão em nossas disputas presidenciais. Com um massivo apoio popular, e apesar dos escândalos, Lula venceu Alckmin com facilidade, obtendo mais de 60% dos votos válidos. A vitória reforçou a base aliada e trouxe o PMDB para mais perto do que nunca do PT, o que facilitava a vida do governo no Congresso.

Lula se sentiu mais à vontade para abrir a torneira dos gastos. Desde a queda de Palocci, a economia estava nas mãos do desenvolvimentista Guido Mantega, de tendências não exatamente austeras. A menina dos olhos do segundo mandato seria o Programa de Aceleração do Crescimento (PAC), um plano multibilionário de obras e investimentos públicos que ficou sob a gestão de Dilma Rousseff, sucessora de Dirceu na Casa Civil.

As decisões do governo reforçavam algo que, lembra Magnoli, já ocorriam no primeiro mandato, quando se desenhou a política de amplos subsídios estatais ao empresariado e de aumento dos dispêndios do BNDES. A tendência ocorria em meio a um cenário internacional favorável aos países emergentes, beneficiados pela alta do preço das *commodities*, como alimentos e metais.

Mas não eram só tempos de bonança. O segundo governo Lula enfrentou o chamado apagão aéreo, uma série de problemas em aeroportos e sistemas de controle de voo, que causaram atrasos e expuseram falhas estruturais graves na infraestrutura aeroportuária brasileira. Os contratempos em viagens eram mais um elemento a criar atrito entre as classes média e alta e o governo.

O sentimento antilulista e antipetista começou a encontrar expressão em movimentos como o Cansei, que tinha à frente o empresário João Doria, a OAB paulista e artistas como Hebe Camargo, Ana Maria Braga e Regina Duarte. Espécie de embrião de uma estética que ficaria bem popular anos depois, o grupo promovia atos de rua com pessoas vestidas de preto abraçadas a bandeiras do Brasil e entoando o Hino Nacional. A animosidade era perceptível também em editoriais e colunas de jornais e revistas, comentários de televisão, livros e na internet, cada vez mais acessada pelos brasileiros. O caldo ia sendo lentamente engrossado, embora ainda não tivesse entornado naquele momento.

Em 2007, começou-se a sentir a crise financeira internacional, a qual, prometia Lula, chegaria ao Brasil na forma de uma "marolinha". Apesar da bravata do petista, a adversidade externa desembarcou por aqui com força, gerando instabilidade e fazendo o Brasil registrar um PIB negativo de -0,2% em 2009. O governo respondeu com mais injeção de recursos no setor privado, isenções fiscais e estímulo ao consumo via Bolsa Família, crédito e aumento do salário mínimo.

Já no ano seguinte, 2010, o PIB brasileiro registrou crescimento de 7,5%, o que ajudou a fazer a popularidade de Lula explodir. Avaliando o governo bem-sucedido em debelar a crise externa, Singer cita ainda outras iniciativas federais que modificaram as condições de vida da população de baixa renda, como o ProUni (Programa Universidade para Todos), de concessão de bolsas de estudo em instituições privadas de ensino superior.

Citando a mesma alta do PIB de 2010, Magnoli aponta uma aceleração artificial da economia por meio de subsídios concedidos à iniciativa privada.

A política agressiva, ousada e acelerada de transferência de renda feita por Lula produziu uma bolha de consumo popular que durou até a recessão iniciada em 2014. Não houve mudanças na estrutura de classes do Brasil, mas um combate circunstancial à pobreza que poderia ser feito por qualquer partido conservador e que levou os pobres a supermercados e lojas de eletrodomésticos e de materiais de construção, com resultados eleitorais extremamente positivos. Não se trata, portanto, de uma política de esquerda ou de reformas sociais profundas, mas de uma política de consumo que o transformou em herói dos mais pobres.

Não eram apenas os pobres que aquele Lula em fim de governo parecia agradar — o presidente chegou a registrar apenas 3% de avaliação ruim ou péssima. A revista britânica *The Economist*, de linha editorial liberal, estampou em sua capa um Cristo Redentor decolando para ilustrar a economia brasileira de vento em popa. Os pobres consumiam, e empreiteiras, bancos e indústrias enriqueciam.

Com tal cenário e sem antigos petistas graúdos para lhe fazer sombra, Lula se mostrava ainda mais confiante, vaidoso e sem papas na língua. Passava a ter para muitos — certamente não para os fãs do Cansei — certa aura de ícone pop. Investia em um discurso de ares populistas de "nós contra eles", opondo ricos e pobres, estes últimos colocados, claro, ao seu lado na linha de batalha. Suas falas incluíam menções a uma "crise causada por comportamentos irracionais de gente branca, de olhos azuis", propostas de "extirpar o DEM da política brasileira" e incontáveis "nunca antes na história deste país" ou mesmo "da humanidade". Lula não cabia mais em si, e, para Magnoli, agia muitas vezes sem ter uma ideologia clara.

A ideia de que Lula é um líder ideológico é falsa. Se o PT é um partido de esquerda, Lula pode fazer políticas econômicas diferentes em circunstâncias diferentes, de 'esquerda' ou de 'direita', ter um discurso de esquerda radical ou extremamente conservador em função de seus objetivos políticos. O lulismo serve para manter o poder do lulismo.

Já Singer cita como características do estilo do petista a escolha pela composição e pela conciliação:

É uma pessoa que tem uma prática constante de ouvir posições opostas e diferentes e que tenta encontrar um caminho intermediário. Tem uma grande capacidade de comunicação, sobretudo popular, com uma maneira direta de falar e criar imagens, sem a necessidade de tradução ou mediação.

Na área internacional, Lula investiu em uma política externa engajada em, segundo ele, aumentar a influência do Brasil no exterior, seja por meio do G20 ou da fracassada tentativa de conseguir para o Brasil um assento no Conselho de Segurança da ONU. O número de embaixadas brasileiras foi ampliado, e o presidente trabalhou para aproximar empreiteiras brasileiras de governos de países africanos e latino-americanos — mais tarde, teria problemas com a lei por isso.

Tornando-se recordista em viagens internacionais, o petista mantinha relação próxima com outros governos à esquerda, como Cuba, Bolívia e Venezuela. Críticos reclamavam das relações amigáveis do brasileiro com líderes autoritários, como o líbio Muammar Gaddafi. Lula se justificava citando os interesses comerciais do país, além de argumentar que não negligenciava sua relação com os países ricos, afinal, fora chamado de "o cara" pelo americano Barack Obama.

O Brasil que Lula entregou a sua sucessora, Dilma Rousseff, crescera 4% em média ao ano, contra pouco mais de 2% anuais de 1981 a 2002. O comércio exterior estava em alta; o dólar, em queda; e a inflação, sob controle. Com emprego e programas sociais a pleno vapor, a pobreza tinha diminuído, e a maioria da população, passado a integrar formalmente a classe média. A desigualdade, grande mazela brasileira, caiu, mas permaneceu elevada. Educação e saúde, apesar de melhorias, continuavam com problemas graves.

Embora popularíssimo, Lula não usou seu capital político em favor de reformas de aprovação complexa, como a política e a tributária, entre outras. Quando deixou o Planalto, a máquina federal havia inchado, e os gastos públicos estavam em trajetória de alta. Além disso, a carga tributária do país estava maior do que quando assumiu. Em dezembro de 2010, o especialista em contas públicas Raul Velloso alertava na *Folha de S.Paulo*: "O Brasil insiste em um padrão, o mesmo que ajudou a eleger Dilma, que vai chegando ao seu limite".

Fora da presidência, Lula criou seu instituto em São Paulo e passou a ganhar dinheiro com palestras pelo Brasil e pelo mundo. Manteve influência sobre o governo da afilhada política e assistiu a articulações para que fosse ele, e não Dilma, o candidato do PT em 2014 — as tratativas foram abortadas diante do desejo da presidente de disputar a reeleição.

Os problemas de Lula na Justiça começariam nesse mesmo ano, quando foi deflagrada no Paraná a Operação Lava Jato, que desfiou o novelo da corrupção na Petrobras e, assim, reuniu detalhes e provas até então desconhecidos das históricas relações promíscuas entre empresas e políticos no país, incluindo propina, fraude em licitações e financiamento ilegal de campanhas. Boa parte das apurações de desvios na estatal petrolífera focava o período de Lula à frente do Palácio do Planalto — investigações e delações premiadas implicaram ele, sua sucessora e outros petistas graúdos em ilegalidades.

Auxiliado por um folclórico PowerPoint em tons azuis, o chefe da força-tarefa da operação, procurador Deltan Dallagnol, afirmou em setembro de 2016, ao denunciar o ex-presidente, que o petista fora o "comandante do esquema criminoso" e que as provas demonstravam que ele era o "grande general que comandou a realização e continuidade da prática dos crimes".

O Brasil de 2016 não era mais aquele de 2010, de unanimidade lulista. Ao longo dos anos, ganhou corpo um expressivo e estridente antipetismo, que se destacou, por exemplo, no mar de angústias e reivindicações dos que foram às ruas nos megaprotestos de junho de 2013 pelo país.

O sentimento contra o partido e o seu líder foi reforçado depois pela crise econômica, pela reeleição de Dilma e pelas mobilizações pelo *impeachment* da presidente. O caldo enfim estava entornado.

Nos anos em que as operações da Lava Jato não saíam das ruas e governo e economia faziam água, Lula, personagem máximo do petismo, firmou-se como a besta-fera do antipetismo, sendo alvo de artigos, memes e gritos de guerra que pediam sua prisão.

O símbolo dos novos tempos eram as ruas tomadas por versões em diferentes tamanhos, inclusive gigante, do Pixuleco, um boneco do ex-presidente vestido de presidiário. Em nada ajudaria para a imagem de Lula sua nomeação como ministro da Casa Civil nos momentos finais da era Dilma — escolha que foi logo barrada pela Justiça.

A prisão de Lula, em abril de 2018, foi o clímax de uma maratona judicial na qual o ex-presidente se tornou alvo de uma série de processos na Justiça Federal do Paraná, sob a responsabilidade do então juiz Sergio Moro, e também em outros estados e esferas do Judiciário.

Os dois casos de maior repercussão envolveram imóveis em São Paulo — um no litoral e outro no interior do estado. No primeiro, Moro condenou Lula por corrupção e lavagem de dinheiro sob acusação de receber propina da empreiteira OAS, referente a acertos de contratos com a Petrobras, por meio da reserva de um apartamento tríplex no Guarujá. No segundo processo, o ex-presidente foi condenado pelos mesmos crimes em razão da reforma de um sítio em Atibaia frequentado por ele e sua família. Segundo a denúncia, as obras foram pagas pela OAS e pela Odebrecht com recursos desviados de contratos da estatal petrolífera.

O caso do tríplex foi o primeiro a ter sua sentença confirmada em segunda instância, o que abriu caminho para que Lula fosse despachado para uma cela na Superintendência da Polícia Federal em Curitiba. Antes de se entregar, o ex-presidente discursou em seu berço político, o Sindicato dos Metalúrgicos do ABC, rodeado de aliados de esquerda:

Quando eu era presidente, eu dizia: eu vou voltar para onde eu vim, e eu sei quem são meus amigos eternos e quem são os eventuais. Os de gravatinha, que iam atrás de mim, agora desapareceram, e quem está comigo são aqueles companheiros que eram meus amigos antes de eu ser presidente da República. Vocês vão perceber que eu vou sair dessa maior, mais forte, mais verdadeiro e inocente porque eu quero provar que eles cometeram o crime político de perseguir um homem que tem cinquenta anos de história política.

Uma minoria de brasileiros concordava com Lula naquele momento. Após sua prisão, 40% dos brasileiros afirmaram ao Datafolha considerar a decisão injusta, contra 54% que a apoiavam.

Apoiadores montaram um acampamento no entorno da PF para levantar o moral do ex-presidente, que era constantemente visitado por advogados e políticos e passava o tempo escrevendo cartas, lendo e vendo televisão. Também consumia conteúdo que chegava por meio de pen drives, como filmes e o podcast que baseou este livro.

O petista negava ter cometido crimes e se dizia alvo de perseguição política. Seu discurso ganharia força com uma série de acontecimentos que, com o tempo, contribuiriam para enfraquecer a Lava Jato política e juridicamente, como a decisão de Moro de se tornar ministro do governo de Jair Bolsonaro e as descobertas, pelo site The Intercept Brasil, de mensagens privadas trocadas entre Moro e Dallagnol, expondo colaborações e uma questionável proximidade entre julgador e acusador.

Em outra frente, o general Eduardo Villas Bôas, comandante do Exército de 2015 a 2019, revelou que debateu previamente com membros da cúpula militar o teor de um tuíte de alta carga política publicado às vésperas da prisão de Lula. Nele, o general falou em "repúdio à impunidade" e de um Exército "atento a suas missões institucionais". Após a publicação, o STF deixou de conceder um habeas corpus a Lula. Villas Bôas e parte dos altos oficiais envolvidos acabariam mais tarde aninhados em cargos de confiança da gestão Bolsonaro. À tese da parcialidade jurídica foi adicionado um componente de ingerência militar com ares de nação bananeira dos anos 1950.

Tais episódios, assim como pressões políticas e questionamentos processuais de outros alvos da Lava Jato, fizeram o vento virar contra a operação. O STF, que antes havia tomado decisões que fortaleceram Moro e as investigações, formaria com o tempo uma maioria crítica à chamada "república de Curitiba", que passou a acumular derrotas na Justiça. O Brasil não era mais aquele de 2016.

Lula foi beneficiado primeiramente pela guinada do Supremo contra prisões após condenação em segunda instância, o que levou à sua libertação em novembro de 2019. Menos de dois anos depois, o ex-presidente marcaria mais pontos decisivos contra a Lava Jato quando o STF decidiu anular as condenações contra ele sob o argumento — no qual sua defesa insistia há tempos — de que a Justiça no Paraná não era o foro adequado para julgá-lo. Em seguida, a corte declarou Moro parcial na condução do processo contra o petista.

As vitórias judiciais em série, contudo, não significaram uma ampla e imediata reabilitação ética do ex-presidente aos olhos da sociedade, apesar de sua força eleitoral. Em março de 2021, a maioria dos consultados pelo Datafolha continuava a considerar justa sua condenação e se opunha à anulação das sentenças. Ademais, as acusações podiam ter ficado formalmente pelo caminho graças aos equívocos e escolhas de Moro e da Lava Jato, mas as descobertas da investigação sobre desvios nos governos petistas continuariam a servir de munição política a adversários.

Sobre as apurações da Lava Jato, Singer afirma que revelaram "formas de financiamento muito antigas da política brasileira", ao mesmo tempo que tiveram um "aspecto faccioso no sentido de que foram voltadas para a destruição da imagem do ex-presidente e do PT".

Já Magnoli argumenta que a corrupção petista se diferencia da que se pratica em outras siglas por ser um processo de desvios de recursos públicos centralizado e organizado de cima para baixo, seguindo a estruturação hierárquica do partido, enquanto as demais legendas representam interesses difusos e descentralizados de diferentes grupos regionais e familiares. Ressalta ainda a existência de indiciados, réus e presos em diferentes partidos, e não apenas no PT. "Isso não quer dizer que todas as decisões sejam corretas ou que não existam desvios na Lava Jato", pondera.

A operação tirou Lula da disputa pela Presidência em 2018 — vetado pela Lei da Ficha Limpa, ele foi substituído pelo ex-prefeito de São Paulo Fernando Haddad, que abraçou um programa de governo apontado por críticos como excessivamente à esquerda e intervencionista, sobretudo quando comparado aos anos de Lula na Presidência. O próprio ex-presidente investiu nesse discurso durante os anos em que ele o PT estiveram mais acossados, e um eleitor que só se recorde dessa época em diante poderá crer que a retórica inflamada e as bandeiras de esquerda são a única língua falada por Lula e seu partido.

Contudo, fora da mira lavajatista e novamente elegível, foi via de regra o Lula acomodatício e tantas vezes contraditório dos anos 2003-2010 que voltou ao tabuleiro eleitoral e assumiu a dianteira em pesquisas.

Exaltou os próprios feitos passados, investiu numa crítica de esquerda à política econômica de Bolsonaro, defendeu regulação da mídia e continuou a passar pano para ditaduras latino-americanas próximas do PT. Ao mesmo tempo, dizendo-se centrista, buscou pontes com evangélicos, empresários, ex-algozes do PT no centrão e no MDB e até mesmo com os tucanos, antes comparados por ele a nazistas. Deu reiteradas declarações desvencilhando-se da gestão de Dilma. A ideologia de Lula seria, acima de tudo, o que conviesse ao lulismo.

Para Singer, a linha principal de Lula continuará sendo a da conciliação. Sobre o legado do petista, destacou:

Ele inventou ao longo de oito anos o lulismo, que foi uma experiência política, até a saída dele da Presidência, muito bem-sucedida, no sentido de que conseguiu o combate à pobreza, e, em função disso, um apoio dos extratos mais pobres sem causar uma radicalização política.

Magnoli concorda que, embora existam no PT setores com intenções de controlar o Judiciário e a imprensa, Lula sempre respeitou o pluralismo e a democracia, sendo ele próprio um produto dela. Ele acusa o ex-presidente, porém, de fazer da esquerda sua refém.

Com Lula, a esquerda conheceu um recuo utópico histórico. No lugar da ideia de superar o capitalismo ou de fazer reformas social-democratas profundas no sistema, adotou a ideia de fazer um capitalismo de estado e de contentar os pobres com políticas de consumo. Isso é o legado do lulismo: transformar a esquerda brasileira em uma corrente política bastante conservadora. Esse legado perdurará por bastante tempo porque Lula conseguiu salgar a terra em volta do PT, impedindo que surjam alternativas a ele como liderança de esquerda.

31

Dilma Rousseff (2011-2016), queda econômica e política

Dilma Rousseff em pronunciamento depois de confirmada sua reeleição. À direita, aplaudem seu vice, Michel Temer, em terno escuro, e Lula, de camisa branca, 2014.

As sérias convulsões políticas e econômicas dos anos Dilma Rousseff são indissociáveis de certo componente farsesco. A personalidade orgulhosa e a retórica prejudicada da presidente seriam alvo de troça em qualquer época — mas eis que ela veio a governar os brasileiros no momento em que a internet e as redes sociais se integraram de vez na vida nacional, com uma produção veloz, anárquica e infindável de humor, chacota e ofensa, inclusive contra políticos.

As piadas muitas vezes espelhavam o machismo contra a primeira mulher a presidir o Brasil, mas também iam além disso. Os discursos da mandatária eram uma das fontes. Entre as pérolas que ficaram em algum lugar entre uma tentativa malsucedida de ser engraçada e a mera exposição de ideias mal concatenadas, estão "Vamos deixar a meta aberta, mas, quando atingirmos a meta, vamos dobrar a meta", "Eu estou saudando a mandioca" e, claro, o inesquecível "Sempre que você olha uma criança, há sempre uma figura oculta, que é um cachorro atrás, o que é algo muito importante". Na alvorada da era dos memes, Dilma era, sem dúvida, uma fascinante matéria-prima.

Mas as risadas nas timelines foram apenas uma das marcas do governo Dilma, que guarda significados múltiplos. Além do ineditismo feminino depois de mais de 120 anos de República masculina, representou a chegada ao poder de alguém que integrou a luta armada, a forma mais radical de oposição à ditadura militar. Uma pessoa reconhecida pelo Estado brasileiro como torturada sob responsabilidade desse mesmo Estado passou a chefiá-lo.

A presidência de Dilma também significou uma consolidação do PT e do lulismo, com um terceiro e um quarto mandato para o partido, somando mais de treze anos no poder federal. Nunca antes o mesmo grupo político havia governado tanto tempo de forma contínua, excluídos períodos ditatoriais. E poderia ter sido mais: a conclusão do segundo mandato de Dilma teria garantido ao PT um total de dezesseis anos de Palácio do Planalto. Mas eis que no caminho em direção ao 14º ano a presidente foi abatida em um processo de *impeachment* envolto em crise econômica e fiscal, avanço da Operação Lava Jato, manifestações nas ruas e perda de apoio político. Sua cassação é celebrada por muitos e considerada um golpe por outros tantos.

Antes de Dilma, nunca alguém havia chegado pelo voto direto ao cargo máximo do país sem experiência prévia em cargos eletivos ou sem a própria base articulada de apoios. O caso anterior mais próximo é o de Eurico Gaspar Dutra. Ainda assim, o ex-ministro da Guerra de Getúlio Vargas amealhava apoio dentro das Forças Armadas. Não era o caso de Dilma, que se tornou candidata a presidente única e exclusivamente pela decisão individual de seu padrinho político, Luiz Inácio Lula da Silva. As lideranças de maior peso no PT, como José Dirceu, Antonio Palocci e José Genoino, haviam tombado em escândalos. Sem que houvesse um sucessor natural, o presidente apontou o dedo para sua ministra de perfil técnico. Era alguém incapaz de fazer sombra a ele, que poderia enfrentar alguns ajustes fiscais necessários e eventualmente tocar a bola de volta já no mandato seguinte. Não foi bem o que ocorreu.

Mas não nos adiantemos. O fato é que, mesmo sem experiência em cargo eletivo nem base de apoio, Dilma não era desprovida de trajetória política. Para entendê-la, precisamos voltar a Belo Horizonte, onde ela nasceu, em 1947. Seu pai, o búlgaro Pedro Rousseff, ganhou dinheiro com obras e imóveis no Brasil, onde conheceu Dilma Jane, fluminense criada em Uberaba (MG), em uma família de criadores de gado. Casaram-se e tiveram três filhos, sendo Dilma a do meio. A família mantinha padrão de classe média alta em BH, e os irmãos Rousseff frequentaram boas escolas.

O envolvimento de Dilma com a política começou no Colégio Estadual Central da capital mineira, onde era forte o movimento estudantil. No começo do regime militar iniciado em 1964, ela ingressou na Organização Revolucionária Marxista — Política Operária (Polop) e, depois, no Comando de Libertação Nacional (Colina). A essa altura, era estudante de economia da UFMG e havia se casado com o ex-militar Cláudio Galeno Linhares. Inspiravam-se na Revolução Cubana e na literatura de esquerda da época: a ditadura militar devia ser derrubada à força para ser substituída por um regime socialista.

Até o começo de 1969, o comando contabilizava assaltos a bancos, roubos de carros e atentados a bomba sem vítimas. Segundo ex-companheiros, Dilma se envolvia, sobretudo, na produção de jornais, em aulas sobre marxismo e em contatos com sindicatos, sem participar diretamente das ações armadas. Apesar disso, aprendeu a atirar, a manusear explosivos e fez treinamento de enfrentamento com a polícia. O Colina entrou de vez na mira das autoridades depois de dois policiais serem mortos e um ficar ferido numa troca de tiros com membros do grupo. Dilma partiu então para a clandestinidade, indo para o Rio de Janeiro e depois São Paulo. O casamento com Linhares acabou, e ela entrou em seu relacionamento mais duradouro, com o gaúcho Carlos Araújo, pai de sua única filha, Paula.

Dilma colecionou codinomes, como Wanda, Estela e Luiza, e ingressou em outra organização, a Vanguarda Armada Revolucionária Palmares (VAR-Palmares), que em julho de 1969 roubou 2,5 milhões de dólares do cofre da casa de Ana Capriglioni, apontada como amante do ex-governador paulista Adhemar de Barros. Dilma afirma não ter atuado na ação em si, mas documentos policiais indicam que ela administrou parte do dinheiro, usado para bancar as atividades da VAR-Palmares. Em seus relatos sobre a época, ela contou como guardava armas e explosivos da organização.

A guerrilheira de apenas 22 anos de idade foi presa em São Paulo em janeiro de 1970. Inquéritos e processos definiam Dilma como "antiga militante de esquemas subversivos-terroristas" ou "uma das molas mestras e um dos cérebros dos esquemas revolucionários postos em prática pelas esquerdas radicais". Foi chamada ainda de "Joana d'Arc da subversão", "papisa da subversão" e "figura feminina de expressão tristemente notável". Dilma sempre negou a participação direta em ações armadas. Em seu favor, pesa a eterna suspeita sobre um aparato jurídico-policial que atuava à margem do Estado de Direito.

Ela passou 22 dias no DOI-Codi paulista, então chefiado por Carlos Alberto Brilhante Ustra, indo depois para o Dops e para o presídio Tiradentes, também em São Paulo. Relatou ter sido alvo de seguidas sessões de tortura, com pau de arara, palmatória e choques elétricos. Em entrevista ao SBT, em 2016, contou:

> *Nada é mais terrível que a primeira sessão de tortura. Nada. A imagem mais marcante que eu tenho é a dor confusa, não nítida. É como se as coisas se misturassem. O objetivo dessa tortura é te quebrar. Você suporta a tortura pensando: "daqui a cinco minutos eu não vou aguentar mais". Depois, mais cinco minutos. Assim você estica o tempo, porque se você imaginar que vai ficar naquilo por mais vinte ou trinta minutos, você não segura.*

Quando Dilma deixou a prisão, no fim de 1972, a repressão já tinha esmagado a guerrilha urbana. Não havia mais caminho a ser trilhado por ali que não acabasse em morte certa. A mineira se mudou para Porto Alegre, cidade de Carlos Araújo, voltou a estudar economia e foi trabalhar na

Fundação de Economia e Estatística do Rio Grande do Sul. Com a abertura e depois a redemocratização, filiou-se ao PDT de Leonel Brizola e exerceu diversas funções públicas ao longo dos anos 1980 e 1990, como assessora na Assembleia Legislativa, secretária municipal da Fazenda de Porto Alegre e secretária de Energia, Minas e Comunicações do governo gaúcho.

Quando servia como secretária do governo do petista Olívio Dutra, PT e PDT se desentenderam no estado, e ela optou pelo petismo, filiando-se ao partido em 2001. Apesar de novata, técnica e sem projeção além das divisas gaúchas, conseguiu o passaporte para a equipe do programa de governo petista ao Planalto e, depois, para o time de transição de Lula, que se dizia impressionado com o conhecimento de Dilma sobre minúcias do setor elétrico.

A neófita petista foi então escolhida para comandar o Ministério de Minas e Energia, onde teve atuação focada em aumentar a regulamentação e o controle estatal nessa área. Tocou também o programa Luz Para Todos, que expandiu o fornecimento de energia elétrica pelos rincões do país e se tornou uma das vitrines de Lula.

O mensalão e a queda de Dirceu lançaram a ex-guerrilheira no centro do poder: a Casa Civil. Em seu segundo mandato, Lula entregou à ministra com estilo de gerentona o comando do PAC e construiu sua possível candidatura presidencial com viagens pelo país, no qual o popular presidente a apresentava ao povo como "mãe" do programa de obras públicas.

Nem a descoberta de um câncer no sistema linfático em 2009 tirou Dilma do posto de preferida de Lula para a sucessão. Recuperada da doença, a petista partiu para a disputa de 2010 em situação de céu de brigadeiro: seu padrinho político dava show de popularidade, a economia crescia 7,5% ao ano e os anos Lula haviam entregado redução da pobreza, expansão da classe média, do emprego e do acesso ao ensino. E ainda havia duas cerejas no bolo: o país seria sede da Copa do Mundo de 2014 e dos Jogos Olímpicos de 2016, o que deixava a nação em franco otimismo — poucos pareciam interessados em olhar para a lista de problemas à vista ou debaixo do tapete.

Sem experiência eleitoral prévia, Dilma estava longe de ser uma figura simpática e exibia limitado traquejo com os populares que a agarravam em atos de campanha. Mas uma ampla aliança com o peemedebista Michel Temer como vice garantiu a ela tempo de propaganda na TV de sobra para ser apresentada aos brasileiros. Na tela, cenas de obras se revezavam com depoimentos de Lula e *jingles* que colavam um ao outro.

Lula tá com ela
Eu também tô
Veja como o Brasil já mudou
Mas a gente quer mais
Quer mais e melhor
É com a Dilma que eu vou

Contribuiu para a vitória da candidata que seu principal adversário fosse o ex-governador tucano José Serra, outro detentor de diminuto carisma e que tentava se equilibrar entre não bater no popular Lula nem exaltar a impopular memória dos anos do PSDB no Planalto. Em um país crescentemente evangélico, o pleito de 2010 foi marcado por um espaço maior para pautas de costumes. Dilma buscou se afastar de declarações prévias em favor da descriminalização do aborto. Serra tentou faturar em cima da polêmica, mirando a direita, aproximando-se de lideranças religiosas e tascando um beijo na imagem de uma santa durante a campanha.

De novo, não foi a vez do PSDB. Dilma, aos 62 anos de idade, ganhou a disputa no segundo turno com 56% dos votos, garantindo o terceiro mandato petista.

O governo começou com duas figuras-chave do petismo ladeando Dilma: Guido Mantega, na Fazenda, e Antonio Palocci, na Casa Civil. Símbolo da ortodoxia econômica do começo dos anos Lula, o ex-ministro que havia caído no escândalo do caseiro em 2006 voltava à ribalta, com o potencial de servir de anteparo a eventuais irresponsabilidades do intervencionista Mantega. Mas o retorno duraria pouco. Em maio de 2011, a *Folha de S.Paulo* revelou que o ministro havia multiplicado seu patrimônio por vinte ao longo de quatro anos como consultor para empresas privadas. O silêncio e a demora do petista em explicar as atividades ampliaram as suspeitas sobre o enriquecimento, paralisando o governo. A crise só foi resolvida com sua demissão.

A estreante presidente perdia seu principal articulador político e seu fiador da economia, ficando, ela e o ministro da Fazenda, mais soltos para mudanças na política econômica, com mais gastos públicos, intervenção estatal e subsídios ao setor privado. O plano era usar a munição do governo para manter o bom momento econômico, mesmo com os projéteis já rareando. Foi o começo da chamada nova matriz econômica, que tentava repetir a fórmula, usada na crise de 2008, de estimular a economia por meios intervencionistas.

Apesar de já ter dado resultados, era a hora de mudar de tática, argumenta Celso Rocha de Barros, doutor em sociologia:

Não se pode estimular a economia para sempre. Uma hora é preciso segurar as contas públicas de novo e deixar que o mercado, que já foi salvo, volte a funcionar normalmente. Era o que se esperava da Dilma, creio que inclusive da parte de Lula. Mas a presidente não deu continuidade a um ajuste econômico inicial, e, já no segundo semestre de 2011, começam quedas de juros, interferências em contratos e concessões públicas e muda-se o tipo de gestão econômica que o Brasil tinha desde o segundo mandato de FHC. Deu errado.

Os problemas econômicos custariam a dar as caras. Mesmo sem o avanço chinês de 2010, o país ainda cresceu 4% no primeiro ano do governo Dilma. O emprego se expandia e a popularidade da presidente se manteve em alta, chegando a registrar 65% de avaliação positiva — e apenas 7% de rejeição — em março de 2013.

Ajudavam as demissões rápidas de ministros citados em escândalos, gerando a imagem de que a petista promovia uma "faxina ética". A presidente durona que apreciava livros e artes plásticas ganhava a simpatia de parte da classe média, que passava a vê-la como uma versão melhorada, mais eficiente e mais sofisticada de Lula. Evidentemente, a percepção duraria enquanto houvesse popularidade. Quando a rejeição virou regra, o tom exigente que fazia auxiliares chorarem se tornaria intransigência, destempero e inabilidade política.

A presidente acusava um viés machista nessas críticas. Rocha de Barros concorda, mas pondera:

Há, sim, certo sexismo nos ataques à personalidade de Dilma. Se fosse um homem, seria dado um desconto, haveria a ideia de que se trata de um sujeito firme. Mas não acho que o sexismo seja o essencial nessa questão. O fato é que deu errado. Se tivesse dado certo, estaríamos descrevendo as maluquices da presidente como efeito de uma personalidade enérgica e forte. Como deu errado, chama-se de neurastenia.

O estilo irascível e impaciente contribuía para a pouca intimidade da presidente com políticos e empresários, gerando incômodos até entre os petistas. Chegou a ser esboçado um movimento Volta, Lula para o pleito de 2014, mas o país ainda não entrara em crise, Dilma se interessou pela reeleição, e nem mesmo o padrinho político ousou desafiar a candidatura.

A presidente apresentava como cartas a continuidade das políticas de redução da pobreza, estímulos à indústria celebrados pela Federação das Indústrias de São Paulo (Fiesp), a expansão de programas como o Minha Casa, Minha Vida, e a criação de projetos como o Ciência Sem Fronteiras, de bolsas de estudo no exterior, e o Mais Médicos, que levava doutores para áreas carentes, inclusive com a importação de profissionais de países como Cuba — a oposição questionava a competência dos estrangeiros e o envio de recursos à ditadura comunista.

Mas não há de se falar de 2014 sem passar por 2013 — mais especificamente, junho daquele ano, mês em que estourou uma onda de contestações populares com efeitos sentidos nos anos seguintes. Tudo começou com um reajuste na tarifa de ônibus e metrô em São Paulo e em outras cidades quando o humor dos brasileiros já não era dos melhores. A economia começava a desacelerar: cresceria 3% em 2013, depois de ter registrado alta de apenas 1,9% no ano anterior. A bonança fizera sua visita, dava sinais de que iria partir, e os serviços públicos continuavam a ser de terceiro mundo.

Ganharam força atos do Movimento Passe Livre (MPL), que defendia transporte gratuito. Os protestos reuniam uma maioria pacífica, mas chamavam mais atenção indivíduos dispostos a depredar patrimônio público privado, aderindo à chamada tática *black bloc*. Na capital paulista, a polícia reagiu com desproporção e violência, avançando não apenas contra vândalos, mas também contra manifestantes ordeiros e jornalistas que cobriam a manifestação.

Exibidas na TV e na internet, as cenas de brutalidade policial desencadearam pelo país atos novos, maiores e mais diversos. As ruas não eram mais só dos grupos de esquerda que queriam passagens gratuitas, mas também de quem gritava que não era "só pelos vinte centavos" de aumento da passagem. Cartazes pediam combate à corrupção e que o "padrão Fifa" exigido para os estádios da Copa valesse também para transporte, escolas e hospitais.

Revoluções não ocorrem quando as coisas estão mal, argumenta Rocha de Barros, mas sim quando vão bem, as expectativas se elevam e são frustradas.

Havia ocorrido um período muito bom dos governos Lula e o começo do governo Dilma, com a expectativa real de que o Brasil se juntaria aos países desenvolvidos em poucos anos. Mas aquelas expectativas foram frustradas e, de repente, não havia mais dinheiro para satisfazê-las.

Um público bastante heterogêneo — grande parte estreava em protestos — se reunia no mesmo lugar com diferentes pautas e ideologias, uma receita para desentendimentos. Manifestantes reagiam à presença de bandeiras de siglas de esquerda, presentes desde os primeiros atos, aos gritos de "sem partido" e até mesmo rasgando e queimando os símbolos vermelhos. Com sementes plantadas ainda no governo Lula e meio adormecido, o antipetismo voltava a receber água e sol, florescendo com as forças das ruas tomadas por gente que descobria que não detestava o PT sozinha. Parte da esquerda observava incrédula o que entendia como "sequestro" das manifestações.

As taxas de popularidade de Dilma, governadores e prefeitos despencaram — a presidente foi dos estratosféricos 65% de aprovação de março para 30% em junho. A reprovação encostou em 25%. Os índices até melhorariam para ela ao se aproximar a eleição, mas nunca voltariam aos níveis pré-junho. O governo reagiu às ruas com medidas anticorrupção, como a sanção da lei que definiu organizações criminosas e regulamentou delações premiadas. Dilma apareceu com uma proposta de Assembleia Constituinte exclusiva para promover uma reforma política, o que não foi para a frente depois da chiadeira no mundo político e jurídico sobre a inviabilidade legal da medida. E tinha início o que Rocha de Barros chama de "desastre":

Com a queda drástica da popularidade de Dilma, acelera-se muito a política de concessões, isenções fiscais e incentivos para empresas a fim de evitar demissões no ano eleitoral. A presidente recupera um pouco da aprovação a tempo da eleição, mas sob o custo de desorganizar severamente as finanças públicas.

Para a reeleição, Dilma, ainda aliada ao PMDB, com Temer como vice, apoiou-se em motes como "coração valente" e "dilmãe". O adversário do PSDB da vez vinha de Minas Gerais, o senador Aécio Neves, neto de Tancredo. Correu por fora Marina Silva, então no PSB, alçada a titular da chapa depois da morte do ex-governador pernambucano Eduardo Campos em um acidente aéreo a menos de dois meses do primeiro turno. Marina cresceu nas intenções de voto, dividindo, na margem de erro, a liderança com Dilma e aparecendo na frente da presidente em simulações de segundo turno.

A campanha do PT, chefiada pelo marqueteiro João Santana, declarou guerra total à inesperada adversária, ex-petista e ex-ministra do Meio Ambiente de Lula. Marina caiu, e Aécio disputou o segundo turno com Dilma, sendo derrotado por margem apertada: 48,4% a 51,6% da presidente. Repetiu-se o padrão que se observava desde 2006: o PT foi bem em regiões mais pobres; o PSDB foi melhor em áreas mais ricas e entre o eleitorado mais escolarizado. Afirma Rocha de Barros:

Embora o crescimento do PIB tivesse sido pequeno, o desemprego era muito baixo e a sensação não era de uma crise econômica generalizada. Era razoável para a população não fazer uma alteração de curso. Todo mundo sabia que a situação não era tão boa como com Lula, mas era boa o suficiente. E ela prometeu na campanha que ia conseguir manter isso, o que era claramente mentira.

Diante do aprofundamento da crise, Dilma substituiu Mantega pelo liberal Joaquim Levy na Fazenda. A presidente reeleita que passou a campanha falando em continuidade dava uma guinada em direção à austeridade fiscal. As pesquisas deixavam claro o que muitos viam naquele movimento: estelionato eleitoral. Se a petista fechou 2014 com avaliação positiva de 42%, em fevereiro de 2015 registrou uma rejeição de 44% no Datafolha. Apenas 23% aprovavam seu governo. Em agosto do mesmo ano, ainda com três anos e meio de mandato pela frente, chegaria a seu momento mais dramático: 71% de rejeição e 8% de aprovação.

Já no começo do segundo mandato se multiplicavam as manifestações contra a presidente e contra o PT, tornando o governo cada vez mais tóxico para políticos e empresários. Temer estava entre os que se afastavam. Faltavam tanto bons ventos econômicos como habilidade política — Dilma entrou em choque com a principal sigla aliada, o PMDB, ao opor-se à eleição de Eduardo Cunha para a Presidência da Câmara.

A presidente não vivia seu melhor momento nem com Lula, que reclamava que a sucessora não ouviu seus conselhos. Em entrevista ao livro *A verdade vencerá*, o padrinho reclamou da teimosia da afilhada: "Ela cometeu muitos erros na política talvez pela pouca vontade que tinha de lidar com a política; muitas vezes ela não fazia aquilo que era simples fazer".

No Congresso, o PT resistia a embarcar nas medidas de ajuste fiscal de Dilma, deixando a oposição à vontade para dizer que não se queimaria apoiando propostas impopulares, mesmo que estivessem de acordo com suas bandeiras. Ao boicote dos adversários se somou a chantagem de partidos aliados em busca de benefícios do enfraquecido governo federal.

O governo também vivia sob a espada da Operação Lava Jato, que desvendara um esquema de corrupção entre empreiteiras e agentes públicos na Petrobras, com financiamento ilegal de campanha em partidos como PT, PMDB, PSDB e PP.

Dilma era pressionada por empresários e políticos, inclusive Lula, a fazer algo para frear a operação, o que ela não fez por incapacidade ou convicção — chegou-se a dizer que a presidente e parte de seus aliados antes escanteados por Lula torciam para que as investigações atingissem o ex-presidente, o que reduziria a força gravitacional dele no PT. Em sua delação, o empreiteiro Marcelo Odebrecht contou ter sido um dos que alertou a presidente sobre os riscos da operação, em particular a conexão entre desvios na Petrobras e o financiamento da campanha presidencial. Ele disse ter ouvido de Dilma: "Mas eu não me envolvi". Marcelo, que pelas costas chamava a petista de autista, teria respondido: "Presidenta, eu sei que a senhora não se envolveu. Mas a campanha era sua. E eu garanto que a campanha de 2010 também teve dinheiro de lá [da Petrobras]". As acusações feitas contra Dilma não avançaram na Justiça. Junto com Lula e outros petistas, ela foi absolvida em um processo em que era acusada de integrar um esquema bilionário de propinas durante os governos do partido. A ex-presidente sempre negou o envolvimento em crimes, destacando o aumento de autonomia e recursos do Ministério Público e da PF durante as gestões do PT.

Indiscutível foi o efeito demolidor e paralisante que a Lava Jato teve sobre o segundo mandato da petista. A investigação do Paraná se somou à recessão, ao desemprego, ao estelionato eleitoral e à inépcia política para lidar com o Congresso, consolidando uma ideia que tomava forma na cabeça dos brasileiros: pedir o *impeachment* de Dilma.

Diante da hesitação inicial do PSDB em embarcar na derrubada da presidente, tomaram a dianteira grupos de direita como Vem Pra Rua e Movimento Brasil Livre (MBL), que viraram protagonistas dos atos de rua contra o PT — engajando-se tardiamente, políticos tucanos foram vaiados em protestos.

O pedido formal de impedimento veio em setembro de 2015 pelas mãos dos advogados Janaina Paschoal, Hélio Bicudo e Miguel Reale Júnior. Tendo em comum posições críticas ao PT, o trio argumentava que a presidente deveria ter seu mandato cassado, entre outros motivos, em razão das chamadas pedaladas fiscais, operações orçamentárias em que são atrasados pagamentos de dívidas do Tesouro Nacional junto a bancos públicos. Assim, alivia-se a situação fiscal do governo, dando a impressão de que as contas não vão tão mal. As pedaladas ocorreram durante governos anteriores, mas dispararam sob Dilma.

Para os autores do pedido de *impeachment*, estava configurado crime de responsabilidade da presidente contra a lei orçamentária. A petista dizia que não havia nada de irregular nas operações. Desafeto de Dilma e em conflito com o PT, o presidente da Câmara, Eduardo Cunha, aceitou o pedido de *impeachment* em dezembro de 2015, afirmando fazê-lo "sem qualquer tipo de torcida". Naquele momento, as ruas já não viviam mais o pico de excitação antipetista que havia registrado naquele ano, e muitos apostavam que o plano de cassar Dilma não teria fôlego. Afinal, bastava que a presidente amealhasse um terço dos votos da Câmara para encerrar o assunto.

Aos poucos, porém, o edifício do *impeachment* se ergueu, baseando-se em quatro pilares: (1) a perda de apoio da presidente no Congresso, que não conseguia impedir o esvaziamento de sua base; (2) os movimentos de Temer, que por sua vez conseguiu construir muito bem a própria coalizão; (3) a avalanche de más notícias da Lava Jato para o governo; (4) a economia que ia ladeira abaixo.

As ruas se incendiaram em sucessivos protestos, sendo o mais impressionante em São Paulo, no dia 13 de março de 2016, quando 500 mil pessoas ocuparam a avenida Paulista e vias próximas no maior ato político já contabilizado pelo Datafolha na história da cidade. As multidões de verde e amarelo se espalhavam por cidades de norte a sul do país. Os defensores da presidente reagiram com os próprios atos, sob o bordão "não vai ter golpe".

Dilma não inspirava o mesmo fascínio que Lula na esquerda, sobretudo depois de abraçar uma agenda de ajustes liberais, mas ainda assim levou milhares às ruas em diferentes ocasiões ao longo do processo a que respondeu, mostrando que não era nenhum Collor, que tombou sem respaldo popular. Seus apoiadores afirmavam que ela era uma pessoa honesta, que estava sendo derrubada por meio de uma desculpa esfarrapada e em nome de interesses escusos de gente metida até o pescoço em escândalos de corrupção. Argumentavam que, apesar de eventuais problemas do governo, era preciso preservá-lo para manter os avanços sociais da era petista, já que a alternativa posta era uma plataforma conservadora e antipopular. Concordavam que não havia ali um golpe clássico, com tanques e soldados, mas um mecanismo golpista mais sofisticado e adaptado ao século XXI, por meio de um conluio parlamentar, empresarial e midiático que visava abater a mandatária democraticamente eleita.

As narrativas vermelha e verde e amarela se enfrentaram nos campos de batalha das ruas e das redes sociais brasileiras, com a segunda delas exibindo mais força e vigor do que a primeira. Uma pesquisa Datafolha de março de 2016 mostrou que 68% dos brasileiros eram favoráveis ao impedimento, contra 27% que se opunham a ele. Para quem tivesse dúvidas de que o antipetismo vivia sua glória, bastava ver a "dança do *impeachment*", na qual manifestantes de rostos pintados faziam uma coreografia ensaiada e cantavam:

> *Seja patriota*
> *Vem lutar por sua nação*
> *Patriota verdadeiro*
> *Vem pra manifestação*
> *[...]*
> *Grita forte, brasileiro*
> *Ê, ê*
> *Fora Dilma*
> *Fora, Lula*
> *Fora, PT*

O mesmo março de 2016 do megaprotesto na Paulista foi também o mês da prisão de João Santana, da delação de Delcídio do Amaral, da condução coercitiva de Lula e da decisão de Dilma de nomeá-lo ministro da Casa Civil, em uma tentativa desesperada de conter a derrocada de sua presidência. Na véspera da posse do ex-presidente, Moro tornou público um telefonema grampeado pela Polícia Federal, que sugere uma atuação de

Dilma para tentar evitar a prisão do padrinho. No áudio, a presidente dizia que enviaria a Lula o termo de posse como ministro: "Só usa em caso de necessidade" — uma vez na Casa Civil, ele teria foro privilegiado. Os dois afirmaram que aquilo era uma conversa burocrática, mas a nomeação de Lula foi suspensa pela Justiça.

A marcha do *impeachment* desembocaria em seu momento-clímax em 17 de abril de 2016, data em que a Câmara dos Deputados aprovou, por 367 a 137 votos, a abertura de processo contra a presidente. Ao vivo nas TVs brasileiras em pleno domingo, deputados esfregaram na cara dos eleitores-telespectadores a alma profunda, e por vezes bizarra, do parlamento nacional.

Por seis horas, dedicaram votos a familiares, soltaram confetes, provocaram-se e, em muitos momentos, comportaram-se como se estivessem em qualquer lugar, exceto no plenário do Poder Legislativo. Afirmando ter sido insultado, Jean Willys (PSOL) cuspiu na direção de Jair Bolsonaro (então no PSC), colega de bancada fluminense. O capitão reformado do Exército, por sua vez, dedicou seu voto à "memória do coronel Carlos Alberto Brilhante Ustra, o pavor de Dilma Rousseff".

O processo seguiu para o Senado, que afastou Dilma temporariamente do cargo em maio, transformando Temer em presidente interino. Ao deixar o Palácio do Planalto, a petista discursou rodeada de aliados, entre eles um Lula abatido e de olhar perdido. "A democracia brasileira está sendo objeto de um golpe", disse ela.

Rocha de Barros considera as práticas orçamentárias que selaram o destino de Dilma graves, mas insuficientes para um *impeachment*. Ele rejeita, entretanto, a classificação de golpe repisada pelo petismo e por parte da esquerda.

Respeito quem chama de golpe porque não há uma definição de golpe decretada pela ONU ou pelo Vaticano que todos devam seguir. O impeachment é excepcional e traumático, e entre ele e um golpe sempre haverá uma área cinzenta. Pessoalmente, creio que devêssemos guardar "golpe" para rupturas bastante claras da ordem democrática, situações em que ao menos o medo de violência comece a influenciar decisivamente o comportamento das pessoas. Não acho que a ascensão de Temer ao poder se encaixe nessa categoria. Além disso, é mau sinal quando é preciso adicionar muitos qualificativos à expressão — golpe "parlamentar", "midiático" etc.

O impeachment *foi jogo sujo, mas é algo que existe na democracia, que não morre por isso. No entanto, é claro que, se a democracia brasileira ruir nos próximos anos, é possível que os historiadores vejam no* impeachment *o início de um processo de deterioração que levou ao seu fim.*

Depois de meses de andamento do caso, a cassação definitiva do mandato foi aprovada pelos senadores em 31 de agosto de 2016, sob a justificativa das pedaladas e da emissão de decretos liberando verbas sem autorização do Congresso. Uma manobra de última hora dos senadores, avalizada pelo comandante do processo, Ricardo Lewandowski, presidente do STF, manteve os direitos políticos de Dilma. Assim, na eleição de 2018, a ex-presidente pôde se candidatar ao Senado por Minas Gerais. Foi derrotada, obtendo apenas um quarto lugar.

Com bons resultados socioeconômicos em boa parte dos treze anos em que ficou no poder federal, o PT erodiu a economia e o orçamento em seus anos finais, sem falar do próprio capital ético. Em resolução de maio de 2016, o partido admitiu "erros", sem citar o envolvimento de seus quadros em corrupção. Preferiu apontar o esgotamento do modelo econômico e as alianças com a direita. Afirmou ter sido descuidado ao não impedir uma "sabotagem conservadora" nas cúpulas da Polícia Federal e do Ministério Público, e não promover a "democratização" dos meios de comunicação. Também lamentou não ter modificado currículos de academias militares ou promovido oficiais "com compromisso democrático e nacionalista".

Apesar de apeado pelo *impeachment*, com sua principal liderança na prisão e derrotado na disputa presidencial de 2018, nesse mesmo ano o PT conseguiu fazer a maior bancada da Câmara. Não é à toa que Rocha de Barros chama a derrubada de Dilma de "companheiro *impeachment*": fora do poder, o partido não precisou capitanear o ajuste fiscal e ainda ganhou dividendos eleitorais ao se colocar como oposição ao impopular governo Temer. Não foi dizimado nas urnas, o que tinha grandes chances de ocorrer se Dilma tivesse concluído o mandato.

32

Michel Temer (2016-2018), reformas e escândalos

Michel Temer em almoço em Pequim, China, 2017.

Antes ou depois de assumir a Presidência, Michel Temer sempre manifestou incômodo com pechas que seus adversários, maldizendo sua ascensão ao Palácio do Planalto, atribuíam-lhe. Golpista, oportunista, movido por interesses escusos. O vice que virou titular se dizia injustiçado e comprometido a recuperar a economia e promover reformas. No dia 12 de maio de 2016, ao se tornar presidente interino depois do afastamento temporário de Dilma Rousseff, prometeu pacificar e unir o país.

Pôs na pasta do Planejamento o senador Romero Jucá (PMDB-RR), articulador do *impeachment* e que se tornava, então, homem forte do governo Temer, depois de ter sido aliado de FHC, de Lula e da própria Dilma. Passados apenas onze dias da chegada do novo presidente ao poder, a *Folha de S.Paulo* revelou o áudio, em poder da Procuradoria-Geral da República, de uma conversa entre o novo ministro e o ex-presidente da Transpetro, Sérgio Machado. Os dois falavam sobre a Operação Lava Jato, que se espraiava pelo sistema político. Abaixo, o fundamental da conversa, gravada em março, antes do afastamento de Dilma:

> *Jucá: Tem que resolver essa porra... Tem que mudar o governo pra poder estancar essa sangria.*
>
> *[...]*
>
> *Machado: Rapaz, a solução mais fácil era botar o Michel [Temer].*
>
> *Jucá: Só o Renan [Calheiros] que está contra essa porra. "Porque não gosta do Michel, porque o Michel é Eduardo Cunha". Gente, esquece o Eduardo Cunha, o Eduardo Cunha está morto, porra.*
>
> *Machado: É um acordo, botar o Michel, num grande acordo nacional.*
>
> *Jucá: Com o Supremo, com tudo.*
>
> *Machado: Com tudo, aí parava tudo.*
>
> *Jucá: É. Delimitava onde está, pronto.*

Estancar a sangria. Grande acordo nacional. Com o Supremo, com tudo. As frases virariam camisetas, avatares em redes sociais e fantasias de Carnaval. A defesa de Jucá negou interferência na Lava Jato, mas o ministro teve de deixar o cargo. O governo começava sob a sombra daquela gravação, que ampliava as suspeitas de que não eram exatamente republicanas as intenções dos novos donos do poder.

Ainda assim, o país seguiu em frente. Diante da recessão e da enxurrada de denúncias contra o PT, muitos taparam o nariz para passado e presente da turma de peemedebistas que passava a chefiar o Planalto, acompanhada de históricos opositores do petismo e de ex-governistas que só desembarcaram nos momentos finais do governo Dilma. Uma pesquisa do Datafolha de julho de 2016 mostrava que metade da população preferia que o restante do mandato fosse cumprido pelo ex-vice do que pela ex-titular — menos de um terço preferia que fosse a petista a concluir o período. Temer tinha combustível para queimar e se estabilizar no cargo.

Michel Miguel Elias Temer Lulia se tornou presidente aos 75 anos — antes dele, nunca outro havia chegado tão idoso ao cargo. É um homem de 1,70 metro, de tom muito formal, de retórica pomposa — com especial predileção por mesóclises — e que costuma falar em meio a incessantes movimentos com as mãos. Bacharel em direito e paulista, lembra, pelo estilo e pela trajetória, os antigos presidentes da Primeira República, tendo sido o primeiro natural do estado a ocupar plenamente a Presidência desde Rodrigues Alves (1902-1906).

Exemplar do político brasileiro que navega de acordo com o vento, buscou no Planalto ser um reformista de corte liberal, mas foi sugado por escândalos e liderou uma recuperação econômica insuficiente, tornando-se o mais impopular presidente brasileiro do atual período democrático.

Filho de libaneses que fizeram a vida no Brasil produzindo arroz e café, o caçula de oito irmãos nasceu em setembro de 1940 na cidade de Tietê (SP). Foi estudar direito em São Paulo no fim dos anos 1950, onde se envolveu com a política estudantil. Depois de formar-se em 1963, porém, tratou de trabalhar como advogado, sem apoiar nem se opor à tomada do poder pelos militares no ano seguinte. Durante a ditadura — e sobretudo em seus anos mais duros — concentrou-se mais em sua profissão que em temas políticos, atuando como defensor, procurador do estado e professor.

Com o afrouxamento do regime militar, aproximou-se de André Franco Montoro, seu colega de cátedra na PUC de São Paulo, e ingressou no PMDB em 1981. Com o correligionário eleito governador, o advogado de Tietê foi procurador-geral do estado e, depois, secretário de Segurança, tomando gosto pela política e se transfigurando enfim no político Temer. Em 1986, aos 46 anos de idade, conseguiu uma suplência de deputado federal que o levou à Constituinte, onde se opôs a limitar o direito à propriedade privada, à estabilidade no emprego e à estatização do sistema financeiro, tendendo ao liberalismo econômico.

Cogitou virar tucano quando o PSDB surgiu das costelas do PMDB, mas Montoro o dissuadiu com o argumento de que o novo partido de FHC, José Serra e Mário Covas tinha muita fila e muito cacique.

Voltou à pasta da Segurança durante o governo paulista do também peemedebista Luiz Antônio Fleury Filho, para conter a crise depois do massacre do Carandiru, em 1992, no qual uma ação da tropa de choque da PM durante uma rebelião teve como saldo 111 presos mortos. Na ocasião, o novo secretário afirmou que militares envolvidos em confrontos como os do Carandiru mereciam repousar e passar por tratamento psicológico.

Preterido em disputas internas do PMDB, tanto para concorrer ao governo paulista em 1994 quanto para ser indicado ao Ministério da Justiça do novo presidente, FHC, Temer pleiteou de novo vaga na Câmara, enfim obtendo votos suficientes para se eleger titular, e não suplente. Em 2001, tornou-se líder do PMDB e, com o tempo, afastou-se dos peemedebistas que se opunham ao novo governo para se aproximar de Fernando Henrique, abraçando com entusiasmo a agenda de reformas do tucano — a ponto de se tornar relator da proposta de reforma da Previdência.

A resistência ao projeto no Congresso seria grande, causando a derrubada de itens como a idade mínima para a aposentadoria, entre outras derrotas para o governo. Ferino, FHC anotaria em seus diários:

> *A reforma da Previdência foi desfigurada, Temer cedeu além de todos os limites. [...] Na última hora o Michel Temer mudou coisas muito importantes que havia combinado conosco, tornando a reforma muito pouco eficaz para o combate de uma porção de abusos.*

O tucano também registraria o apetite de Temer por cargos:

Temer é dos mais discretos, mas eles não escapam. Todos têm, naturalmente, seus interesses. [...] O próprio Temer está querendo receber uma nomeação de alguém de fundo de pensão, assim fica difícil. Essas coisas tão tristes desse nosso dá cá toma lá que fica discreto, mas ao mesmo tempo é muito concreto.

Apesar dos lamentos do tucano, Temer foi ganhando espaço no círculo de confiança de FHC e conquistando apoio do Planalto para sua candidatura à presidência da Câmara em 1997. Fiel ao presidente, integrou uma viagem de parlamentares ao exterior que ajudou a esvaziar o Congresso quando a oposição tentava fazer uma CPI com o objetivo de apurar as denúncias de compra de votos para aprovar a emenda constitucional da reeleição. No começo do segundo mandato de FHC, barrou um pedido de *impeachment* da oposição contra o presidente.

O peemedebista se indispunha sobre a agenda de votações com o cacique da outra Casa do Congresso, o presidente do Senado, Antonio Carlos Magalhães (PFL-BA), que caçoava da figura pomposa, de cabelos penteados para trás e tantos trejeitos com as mãos. Foi ACM quem criou um dos apelidos que mais colariam no então chefe da Câmara: "mordomo de filme de terror". Vindas de outras partes, mais maledicências de ares trevosos se combinariam à alcunha, como apontar semelhanças entre Temer e vampiros ou afirmar que ele seria adepto do satanismo — este último, um boato espalhado por sites evangélicos anti-PT durante a campanha presidencial de 2010. O paulista, que se diz católico de frequentar missas, nega qualquer pendor por Satanás.

Depois de anos de parceria com o tucanato e na presidência nacional do PMDB a partir de 2001, Temer organizou o apoio formal do partido ao presidenciável do PSDB no ano seguinte, José Serra. Outros peemedebistas, como o ex-presidente e senador José Sarney, optaram por Lula. Embora estivesse na ala que apostou no cavalo derrotado, Temer foi o responsável por iniciar negociações com José Dirceu, chefe da Casa Civil, em torno de uma aliança formal do partido com o novo governo. Desconfiado do dirigente peemedebista, Lula vetou o acordo.

Temer vivia a ambígua situação de chefiar um partido ávido por cargos no governo federal e, ao mesmo tempo, ser de um grupo historicamente mais próximo do PSDB. Enquanto colegas de partido se aninhavam junto ao petismo, Temer fazia cobranças públicas ao governo e, em privado, chamaria de decepcionante o desempenho de Lula. Na ocasião — uma conversa com um cônsul americano depois vazada pelo WikiLeaks — diria ainda que o petista tinha uma visão estreita, com "excessivo" foco em programas de seguridade social, e apontaria uma desilusão popular depois dos escândalos de corrupção do governo. Na eleição de 2006, apoiou o tucano Geraldo Alckmin.

Mas eis que, com Lula reeleito, lá estava Temer novamente, como presidente do PMDB, entabulando negociações de adesão do partido ao segundo governo do petista. Chamado para um almoço com o presidente da República, disse ao vitorioso petista: "Acho que nós vamos acabar fazendo uma grande coalizão, mas não podem ficar mágoas pessoais. Sei que dizem que o senhor não vai com a minha cara e sei que lhe dizem que eu tenho desapreço pelo senhor". Segundo Temer, Lula foi gentil e agradeceu pelo esclarecimento da questão. O PMDB ganhou ministérios, cargos e se consolidou de vez como peça fundamental da base aliada. Temer diria três anos depois em entrevista à revista *piauí* que sua relação com Lula havia melhorado muito, elogiando o fato de que o petista "conseguiu satisfazer o sistema financeiro e, ao mesmo tempo, tirou 20 milhões de pessoas da pobreza".

O namoro foi ficando sério depois da eleição de Temer, em 2009, para um terceiro mandato como presidente da Câmara (com apoio do Planalto) e com sua indicação para o posto de vice de Dilma, em 2010. Não impediram sua ascensão nem a desconfiança do PT sobre o atucanado deputado, nem a menção a seu nome em escândalos, como a Operação Castelo de Areia, que investigou irregularidades da Camargo Corrêa e ligações da empreiteira com políticos — a ação foi anulada pelo Superior Tribunal de Justiça. Ainda em 2009, o historiador Luiz Felipe de Alencastro alertou em artigo na *Folha de S.Paulo*:

> Uma presidenciável desprovida de voo próprio na esfera nacional, sem nunca ter tido um voto na vida, estará coligada a um vice que maneja todas as alavancas do Congresso e da máquina partidária peemedebista. O PMDB jamais logrou eleger o presidente da República. Daí a sede com que vai ao pote ditando regras ao PT e a sua candidata à Presidência. Já preveniu que quer participar da organização da campanha presidencial, disso e daquilo. No horizonte, desenha-se um primeiro impasse. Levado adiante, o impasse poderá transformar a ocupante do Alvorada em refém do morador do Palácio do Jaburu.

A pouco conhecida Dilma, porém, precisava do caudaloso tempo do PMDB no horário eleitoral. Os dois se conhecem pouco e se tratavam com formalidade, o que não os impedia de trocar amabilidades em comícios. A petista afirmou: "Eu tenho um companheiro de chapa que é uma pessoa experiente, séria, que tem uma tradição política, que eu tenho certeza de que saberá honrar e me substituir à altura". O peemedebista se dizia honrado e alegre de "partilhar o governo" com Dilma.

Eleito número dois da República, Temer chamou menos atenção na posse do que Marcela, então com 27 anos de idade, sua terceira mulher, 43 anos mais jovem. O vice-presidente mergulhou na irrelevância, em meio a uma Dilma então popular e com base congressual ampla e confiável. Os petistas o ironizavam com o apelido de "aspirador de pó" — pois seria usado apenas para limpar sujeiras e confusões do PMDB. Só saiu das profundezas em poucos momentos, como quando se opôs à ideia da presidente de criar uma Constituinte exclusiva para a reforma política, durante os protestos de 2013, ou quando atuou para pôr o aliado Eduardo Cunha na liderança do PMDB na Câmara, contra a vontade de Dilma.

As coisas andavam tão paradas no Palácio do Jaburu que o vice teve tempo de lançar, em 2012, o livro de poemas *Anônima intimidade*, que guarda momentos como o abaixo:

Falta-me tristeza.
Instrumento mobilizador
Dos meus escritos.
Não há tragédia
À vista.
Nem lembranças
De tragédias passadas.
Nem dores no presente.
Lamentavelmente
Tudo anda bem.
Por isso
Andam mal
Os meus escritos.

Apesar do casamento político em clima de marasmo, os votos foram renovados para a reeleição de Dilma em 2014. Mas a aliança seria posta em xeque já no primeiro ano do segundo mandato, quando ficou patente a impopularidade da petista e a palavra *impeachment* passou a ser cada vez mais pronunciada, o que naturalmente beneficiava Temer. De início, o vice se manteve próximo do Planalto. Em abril de 2015, Dilma deu a ele o comando da articulação política, concedendo prerrogativas inéditas ao peemedebista. Ele tentou reorganizar a base aliada, em crise depois de a presidente e o PT atuarem contra a eleição de Cunha para a presidência da Câmara.

O empoderamento vice-presidencial, entretanto, durou apenas quatro meses. Acertos feitos por Temer pelo Congresso eram desautorizados depois por Dilma e seu entorno, e Temer disse ter sido sabotado pela chefe, que teria ficado com ciúmes do assédio endereçado a ele. Mais tarde, o vice diria que Dilma poderia ter tido nele um grande aliado, mas escolheu transformá-lo em um inimigo.

Enquanto a crise se aprofundava, Temer colocava lenha na fogueira. Em agosto, disse, sem citar Dilma, que "é preciso que alguém tenha a capacidade de reunificar a todos". Mal os petistas tiveram tempo para farejar a semente da traição, já no mês seguinte Temer comentou a avaliação de Dilma em uma conversa com empresários: "Ninguém vai resistir três anos e meio com esse índice [de popularidade]". Precisava desenhar? Foi o que fez a propaganda de TV do PMDB dias depois, ao propor que era hora de "deixar estrelismos de lado" e exibir um mosaico de rostos de peemedebistas, como Cunha, Renan Calheiros e Eunício Oliveira, que, juntos, formavam o rosto de Temer. Precisava escrever? Em outubro, o PMDB divulgou o documento "Uma Ponte para o Futuro", com críticas ao cenário político e econômico, e com cara e alma de programa de governo.

Depois de Cunha autorizar a abertura do processo de *impeachment* em 2 de dezembro de 2015, Dilma correu para declarar que esperava integral confiança da parte do vice. A amigos, Temer confidenciou: "Ela nunca confiou em mim". Na semana seguinte, na mais contundente rasteira até ali, o vice mandou uma carta à titular. Tornado público rapidamente, o documento tinha um especial poder de gerar excitação ou constrangimento, a depender da relação do leitor com noticiário político incandescente. Alguns trechos:

Verba volant scripta manent (as palavras voam, os escritos permanecem)
Desde logo lhe digo que não é preciso alardear publicamente a necessida-
de da minha lealdade. Tenho-a revelado ao longo destes cinco anos.

[...]

Entretanto, sempre tive ciência da absoluta desconfiança da senhora e do
seu entorno em relação a mim e ao PMDB. Desconfiança incompatível com o que
fizemos para manter o apoio pessoal e partidário ao seu governo.

[...]

Passei os quatro primeiros anos de governo como vice decorativo. A se-
nhora sabe disso. Perdi todo protagonismo político que tivera no passado e que
poderia ter sido usado pelo governo.

[...]

A senhora, no segundo mandato, à última hora, não renovou o Ministério
da Aviação Civil onde o Moreira Franco fez belíssimo trabalho elogiado duran-
te a Copa do Mundo. Sabia que ele era uma indicação minha. Quis, portanto,
desvalorizar-me.

[...]

A senhora não teve a menor preocupação em eliminar do governo o De-
putado Edinho Araújo, deputado de São Paulo e a mim ligado.

[...]

Sei que a senhora não tem confiança em mim e no PMDB, hoje, e não terá
amanhã. Lamento, mas esta é a minha convicção.

Não acabou. Depois da missiva, veio o áudio de WhatsApp. Em 11 de abril de 2016, dias antes de a Câmara autorizar o prosseguimento do *impeachment*, Temer disparou uma mensagem de voz em um grupo de peemedebistas, na qual falava como se a petista já estivesse fora do poder. Sua assessoria disse que o envio foi um acidente, e que aquilo havia sido só um exercício. Àquela altura, o PMDB estava formalmente rompido com o governo e Dilma não estava mais interessada em botar água na fervura. "Cai a máscara dos conspiradores", declarou ela.

Ao longo dos meses, o grosso da base aliada de Dilma saltou para o colo de Temer, tornando o Jaburu o endereço mais disputado de Brasília. Quebrado o elo com o PT, Temer restabelecia suas antigas conexões com o PSDB e outros opositores do petismo, que ocuparam ministérios e voltaram a frequentar o Planalto. Treze meses depois de ser nomeado chefe da articulação política da petista, o vice assumia como interino, tornando-se presidente definitivo em agosto de 2016. O PMDB voltava à cadeira presidencial, e de novo pela via indireta — a última vez fora com Sarney.

O cientista político Carlos Pereira ressalta a diferença de perfis entre Temer e Itamar Franco, vice que foi muito menos ativo durante a queda de Fernando Collor. Ele também aponta a posição do peemedebista como líder de um partido "que se especializou em ocupar a posição de legislador mediano", isto é, que não almeja a Presidência, buscando se posicionar com relevância no Legislativo, independentemente de quem seja o majoritário vencedor.

Depois de sofrer derrotas nas urnas em 1989 e 1994, o PMDB ajustou suas ambições e foco em sua trajetória legislativa. "A história sempre deu cabo das ambições do PMDB de ocupar a Presidência. De repente a oportunidade de ouro bateu à porta com o *impeachment*, sem ser necessário disputar eleições", diz Pereira.

Em pronunciamento à nação depois de se tornar presidente, Temer declarou que "a incerteza chegou ao fim" e que era hora de "unir o país e colocar os interesses nacionais acima dos interesses de grupos". Incontroláveis eram os interesses da Lava Jato, que continuaria a investigar importantes nomes da nova gestão, levando à queda de outros ministros além de Jucá. O governo também foi criticado pela formação de um ministério 100% masculino em pleno 2016 — a última composição sem mulheres havia ocorrido sob o general Ernesto Geisel. E por falar em militares, estes passaram a ocupar cargos-chave no governo, iniciando um processo que seria escancarado na Presidência seguinte.

Havia um abismo econômico a ser resolvido. Depois de estagnar em 2014, a economia brasileira encolheu quase 7% em 2015 e 2016 somados. A inflação ultrapassou 10% em 2015, o déficit do orçamento era crescente e o desemprego atingia 12 milhões de brasileiros. Apoiado pelo mercado, o governo acenava com um receituário à direita, com doses de reformas liberais de controle das contas públicas e de desregulamentação trabalhista. Henrique Meirelles, ex-tucano e ex-chefe do Banco Central de Lula, ficou à frente da Fazenda. O governo articulou a aprovação no Congresso de uma emenda que fixou teto de gastos para as despesas públicas por vinte anos.

Para passar essa e outras medidas impopulares, Temer teve de usar toda sua experiência de velho cacique do Congresso. Afirma Pereira:

Talvez Temer tenha sido o presidente, desde a redemocratização, que mais compartilhou poder e recursos proporcionalmente ao peso político de cada aliado de sua base, o que reduz animosidades. Além disso, sua coalizão foi ideologicamente homogênea, de centro-direita, com uma agenda bem definida de reequilíbrio da economia e das contas públicas. Construiu, diferentemente de Lula e Dilma, uma aliança que era quase um espelho dos posicionamentos medianos do Congresso. Tudo isso o ajudou muito para que conseguisse colocar na agenda do Parlamento reformas que impunham perdas não triviais a setores da sociedade, como a reforma trabalhista e o teto de gastos.

O estabelecimento de um limite para as despesas públicas pressupunha como segunda etapa a aprovação de uma reforma da Previdência que fosse eficaz em reduzir o crescente déficit da área e lidar com o envelhecimento da população. Fazer um teto de gastos sem reformar o setor faria o gasto com aposentadorias e pensões garfar, com o tempo, outras fatias do orçamento, como educação e saúde. Rejeitado por 51% da população no fim de 2016 e aprovado por apenas 10%, o governo Temer abraçou a pauta então impopular, promovendo campanhas na TV para rebater críticas da oposição à reforma.

Mas, com um presidente suscetível a pressões políticas e colecionador de recuos, o governo acabou cedendo para ver o texto da PEC prosseguir no Congresso, rendendo-se ao *lobby* de diversas categorias que almejavam estar fora da regra geral da reforma, como servidores municipais e estaduais, policiais e militares. Apesar das concessões, o governo dava mostras de habilidade para operar no Congresso — conseguiu avançar, por exemplo, nas votações da também impopular reforma trabalhista, exaltada pelo governo como facilitadora de contratações e considerada pela oposição um ataque aos direitos dos trabalhadores.

Parecia visível no horizonte a aprovação da reforma da Previdência.

Ao menos era esse o mundo antes de 17 de maio de 2017, dia em que o jornalista Lauro Jardim, do jornal *O Globo*, revelou que Temer havia sido gravado por Joesley Batista, dono do frigorífico JBS. Com suas empresas na mira de investigações sob suspeita de envolvimento em corrupção, o empresário fechou uma delação com a Procuradoria-Geral da República, que incluiu uma ação controlada para registrar uma conversa com o presidente. Temer recebeu a isca na garagem do Palácio do Jaburu, à noite e fora da agenda.

Na gravação, Joesley falou sobre zerar pendências com Eduardo Cunha, àquela altura preso e mandando recados a políticos poderosos ligados a ele, Temer incluso. O diálogo é truncado, frases ficam pela metade e há diversos trechos inaudíveis, mas em dado momento o dono da JBS afirma: "O que que eu mais ou menos dei conta de fazer até agora: eu tô de bem com o Eduardo, ok". O presidente responde: "Tem que manter isso, viu?". Joesley replica: "Todo mês".

A conversa sugeria um aval presidencial à compra do silêncio de Cunha, o que causava uma hecatombe política que fazia lembrar os momentos mais quentes de março de 2016, mês no qual o *impeachment* de Dilma se tornou um caminho sem volta. O Congresso se incendiou, gerando dúvida sobre a capacidade do governo de votar a agenda reformista; a Bolsa, então em trajetória de otimismo, desabou; o dólar explodiu; manifestantes tomaram as ruas em uma escalada de protestos que chegaria a ter cenas de batalha campal em Brasília, com 49 feridos.

Emparedado pelo "Joesley Day", como ficou conhecido o fatídico 17 de maio em que o governo quase caiu e os mercados derreteram, Temer via sua permanência no Planalto se tornar incerta, mas decidiu se segurar no cargo, negando ter cometido qualquer crime em suas declarações gravadas e ter pedido ou autorizado pagamentos a Cunha. Disse que apenas fora gentil com o dono da JBS, deixando-o falar. "Repito: não renunciarei", esbravejou em pronunciamento ao país.

O procurador-geral da República, Rodrigo Janot, entendeu de outra forma, denunciando o presidente sob acusação de corrupção e pedindo a perda de seu mandato. Relatório da Polícia Federal sobre o caso apontou à época que, com base na gravação, a "única interpretação possível" era de que o presidente incentivara pagamento para manter Cunha calado. O peemedebista, portanto, teria atuado para embaraçar investigação e não comunicou autoridades sobre o que lhe foi narrado.

Na denúncia, Janot apontou o presidente como destinatário de uma mala de propina de 500 mil reais, além da promessa de mais recursos, que teria como intermediário o ex-assessor Rodrigo Rocha Loures, filmado pela polícia correndo com a bagagem de meio milhão.

Pela primeira vez na história brasileira, um presidente da República era acusado formalmente de crime comum no exercício do cargo. Em setembro 2017, seria alvo de outra denúncia de Janot, desta vez sob acusação de obstrução da Justiça e participação, junto a aliados, de uma organização criminosa que teria recebido ao menos meio bilhão de reais em propinas.

A questão é que, para dar prosseguimento à denúncia contra um presidente, é preciso aval da Câmara, e Temer não era nenhuma Dilma em termos de descontrole da base aliada. Reuniu maiorias para interromper ambas as acusações enquanto estivesse no cargo, queimando todo o capital político que tinha guardado para aprovar a reforma da Previdência. Também viu sua aprovação popular praticamente inexistir — chegou a 82% de rejeição em junho de 2018, contra apenas 3% que avaliavam positivamente seu governo. Virou recordista de impopularidade. Em meio à crise de imagem, o PMDB até mudou de nome, voltando a se chamar MDB, sigla dos tempos de combate à ditadura.

Em entrevista à *Folha* no começo de seu último ano de governo, o presidente afirmou:

> *As pessoas têm vergonha de dizer que apoiam o governo, porque há tanto essa história de corrupção, de que o presidente é corrupto, que as pessoas ficam meio atemorizadas, envergonhadas de dizer que apoiam. [...] Há uma tentativa brutal de tentar desmoralizar o presidente da República. [...] Eu não vou sair da Presidência como essa pecha de um sujeito que incorreu em falcatruas.*

Para Carlos Pereira, o flagra noturno e fora da agenda com Joesley Batista mudou a presidência Temer para sempre.

> *Ele se transformou de governante muito ativo, capaz de ter o controle da agenda do Congresso para implementar reformas de grande magnitude, em um presidente que alocou toda sua energia para não cair, gerando uma imensa sensação de melancolia e de frustração diante da oportunidade perdida. A gravação de Joesley enterrou o Temer reformista e de legado positivo e abriu o fosso de um Temer em busca de sobrevivência política e judicial.*

Dotado de surpreendente autoestima ou entregue a uma espantosa negação da realidade, Temer chegou a flertar com a reeleição, apostando que uma eventual melhora dos indicadores econômicos pudesse melhorar sua aprovação. O governo tentou retomar alguma iniciativa com uma intervenção federal na segurança do Rio de Janeiro, o que interrompia de vez a chance de emendar a Previdência — a Constituição veta alterações em seu próprio texto enquanto estão em vigor ações desse tipo nos estados. Combate ao crime é pauta mais palatável ao eleitorado do que austeridade fiscal, lembre-se.

Não houve os frutos de popularidade esperados pelo emedebista. Em maio, uma greve de caminhoneiros quase levou o país a um colapso logístico, comprometendo a produção e o PIB do ano. O país até conseguiu sair da recessão do fim da era petista, mas cresceu apenas 1,3% em 2017, e 1,8% em 2018. A inflação caiu, assim como as taxas de juros, e indicadores melhoraram, mas de maneira tímida e aquém das expectativas. O país continuava a ter 12 milhões de desempregados.

Temer não apenas não foi candidato à Presidência em 2018 como se tornou tóxico na campanha eleitoral: seu nome foi usado para atacar adversários e era evitado por aliados, como o presidenciável do MDB Henrique Meirelles, que teve só 1,2% dos votos. O partido que tantas vezes deu as cartas no Congresso e acuou presidentes minguou, tornando-se uma bancada média de apenas 34 deputados, sem o poder que teve nos governos encabeçados por PSDB e PT.

As investigações não dariam paz a Temer. Em 19 de dezembro de 2018, quando sua presidência já chegava ao fim, a PGR o denunciou sob acusação de corrupção e lavagem de dinheiro em um inquérito que apurou um esquema no setor de portos. Ele negou o envolvimento em crimes.

Com o fim do mandato, as denúncias barradas na Câmara foram descongeladas e o ex-presidente perdeu o foro privilegiado a que tinha direito, tornando-se réu em processos. Foi preso preventivamente em março de 2019 por ordem do juiz federal Marcelo Bretas, julgador dos casos da Lava Jato no Rio de Janeiro, sob a justificativa de risco de destruição de provas e garantia da ordem pública. Segundo presidente do Brasil a ir para a cadeia depois de investigação na esfera penal, passou quatro dias preso, foi solto e depois voltou a ser encarcerado por seis dias em maio, até enfim ser novamente liberado por ordem do STJ em uma sessão em que ministros criticaram um suposto abuso de decretos de prisão sem que haja condenação.

Em entrevista à *Folha* entre um encarceramento e outro, Temer disse ser alvo de um "núcleo punitivista" do Ministério Público Federal. "É um núcleo que quer dizer o seguinte: 'eu quero a cabeça dele, de um ex-presidente da República, na minha sala. Quero um troféu.'"

Como se sabe, a maré de investigações e punições de políticos recuou, e Temer esteve entre os contemplados por absolvições. Livrou--se de diferentes acusações, entre elas as que paralisaram seu governo e quase o derrubaram, como a motivada pelo diálogo gravado por Joesley Batista. No fim das contas, a Justiça entendeu que o áudio não permitia concluir que o então presidente cometera crime.

Com o front judicial desanuviado, Temer dedicou parte de seu tempo livre de ex-presidente a ajudar a sanar os problemas de outra pessoa com a Justiça. No caso, de seu sucessor, Jair Bolsonaro, de quem se tornou um conselheiro eventual. O emedebista emprestou sua expertise de mestre dos recuos e dos bastidores de Brasília ao aproximar Bolsonaro do STF e ajudá-lo a redigir uma nota pública que botava panos quentes em um dos vários surtos de radicalização bolsonarista. Para a surpresa de ninguém, o veterano cacique que um dia ajudara a eleger uma presidente de esquerda, chegando a partir dela ao cargo máximo do país, mostrava não ver problemas em, para manter sua relevância, ensinar truques e ajudar a manter no poder um governante de extrema direita.

33

Jair Bolsonaro (2019-), pandemia e pandemônio

Jair Bolsonaro durante cerimônia de posse ao lado da esposa, Michelle, 2019.

Jair Messias Bolsonaro disse em um evento de campanha de 2018 que seu objetivo era fazer "o Brasil semelhante àquele que tínhamos há quarenta, cinquenta anos". De fato, sua eleição trouxe de volta algumas coisas que estavam no passado. A última vez que o país elegeu um presidente filiado a um partido que não PSDB e PT havia sido em 1989. Desde 1985, o Brasil não tinha um presidente de origem militar. E para encontrar um militar eleito pelo voto direto é preciso voltar mais atrás ainda: 1945, ano da vitória de Eurico Gaspar Dutra.

Em uma coisa, porém, Bolsonaro não lembra nada o passado: é, até aqui, o único presidente da história brasileira que, ao mesmo tempo, nunca havia ocupado funções no Executivo antes de vestir a faixa nem teve uma biografia significativa no centro do poder nacional.

Como relembrar é viver, cabe aqui um retrospecto. O comando da República começou sob hierarcas do Exército imperial antes de passar para as mãos de oligarcas estaduais experimentados em posições de liderança. Houve dois ex-ministros da Guerra à frente do Catete e certo baixinho gaúcho que ocupou cargos na velha ordem antes de se tornar revolucionário e, então, ditador. Depois disso, vieram Juscelino Kubitschek e Jânio Quadros, que foram prefeitos e governadores. João Goulart foi ministro de Getúlio Vargas. Castelo Branco chefiou o Estado-Maior do Exército, e seus sucessores também ocuparam altos cargos do regime militar antes de chefiá-lo.

José Sarney foi governador e presidiu o partido da ditadura. Fernando Collor também governou um estado, além de ter sido prefeito. Ex-vice, Itamar Franco viveu em meio aos principais debates do país desde a ditadura, assim como Fernando Henrique Cardoso, que foi senador influente e se pós-graduou na elite do poder brasiliense. Lula é uma figura política de destaque desde seus tempos de sindicalismo, o que se amplificou depois de protagonizar sucessivas disputas presidenciais. Até mesmo Dilma, inventada por Lula, chefiou secretarias no Rio Grande do Sul e foi ministra de Estado por mais de sete anos. Temer vestiu a faixa depois de anos de caciquismo no partido que foi fiel da balança de tantos governos.

Bolsonaro, não. Sempre à margem do *establishment* político nacional, o ex-deputado federal e capitão reformado não chegou a oficial superior em sua carreira no Exército. Em seus 28 anos na Câmara dos Deputados, integrou o chamado "baixo clero", segunda divisão de parlamentares, de reduzida influência nas decisões da Casa e pouco acesso a cargos e verbas.

Se outros como ele seguiam o que mandavam líderes partidários e se contentavam com o anonimato e questões regionais, Bolsonaro com o tempo ganhou espaço com declarações extremadas que encontraram terreno fértil em programas de humor e na internet.

Enquanto minguava a estrela do petismo, destacava-se o deputado. Vendia sua inexperiência e distância do coração do poder como trunfos: não seria viciado nem corrompido, sendo o único capaz de "quebrar o sistema", um de seus mantras.

Construiu uma improvável candidatura à Presidência a partir do catastrófico segundo mandato de Dilma. Sua estratégia era viajar pelo país e ganhar seguidores em redes sociais — os algoritmos se entenderam bem com o discurso incendiário.

Faltavam recursos, estrutura partidária e tempo no horário eleitoral. Sobrava um histórico de agressividade e declarações preconceituosas e autoritárias. Tudo isso fazia com que, com a campanha de 2018 já em curso, analistas, agentes do mercado e políticos desdenhassem das chances do capitão, apostando que uma candidatura à direita moderada e estruturada acabaria por ganhar força.

Mas as nuvens da política se movimentavam rápido demais, e muitos não perceberam o nível do cansaço do eleitorado em relação à política tradicional, o tamanho do antipetismo na sociedade e a força da internet como campo de batalha pelo voto. Sem falar de uma certa facada em Minas Gerais. O capitão do baixo clero surpreendeu e chegou lá.

O deputado que chocava com suas opiniões em programas de auditório naturalmente não se converteria em um sóbrio estadista ao se mudar para o Palácio do Planalto. A incansável produção de frases absurdas, ofensivas e vulgares é uma das principais características de sua passagem pela Presidência da República, instituição cuja dignidade ele erodiu, em parte, com tal verborragia.

Seu governo poderia ficar para a história apenas como um período especialmente ridículo se o bolsonarismo no poder se resumisse a tuítes obscenos, lives mambembes, passeios de moto com ministros e empresários na garupa, subordinados imitando nazistas ou o presidente se comparando ao personagem de desenho animado Johnny Bravo (um fortão vaidoso e burro) e zombando da questão ambiental, sugerindo que as pessoas fizessem "cocô dia sim, dia não".

Mas qualquer esperança de que tudo isso se resumisse a uma simples expansão do folclore político nacional sem maiores danos permanentes deixou de existir com as ações concretas de seu governo. O cardápio da catástrofe é vasto, mas merecem destaque o desmonte ambiental que abriu as comportas para aumentos na devastação de florestas, como a amazônica, e o fato de que o Brasil deu o azar de estar vivendo sua extravagante escolha bolsonarista durante o evento de maior mortandade de sua história até então: a pandemia de Covid-19.

Bolsonaro não apenas não esteve à altura da missão que lhe cabia ali, mas, sob o argumento de que era preciso tocar a vida normalmente para proteger a economia, atuou cotidianamente contra as melhores recomendações de combate ao vírus. Promoveu aglomerações, propagandeou remédios ineficazes e chegou a relacionar a vacina, que seu governo demorou a adquirir, ao desenvolvimento de aids; medidas de isolamento social, em suas palavras, eram "frescura" e "mimimi" de um "país de maricas".

Uma Comissão Parlamentar de Inquérito do Senado identificou ações intencionais do governo para expor os brasileiros ao novo coronavírus. O presidente, defensor da tese de que, quanto antes todos estivessem infectados, antes o país estaria coletivamente imunizado, foi apontado como principal responsável pelos erros cometidos pela gestão. O relatório aprovado pela CPI propôs que Bolsonaro fosse indiciado por nove crimes, entre eles prevaricação, charlatanismo e emprego irregular de verbas públicas. A comissão citou ainda crimes contra a humanidade e de responsabilidade. Renan Calheiros (MDB-AL), autor do relatório, afirmou o seguinte sobre o presidente no dia da votação do texto:

Sabotou a ciência, é despreparado, desonesto, caviloso, arrogante, autoritário, com índole golpista, belicoso, mentiroso e agiu como missionário enlouquecido para matar o próprio povo [...]. Esse relator está sobejamente convencido que há um homicida homiziado no Palácio do Planalto. Sua trajetória é marcada pela pulsão da morte.

Bolsonaro sempre se disse inocente e não parou de promover sua agenda negacionista. O senador Flávio Bolsonaro reagiu ao relatório da CPI de forma jocosa, fazendo uma imitação para a imprensa da gargalhada característica do pai. A gestão da pandemia deixou claro que a presidência de Bolsonaro era plenamente capaz de reunir farsa e tragédia.

Antes de colecionar todos esses feitos, Jair Bolsonaro já foi criança. De ascendência italiana e alemã, nasceu em 21 de março de 1955 em Glicério, pequena cidade do oeste paulista, e cresceu na também pacata Eldorado, no Vale do Ribeira, no sul do estado. Tinha relação difícil com o pai, Percy, e já revelou que não conversava com o progenitor, que bebia e brigava em casa, até seus 28 anos de idade.

Bolsonaro relata como um momento definidor de sua trajetória quando, adolescente, esteve geograficamente próximo de um personagem da história do Brasil. Em 1970, auge da repressão do regime militar à esquerda armada, o líder guerrilheiro Carlos Lamarca foi montar uma base de treinamento no Vale do Ribeira. Jair gosta de repetir que esteve entre os garotos da região que ajudaram o Exército a tentar localizar o esconderijo do inimigo do regime.

Se ajudou mesmo, de nada adiantou, já que Lamarca escapou dali e só seria morto no ano seguinte, na Bahia. De todo modo, sua passagem por São Paulo serviu para atiçar aquele menino magricela, que decidiu entrar no Exército e seguir carreira. Depois de fazer um curso por correspondência de técnico eletricista, Bolsonaro ingressou na Academia Militar das Agulhas Negras, em Resende, no interior do Rio de Janeiro.

De pele clara e 1,85 metro de altura, Bolsonaro ganhou o apelido de Palmito; o porte atlético na juventude lhe renderia também a alcunha de Cavalão. Graduou-se oficial em 1977, especializando-se em paraquedismo e servindo no Rio de Janeiro e em Mato Grosso do Sul. Cursou a Escola de Educação Física do Exército e se casou com Rogéria, com quem teve seus três filhos políticos, Flávio, Carlos e Eduardo.

De acordo com uma ficha de informações produzida em 1983 pelo Exército, o então tenente de 28 anos "deu mostras de imaturidade ao ser atraído por empreendimento de 'garimpo de ouro'" — em interrogatório, ele admitiu que, de férias na Bahia, havia garimpado com companheiros de farda por "hobby ou higiene mental". O documento registra ainda: "Necessita ser colocado em funções que exijam esforço e dedicação, a fim de reorientar sua carreira. Deu demonstrações de excessiva ambição em realizar-se financeira e economicamente". Um superior também definiria o jovem militar como alguém que "tinha permanentemente a intenção de liderar os oficiais subalternos, no que foi sempre repelido, tanto em razão do tratamento agressivo dispensado a seus camaradas como pela falta de lógica, racionalidade e equilíbrio na apresentação de seus argumentos".

Bolsonaro saiu do anonimato dos oficiais intermediários em 1986, quando, já capitão, escreveu um artigo para a revista *Veja* em que pediu, sem consultar seus superiores, aumento salarial para a tropa. Depois da publicação, recebeu dezenas de cartas de solidariedade de todo o país, além do apoio de outros militares e de mulheres de oficiais. Quem não gostou foi o Exército, que prendeu o capitão por quinze dias por gerar "clima de inquietação no âmbito da organização militar" — militares da ativa são proibidos de fazer manifestações políticas ou de cunho reivindicatório.

No ano seguinte, ele ressurgiu nas páginas da *Veja*, que noticiou um plano de Bolsonaro, em conjunto com outro capitão, de explodir bombas em unidades militares caso o reajuste salarial do governo para a categoria ficasse abaixo dos 60%. A ideia seria ainda assustar o ministro do Exército do governo Sarney, Leônidas Pires Gonçalves, mas sem deixar feridos.

Na reportagem, Bolsonaro diz que seriam detonadas só "algumas espoletas" e explica como fazer uma bomba-relógio. Completa: "Nosso Exército é uma vergonha nacional, e o ministro está se saindo um segundo Pinochet". Convocada a se explicar, a dupla negou por escrito, de forma veemente, as informações publicadas pela revista.

Em janeiro de 1988, um conselho de coronéis considerou Bolsonaro culpado, afirmando que ele "revelou comportamento aético e incompatível com o pundonor militar e o decoro da classe". O colegiado registrou ainda "desvio grave de personalidade e uma deformação profissional" e afirmou que faltava ao capitão "coragem moral para sair do Exército". Cinco meses depois, a maioria dos ministros do Superior Tribunal Militar decidiu que o réu não era culpado das acusações — ele foi beneficiado por divergências nas perícias do plano das bombas.

A essa altura, Bolsonaro já era uma espécie de celebridade no meio militar. Aproveitou a onda e se elegeu candidato a vereador no fim daquele ano pelo Partido Democrata Cristão (PDC), então mesma sigla de José Maria Eymael. O ex-presidente João Figueiredo esteve entre os que parabenizaram o jovem oficial pela vitória.

Depois de anos de crises públicas com seus superiores, Bolsonaro virou político e, como prevê a lei, foi excluído do serviço ativo do Exército.

Tornou-se o capitão reformado que é hoje. "Não gosto da ideia de sair do Exército, mas pelo menos estou ganhando a liberdade para expressar o que penso", disse ele depois da eleição, ressaltando que seu grande sonho era ser deputado federal.

O sonho virou realidade já na eleição de 1990, quando na Câmara dos Deputados teve início uma longa e ininterrupta trajetória de quase três décadas, ou sete mandatos.

Sua vida partidária é uma salada de siglas que têm em comum a associação com a direita, ainda que em diferentes matizes. O PDC se fundiu em 1993 ao PDS, sigla herdeira da Arena pró-ditadura, e formou o Partido Progressista Reformador (PPR), rebatizado de PPB e, depois, de PP. Bolsonaro passou a maior parte de sua carreira parlamentar no partido, transitando ainda por PTB e PFL.

Em 2016, filiou-se ao Partido Social Cristão (PSC) e, em 2018, para ser candidato a presidente, ao então nanico Partido Social Liberal (PSL), do qual sairia brigado menos de dois anos depois, passando boa parte de sua presidência sem filiação partidária. A pouco menos de um ano da eleição de 2022, ingressou no Partido Liberal (PL), sigla controlada por Valdemar Costa Neto, um dos condenados no julgamento do mensalão petista.

Bolsonaro votou a favor da abertura de processo de *impeachment* contra Collor, em 1992, o qual ele havia apoiado na eleição presidencial. Em voto bem menos polêmico que o de 2016, quando apoiou o *impeachment* contra Dilma, disse representar "a vontade dos militares, que são povo". A defesa da caserna era a razão de ser do deputado fluminense, que atuava como uma espécie de cão de guarda dos direitos e dos benefícios da categoria.

Bolsonaro investia em algo que não vivia seu melhor momento: falava em nome da causa militar quando as Forças Armadas viviam uma ressaca pós-redemocratização. Nadando contra o espírito daquele tempo, fazia defesa enérgica do regime ditatorial e de seus métodos. Decorou seu gabinete com as fotos dos presidentes generais e apontava Emílio Garrastazu Médici como ídolo. Ao longo dos anos, repudiou as buscas pelos corpos dos mortos na guerrilha do Araguaia — "quem procura osso é cachorro", dizia um cartaz em seu gabinete — e defendeu uma nova Comissão da Verdade que apurasse crimes da esquerda armada na ditadura.

A retórica saudosista não conquistava a simpatia do ex-presidente Ernesto Geisel, que em um depoimento em 1993 aos pesquisadores da FGV

Maria Celina D'Araujo e Celso Castro afirmou: "Presentemente, o que há de militares no Congresso? Não contemos o Bolsonaro, porque o Bolsonaro é um caso completamente fora do normal, inclusive um mau militar". Mas Geisel era o passado do militarismo, e Bolsonaro era o presente e seria o futuro.

Seu "sindicalismo" militar fazia dele um arauto de posições em favor do gasto público e do estatismo — muitas vezes votando da mesma forma que o PT. Assim como os petistas, opôs-se ao Plano Real, à flexibilização do monopólio do petróleo, ao fim do monopólio das telecomunicações e à reforma da Previdência de FHC. Opôs-se também à proposta de reforma de Lula. Com um gosto pela gastança que ia além da pauta militar, apoiou mais benefícios a servidores, isenções fiscais e medidas de elevação das despesas públicas até em momentos críticos de restrição orçamentária.

Bolsonaro se notabilizava como uma figura explosiva e dada a declarações ofensivas, que até meados da década de 2010 repercutiam pouco em razão da irrelevância do folclórico parlamentar do baixo clero. Só recebia alguma atenção quando linhas demais eram cruzadas. Foi ameaçado de cassação em 1999 após dizer, em entrevista ao programa Câmera Aberta, na TV Bandeirantes, ser favorável à tortura. Questionado se fecharia o Congresso caso fosse presidente, respondeu: "Daria golpe no mesmo dia. Não funciona, e tenho certeza que pelo menos 90% da população ia fazer festa e bater palma". E afirmou ainda:

Através do voto você não vai mudar nada nesse país. Você só vai mudar, infelizmente, no dia em que partirmos para uma guerra civil. E fazendo um trabalho que o regime militar não fez: matando uns 30 mil, começando pelo FHC. Se vão morrer alguns inocentes, tudo bem, tudo quanto é guerra morre inocente.

Bolsonaro sabia o que dava ibope. Depois de, em outra oportunidade, defender o fuzilamento de Fernando Henrique, foi entrevistado por Jô Soares e negou excessos: "Barbaridade é privatizar a Vale, as telecomunicações, entregar reservas petrolíferas ao capital estrangeiro. Se eu não peço o fuzilamento de FHC, você jamais estaria me entrevistando aqui agora". O então presidente chegou a reclamar, afirmando que "a Câmara deve cuidar porque ele passou dos limites". Mas o mandato de Bolsonaro continuou intacto, assim como o faro do deputado para polêmicas que lhe rendiam aparições, ao longo dos anos, em programas de humor como Casseta & Planeta, CQC e Pânico na TV.

Como parlamentar, propôs retirar direitos humanos de praticantes de crimes premeditados, que poderiam ser punidos com pena de morte; defendeu ainda a castração química de estupradores e a tortura de traficantes de drogas e sequestradores. Elogiou a ação de grupos de extermínio no combate ao crime, afirmando que eles seriam bem-vindos no Rio de Janeiro. "Lógico que são grupos ilegais, mas parabéns, a marginalidade tem decrescido."

Sua fúria contra FHC o levou a votar em Lula em 2002, mas jamais a aderir ao governo. Atacava petistas que haviam se envolvido com a esquerda armada, como José Dirceu e José Genoino, criticava o mensalão e entrava em embates cotidianos com membros do partido. Em um bate-boca com a deputada Maria do Rosário (PT-RS), disse que jamais a estupraria porque ela não mereceria. Repetiu a declaração e virou réu no STF sob acusação de incitação ao estupro — o caso foi temporariamente suspenso em 2019, de acordo com a determinação constitucional de que presidentes só podem ser processados por fatos ocorridos no exercício do mandato.

Na Câmara, Bolsonaro também condenava programas sociais como Bolsa Família, por vezes acrescentando a defesa de um rígido controle de natalidade. Em 2013, declarou:

> *Só tem uma utilidade o pobre no nosso país: votar. Título de eleitor na mão e diploma de burro no bolso, para votar no governo que está aí. Só para isso e mais nada serve, então, essa nefasta política de bolsas do governo.*

Bolsonaro apresentou mais de 170 projetos de lei, tendo conseguido aprovar três de suas propostas — delas, uma autorizou a chamada pílula do câncer, que testes demonstraram não ter efeito, e outra originou a emenda constitucional, depois barrada pelo Supremo Tribunal Federal, que estabelecia a impressão de recibos de voto e o depósito deles em urnas para evitar fraudes eleitorais. Curiosamente, promoção de remédios ineficazes e ataques à votação eletrônica seriam pautas de sua presidência.

O parlamentar repetia que, se poucos projetos seus foram aprovados, ele muito contribuíra para impedir o avanço de iniciativas que considerava nocivas. Em sua estratégia de trincheira, esteve entre os mais barulhentos opositores de um kit para combater homofobia nas escolas discutido no Ministério da Educação em 2011. Para Bolsonaro, o material era um "estímulo ao homossexualismo e à promiscuidade". Sob pressão da bancada evangélica, Dilma mandou engavetar o chamado "kit gay".

Bolsonaro ultrapassou seu nicho de pautas militares e passou a dedicar mais atenção ao conservadorismo de costumes. Era mais uma oportunidade de antagonizar com a esquerda, que também investia na temática e ia além de questões classistas ao abordar liberalização das drogas, aborto, feminismo e combate à homofobia. O governo petista não embarcava em tais pautas com a ênfase que muitos militantes gostariam, mas, ainda assim, vinha se abrindo ao debate de questões identitárias. O mesmo fazia o Supremo, que em 2011 reconheceu o casamento gay.

Mas o Brasil não deixara de ter, de um dia para o outro, expressivas parcelas de população conservadora que rejeitavam a expansão da agenda progressista e o que viam como "politicamente correto" esfregado em suas caras na TV, na imprensa e nas redes sociais.

Nas fileiras mais ativas desse exército de reação estavam as igrejas evangélicas e seus representantes políticos. Bolsonaro foi hábil em perceber o potencial de valorização daquele ativo pouco explorado. O deputado católico que dizia ir raramente à igreja se aproximou de colegas neopentecostais. Batizou-se nas águas do rio Jordão, em Israel, e se casou com sua terceira mulher, Michelle, em uma cerimônia celebrada pelo pastor Silas Malafaia.

Um dos alvos dos ataques do parlamentar era a agenda LGBT, o que não surpreende diante de seu longo histórico de declarações homofóbicas. Aqui, uma breve coletânea: "Seria incapaz de amar um filho homossexual. Prefiro que um filho meu morra num acidente do que apareça com um bigodudo por aí"; "Gostar de homossexual ninguém gosta, a gente suporta"; "Você de casa contrataria um motorista gay para levar seu filho na escola? Está na cara que não"; "Eu tenho imunidade para falar que sou homofóbico, sim, com muito orgulho".

O parlamentar havia identificado um campo aberto dentro de uma classe política em que a esquerda era popular e poucos·se arriscavam a dizer que eram de direita. Ainda em 2009, afirmou à revista *IstoÉ*: "Eu me considero de extrema direita, com muito orgulho" — certo, deu para perceber que ele gostava de se dizer orgulhoso. Anos depois, em 2017, já pré-candidato a presidente, passou a rejeitar estar nesse ponto específico do espectro ideológico, em mais um de seus inúmeros ajustes de discurso:

> *Eu sempre fui de direita, e isso era um palavrão no passado. Quando a população começou a entender que eu estava no caminho certo, botaram o PSDB na direita e me empurraram para a extrema direita, como se eu fosse um extremista. [...] Sou de direita, democrata, amante da liberdade e patriota acima de tudo.*

Algo que o ajudou a se definir de direita sem o aposto "extrema" foi o fato de a direita tradicional continuar a evitar a tomar para si a denominação, preferindo chamar-se de "centro" mesmo após "direita" deixar de ser um palavrão e ganhar popularidade e votos.

A eleição de 2014 foi um divisor de águas para Bolsonaro. Integrante do grande condomínio antipetista que apoiou a candidatura de Aécio Neves, foi reeleito, tendo sido o deputado mais votado do Rio de Janeiro, com mais de 460 mil votos, resultado largamente superior a seus desempenhos anteriores. A ênfase no conservadorismo de costumes havia rendido frutos, e não foram poucos.

O deputado passou a ter um novo sonho, que não cabia mais na Câmara: disputar a Presidência da República. Pouquíssima gente fora de seu núcleo de apoiadores mais ferrenhos acreditava na empreitada — e mesmo entre eles a expectativa muitas vezes não era vencer, mas simplesmente participar do pleito de 2018, tornando o deputado e suas ideias mais conhecidos nacionalmente.

O Brasil de 2015 vivia a efervescência antipetista da escalada de crise do governo Dilma, ambiente ideal para Bolsonaro marcar presença, participando de atos de rua e iniciando um roteiro de viagens pelo país. Como parte de sua tática, anunciava nas redes o próximo destino, o que garantia recepções calorosas nos aeroportos, onde era acolhido por um público de seguidores majoritariamente jovem e masculino. No fim daquele ano, o deputado do então PP fluminense já figurava com 5% das intenções de voto no Datafolha.

Enquanto o *establishment* político debatia quem seria o nome capaz de unir as pré-candidaturas do centro à direita, Bolsonaro era agarrado, abraçado, botado no ombro de apoiadores e repetia, de norte a sul do país, seu gesto de "arminha" com as mãos. Levava suas plateias ao êxtase ao anunciar do alto de carros de som que os agricultores teriam armas para se defender das invasões do MST, que as minorias teriam que se curvar à maioria e que o comunismo seria varrido do país. Tudo muito salpicado por críticas ao PT e a Lula e pelo bordão "a nossa bandeira jamais será vermelha".

Para quem não pudesse estar presente durante os discursos do deputado, tudo era disponibilizado depois nas redes sociais, fosse por sua equipe, fosse por seus entusiastas voluntários — cidadezinha por cidadezinha, meme por meme, like por like, dava-se forma ao bolsonarismo. O futuro candidato continuava a ganhar espaço em programas de variedades e jornalísticos para desfilar impropérios e virar notícia, como quando dedicou seu voto pelo *impeachment* de Dilma à memória de Carlos Alberto Brilhante Ustra, torturador reconhecido pela Justiça. A amigos que acharam que ele tinha exagerado, entregou uma cópia de uma reportagem sobre ele escrita após a homenagem a Ustra: "Algum de vocês já foi capa do *New York Times*?".

O conservadorismo de costumes não foi o único sentimento no ar absorvido por Bolsonaro. Mercado e empresariado ansiavam por um governo que reduzisse o tamanho do Estado e melhorasse as condições para investir e empreender no país. Inicialmente, a elite econômica torcia o nariz para aquele presidenciável que comungava com os valores da intervencionista ditadura militar, mas a coisa mudou com o tempo.

Faltavam aos donos do dinheiro opções à direita que fossem competitivas, o que os fazia ter pesadelos com a volta da esquerda e do desarranjo fiscal dos anos Dilma. Além disso, o próprio Bolsonaro vendeu ao público sua reinvenção do ponto de vista econômico, prestando continência ao credo liberal. No governo Temer, votou pelo teto de gastos e pela reforma trabalhista. Durante a campanha, escolheu como guru econômico o economista liberal Paulo Guedes. Com a mudança de direção, o mercado baixou a guarda e se entusiasmou com aquela solução extremista para os problemas do país.

No entanto, no começo de 2018, com o parlamentar registrando até 20% das intenções de voto no Datafolha e liderando cenários que não contavam com Lula, o mundo político continuava a apostar na desidratação da candidatura de uma figura com tal histórico e falta de estrutura partidária. Lula foi um que vaticinou: "Eu acho que o Bolsonaro não disputa. E se disputar, não tem chance. Na hora, pessoas terão vergonha de dizer que vão votar numa pessoa tão reacionária". Quem não disputou foi o próprio petista, barrado pela Lei da Ficha Limpa, e a direita moderada não decolou na campanha. Bolsonaro furou os sucessivos tetos previstos pelas análises políticas.

Para o historiador Boris Fausto, há vários "culpados" pela ascensão meteórica do ex-nanico. Ele cita o engajamento na campanha por parte de lideranças evangélicas, interessadas nas pautas antigay e antiaborto, e a profunda crise na segurança pública do país, tema que o presidenciável tratou como central. "Isso gera um medo muito grande nas pessoas, e o medo, tal qual a fome, não é bom conselheiro", afirma. Fausto cita ainda como essencial para o crescimento de Bolsonaro a ausência de Lula na disputa — o que fez do militar o único presidenciável com perfil de "salvador da pátria" — e os desvios éticos do PT — que geraram um sentimento de que valia tudo para derrotar o partido. Crítico do petismo, Fausto rejeita, porém, uma suposta equivalência entre Bolsonaro e seu adversário petista Fernando Haddad em termos de radicalismo.

O PT decepcionou profundamente muita gente ao insistir, no passado, que era o partido da ética e ao ter inaugurado uma corrupção metódica, articulada e, eu diria, sem precedentes na história do Brasil. Tudo isso me coloca em posição contrária ao PT, mas é evidente que o partido foi transformado em uma espécie de monstro que não é. Teve algumas qualidades, não deixou de respeitar as regras democráticas. O PT não é extremo, não havendo assim dois extremos em luta.

O advogado Ives Gandra Martins aponta como razão da escalada bolsonarista, além da reação popular contra a corrupção, o "cansaço do povo com a velha política". Ele citou ainda PT e PSDB como responsáveis pelo resultado eleitoral; o primeiro pela defesa de Lula e o segundo por preferir combater especialmente Bolsonaro, e não os petistas, durante a campanha.

Alvejado pelo tucano Geraldo Alckmin e por Fernando Haddad, substituto de Lula à frente da chapa petista, Bolsonaro tinha pouquíssimos segundos na TV e no rádio para reagir, e apostava que as redes sociais contrabalanceariam as coisas em seu favor.

Sua visibilidade cresceria a ponto de o candidato se tornar o único assunto do país, mas em condições não desejadas, dramáticas e inéditas na história brasileira. E a um mês do primeiro turno.

Na tarde do dia 6 de setembro de 2018, o Bolsonaro fazia campanha em Juiz de Fora (MG). Era levado nos ombros por apoiadores e acompanhado por policiais federais responsáveis pela segurança de presidenciáveis. Foi quando um homem chamado Adélio Bispo de Oliveira o esfaqueou no abdômen. Adepto de teorias da conspiração e crítico do candidato, apresentou discurso confuso, citando uma "ordem de Deus" para atacar a vítima. Havia sido um filiado do PSOL, sem nunca ter tido qualquer relevância na sigla. A Justiça decidiu que ele tinha transtornos mentais e era inimputável, sendo incapaz de entender o caráter de crime do que fez e de responder por seus atos.

Mas o caso se tornaria terreno fértil para outros conspiracionistas. À direita, Bolsonaro e apoiadores insistiriam em questionar quem teria sido o mandante do atentado, mesmo que as investigações tenham concluído que Adélio agiu sozinho. À esquerda, proliferaria na internet, sendo estimulada inclusive por Lula, a tese também sem provas de que a facada fora forjada.

Bolsonaro foi submetido a cirurgias de emergência e passou um longo período internado, ausentando-se de debates e atividades de campanha. Os adversários repudiaram o atentado e, por decoro e para não perder votos, suspenderam inicialmente as críticas duras que vinham fazendo a ele. O candidato sem tempo no horário eleitoral passou a ser o assunto da TV e das conversas dos brasileiros.

A situação sui generis fez com que o período eleitoral avançasse sem que Bolsonaro fosse pressionado a moderar seu discurso e caminhar para o centro em busca de mais votos. Apesar de protestos sob o mote "Ele não", Bolsonaro obteve 46% dos votos no primeiro turno, contra 29% de Haddad, que ficou em segundo lugar. Um tsunami de vitórias à direita percorreu os estados e encheu o Congresso de aliados. Em uma recuperação que não o impediu de dar entrevistas e se reunir com apoiadores, recusou-se a participar de debates com o petista, chamando-o de "pau-mandado de Lula".

O segundo turno ocorreu sob temperatura elevada. Uma reportagem da *Folha de S.Paulo* expôs a compra ilegal de pacotes de disparos em massa de mensagens anti-PT via WhatsApp — o candidato disse não ter controle sobre o apoio que recebia de empresários. Repercutiu também um vídeo em que o deputado Eduardo Bolsonaro afirmava que para fechar o STF bastaria "um soldado e um cabo". Os dias que antecederam o pleito tiveram ainda uma escalada de relatos de violência e difusão de notícias falsas.

Ao fim de outubro de 2018, deram frutos as sementes plantadas por Bolsonaro ao longo da década, regadas ainda por fatores externos a ele, como antipetismo, descobertas da Lava Jato, sentimento antipolítica e a facada de Juiz de Fora. Os 57,8 milhões de pessoas que o elegeram fizeram do capitão o segundo brasileiro com mais votos em uma eleição presidencial até aquele ano, atrás apenas dos 58,2 milhões de votos de Lula em 2006.

Características como militarismo, retórica populista ou a promessa de refundação do sistema já circularam pela história política brasileira — e nas páginas deste livro — e levam à identificação de ecos de nosso passado político no presente bolsonarista, mas tanto Ives Gandra como Boris Fausto resistem a paralelos. O advogado é mais categórico, afirmando que "cada época é diferente, com problemas diferentes. Qualquer comparação seria, pois, inadequada". O historiador lembra dos riscos de fazer comparações com o passado diante das especificidades de cada período, mas cita semelhanças na aparição de uma figura com ares de salvador, que encanta a população pelo estilo e pelo discurso anticorrupção à la Jânio Quadros e Fernando Collor. Outra coisa em comum seria certo pendor pelo autoritarismo que perpassa os séculos de política brasileira.

Eu diria que há coisas da história que se repetem, porque são características de longa duração na vida de um país. No caso do Brasil, há uma tendência forte ao autoritarismo, ao homem salvador. Repete-se em circunstâncias bem diversas, como uma tradição que ressurge em situações de profunda crise.

Os críticos mais otimistas (e/ou ingênuos) apostaram que usar e faixa e despachar no Palácio do Planalto seriam elementos capazes de repaginar Bolsonaro, e que mesmo que ele não se controlasse, seria moderado à força, em especial pela penca de militares que levou para o governo.

Foi exatamente o que não ocorreu. Bolsonaro repetiu frases da campanha já em seu discurso de posse, prometendo enfrentar "a ideologização de nossas crianças, o desvirtuamento dos direitos humanos e a desconstrução da família".

Manteve-se em constante clima de confronto com instituições, imprensa, especialistas e o conhecimento estabelecido em geral. Alimentou o radicalismo de seus eleitores mais fiéis com reiteradas ameaças à ordem democrática (algumas tão cristalinas quanto "não desejo provocar rupturas, mas tudo tem limite"). Um inimigo preferencial foi o STF, que coordenou investigações sobre *fake news* e autoritarismo e barrou ou restringiu diversas medidas caras ao governo.

A discussão sobre se poderia ou não ocorrer um golpe de Estado no Brasil ganhou um espaço no debate público que fazia parecer que o país tinha mesmo voltado no tempo algumas décadas. Que os militares fossem parte do problema — com altos oficiais participando de atos pró-Bolsonaro, fazendo declarações políticas ou levando blindados para desfilar em Brasília em dia de votação de interesse do governo no Congresso — reforçava a impressão de que, apesar da evolução institucional dos anos pós-redemocratização, o país ainda não abandonara hábitos de meados do século XX.

O Brasil se acostumou a ouvir o presidente desqualificar sem provas o sistema de votação e ameaçar não realizar eleições; prometer descumprir ordens da Justiça; exaltar a ditadura militar; atacar a imprensa, com especiais virulência e frequência contra jornalistas mulheres; ofender congressistas e ministros do STF; negar a existência da fome no país; ridicularizar problemas ambientais; desmerecer a vacinação contra a Covid-19.

O excesso de oferta derruba o valor das mercadorias, e declarações que teriam inviabilizado governos anteriores se tornaram parte da paisagem, tamanha sua profusão. O ultraje foi banalizado e o país, de certa forma, anestesiado.

Quando a indignação enfim vinha, Bolsonaro voltava atrás, não sem antes conseguir desestabilizar um pouco mais o debate público. Servia, assim, sua especialidade: fazer política sob clima de constante crise. O influenciador presidencial conseguia pautar as redes sociais e a imprensa, fazendo com que as controvérsias do momento ganhassem muitas vezes mais destaque do que as inações ou estragos do governo.

Às declarações mais graves se somaram um sem-número de gafes, confusões e frases mal-articuladas, algo bastante irônico quando lembramos o quanto Bolsonaro tripudiou da retórica de Dilma Rousseff. O presidente também demonstrou diversas vezes desconhecimento de temas de governo, um preço pago por seu desinteresse em acompanhar discussões complexas da administração pública.

Exibiu preferências por temas menos prioritários — um levantamento de 2019 do jornal *O Estado de S. Paulo* mostrou que ele usou duas vezes mais tempo de suas lives para falar da pesca de tilápia do que de saúde. Outra figurinha fácil de seus discursos foi o acesso a armas de fogo, que ele trabalhou para flexibilizar, apesar da oposição da ampla maioria da população, de acordo com pesquisas de opinião.

Mas não se acham só desatinos oportunistas ou fora de lugar entre as declarações de Bolsonaro. Meses após assumir o cargo, por exemplo, ele deu uma declaração ao lado de seu guru ideológico Olavo de Carvalho que ajuda a compreender uma visão de mundo que tantas vezes pareceu apenas caótica.

O Brasil não é um terreno aberto onde nós pretendemos construir coisas para o nosso povo. Nós temos é que desconstruir muita coisa. Desfazer muita coisa. Para depois nós começarmos a fazer. Que eu sirva para que, pelo menos, eu possa ser um ponto de inflexão, já estou muito feliz.

E assim foi. O governo Bolsonaro não se contentou em abandonar ao deus-dará áreas que via como contaminadas de ideologia de esquerda. Em muitos casos, pôs políticas públicas sob supervisão de inimigos públicos dessas mesmas áreas, que se dedicaram ao desmonte desejado pelo líder — foi o caso de meio ambiente, educação, cultura, relações exteriores, questões raciais e de gênero, para citar algumas delas. Há de se conceder que Bolsonaro havia prometido exatamente isso quando se candidatou a presidente.

Mas a tal desconstrução atingiria também suas principais promessas, num processo que perpassa os principais acontecimentos de seu governo.

Eleito na esteira do discurso anticorrupção, ele viu seus familiares, em especial os filhos Flávio e Carlos, respectivamente senador e vereador, serem alvos de investigação sob suspeita de "rachadinha", prática em que parlamentares ficam com parte do salário de seus assessores. Segundo a denúncia de uma ex-cunhada, divulgada pelo UOL, o próprio Jair, quando inexpressivo deputado na Câmara, recorreu ao método, uma forma de acesso indevido a recursos públicos que demanda menos contato com os altos escalões da política do que, digamos, afanar estatais do petróleo.

Só complica as coisas que entre os assessores contratados por Flávio haja familiares do ex-PM Adriano da Nóbrega, apontado como líder de milícia e que, antes de ser morto em uma ação policial em 2020, colecionou elogios da família Bolsonaro, tendo ganhado até condecoração de Flávio. Tal fato seria bastante explorado pelos críticos, como na paródia de marchinha "Doutor, eu não me engano / O Bolsonaro é miliciano".

Os Bolsonaro sempre negaram envolvimento em "rachadinha" e em outros crimes, embora o temor de ser preso fosse uma menção constante nos discursos presidenciais — o que é compreensível em uma história rica em mandatários encarcerados.

Ainda mais simbólico da quebra de expectativas em relação à eleição, o presidente rompeu com o principal símbolo da Lava Jato, Sergio Moro, que deixou o governo após menos de um ano e meio, acusando Bolsonaro de tentar interferir em investigações. Feriria ainda a imagem do governo as acusações de pedido de propina na negociação de vacinas contra a Covid. Em sua defesa, o presidente afirmaria: "Eu acabei com a Lava Jato porque não tem mais corrupção no governo". A força-tarefa foi dissolvida em 2021, após sete anos de atuação, para alegria de políticos da direita à esquerda que ansiavam há tempos por um "grande acordo nacional". O fim foi articulado pelo procurador-geral Augusto Aras, indicado por Bolsonaro e um crítico da operação.

Também foi desfeita a promessa de não se aliar ao centrão, que em 2018 foi chamado de "pior do Brasil" pelo então candidato. Não que o presidente tenha aderido aos ideais da política partidária. Sua mentalidade de cerco, sua paranoia e sua tendência a ver o mundo sob uma dicotomia de amigos e inimigos sempre restringiriam seu verdadeiro grupo político a filhos e alguns aliados de longa data.

Mas, ao se ver acuado pelas investigações sobre sua família — inclusive com a prisão de seu ex-braço direito Fabrício Queiroz — e pelas reações a suas ameaças autoritárias em meio aos primeiros meses da pandemia, Bolsonaro buscou a tábua de salvação do antes demonizado grupo de partidos fisiológicos que tantos governos sustentou.

Em trégua com o bolsonarismo, o "centrão" entregou votos a favor do governo, protegeu-o de um possível *impeachment* e teve, em troca, protagonismo inédito e acesso a transferências orçamentárias tão polpudas quanto opacas. O presidente esclareceria que sua nova roupagem não era inédita ao comentar a escolha de Ciro Nogueira, um cacique do PP, para o posto-chave de ministro da Casa Civil. "Eu sou do 'centrão'. [...] Ficou rotulado 'centrão' como algo pejorativo, algo danoso à nação. Não tem nada a ver, eu nasci de lá".

Foram postos em segundo plano, ou mesmo demitidos, auxiliares que tanto poder disputaram no começo do governo, como os chamados "olavistas", mais fiéis à pauta extremista e antissistema, e os militares, que, embora agraciados com cargos, acumularam episódios de humilhação pelo ex-capitão.

Bolsonaro não cumpriria ainda o compromisso de fazer um governo economicamente liberal. A reforma da Previdência passou mais devido à articulação da centro-direita no Congresso do que aos esforços presidenciais. E as mudanças foram mais suaves para militares e policiais, base do bolsonarismo.

O presidente ainda colecionou posicionamentos intervencionistas e buscou driblar o teto de gastos públicos aprovado na gestão anterior: de olho no pleito de 2022, articulou seu próprio programa de transferência de renda em substituição ao Bolsa Família. Baixo crescimento, desordem fiscal, desemprego e inflação foram marcas da gestão de Paulo Guedes, que se tornou especialista em minimizar suas derrotas dentro do governo.

Por fim, Bolsonaro não chegou perto de sua obsessão de subjugar a esquerda brasileira, que continuou a ser competitiva eleitoralmente e, em meio ao pandemônio bolsonarista, viu-se à vontade para não dar maiores explicações sobre os escândalos que datavam de poucos anos antes.

No fim das contas, há algo que o presidente construiu, sim. Ele ergueu uma base popular significativa, evidência de que a forma e o conteúdo de sua pessoa e de seu governo representam muitos brasileiros. Apesar dos trancos e barrancos de sua administração, Jair Bolsonaro entregou à república brasileira algo que ela jamais tivera, seja à esquerda ou à direita: uma facção política radical com votos suficientes para competir com chances em uma eleição presidencial.

Referências

ALENCASTRO, Luiz Felipe de. Os riscos do vice-presidencialismo. *Folha de S.Paulo*, 25 out. 2009. <www1.folha.uol.com.br/fsp/opiniao/fz2510200908.htm>. 2 set. 2019.

BACKES, Ana Luiza. *Fundamentos da ordem republicana*: Repensando o pacto de Campos Sales. Brasília: Editora Plenarium, 2006.

BALTHAZAR, Ricardo; FERRAZ, Lucas; FRAGA, Érica et al. *O golpe e a ditadura militar. Folha de S.Paulo*, São Paulo, 23 mar. 2014. <arte.folha.uol.com.br/especiais/2014/03/23/o-golpe-e--a-ditadura-militar>. 2 set. 2019.

BERGAMO, Mônica. FHC e Lula se reúnem na casa de ex-ministro Nelson Jobim. *Folha de S.Paulo*, 21 maio 2021. <https://www1.folha.uol.com.br/colunas/monicabergamo/2021/05/fhc-e--lula-se-reunem-na-casa-de-ex-ministro-nelson-jobim.shtml>. 7 dez. 2021.

_____. Justiça rejeita "quadrilhão do MDB" e absolve Temer, Cunha, Geddel e Yunes. *Folha de S.Paulo*, 5 maio 2021. <https://www1.folha.uol.com.br/colunas/monicabergamo/2021/05/justica-rejei-ta-quadrilhao-do-mdb-e-absolve-temer-cunha-geddel-e-yunes.shtml>. 7 dez. 2021.

_____. Temer e Rodrimar são absolvidos "sumariamente" no caso dos portos. *Folha de S.Paulo*, 19 mar. 2021. <https://www1.folha.uol.com.br/colunas/monicabergamo/2021/03/temer--e-rodrimar-sao-absolvidos-sumariamente-no-caso-dos-portos.shtml>. 7 dez. 2021.

BOLSONARO, Flávio. *Mito ou verdade*: Jair Messias Bolsonaro. Rio de Janeiro: Altadena, 2017.

BRASIL. Arquivo Nacional. Ministério da justiça e segurança pública. Discurso do presidente Ernesto Geisel sobre as ações do governo em 1975. <pt.wikipedia.org/wiki/Ficheiro:Discurso_do_presidente_Ernesto_Geisel_sobre_as_a%C3%A7%C3%B5es_do_governo_em_1975.wav>. 2 set. 2019.

_____. Arquivo Nacional. Ministério da justiça e segurança pública. Posse do presidente João Batista Figueiredo — 1979. <youtube.com/watch?v=nPh8Gkm_OGE&t=4s>. 2 set. 2019.

_____. Arquivo Nacional. Ministério da justiça e segurança pública. Filme de propaganda da ditadura militar. <youtube.com/watch?v=h7fShyuA-SU>. 2 set. 2019.

_____. Câmara dos Deputados. Discurso proferido na sessão de 5 de outubro de 1988, publicado no DANC de 5 de outubro de 1988, p. 14380-14382. <www2.camara.leg.br/atividade-legislativa/plenario/discursos/escrevendohistoria/25-anos-da-constituicao-de-1988/constituinte-1987-1988/pdf/Ulysses%20Guimaraes%20-%20DISCURSO%20%20REVISADO.pdf>. 2 set. 2019.

_____. Comissão nacional da verdade. <cnv.memoriasreveladas.gov.br>. 2 set. 2019.

_____. Biblioteca Presidência da República. <biblioteca.presidencia.gov.br/presidencia/ex-presidentes/jose-sarney/discursos/1989/106.pdf/view>. 2 set. 2019.

CALDEIRA, Jorge. *História da riqueza no Brasil*. Rio de Janeiro: Estação Brasil, 2017.

CARDOSO, Fernando Henrique. *A arte da política*: A história que vivi. 6. ed. Rio de Janeiro: Civilização Brasileira, 2006.

_____. *Diários da presidência*: 1995-1996. São Paulo: Companhia das Letras, 2015. v. 1.

_____. *Diários da presidência*: 1997-1998. São Paulo: Companhia das Letras, 2016. v. 2.

_____. *Diários da presidência*: 1999-2000. São Paulo: Companhia das Letras, 2017. v. 3.

_____. Reeleição e crises. *O Estado de S.Paulo*, 6 set. 2020. Espaço Aberto. < https://opiniao.estadao.com.br/noticias/espaco-aberto,reeleicao-e-crises,70003427387>. 7 dez. 2021.

CARNEIRO, Paulo Luiz. Lott, o general que garantiu a posse do presidente eleito JK e do vice Jango. O Globo. Acervo O Globo. 10 nov. 2015. <acervo.oglobo.globo.com/fatos-historicos/lott--general-que-garantiu-posse-do-presidente-eleito-jk-do-vice-jango-18010063>. 2 set. 2019.

CARVALHO, José Murilo de Carvalho. *A formação das almas*: O imaginário da República no Brasil. São Paulo: Companhia das Letras, 2017.

_____. *Os bestializados*: O Rio de Janeiro e a República que não foi. São Paulo: Companhia das Letras, 2019.

CARVALHO, Luiz Maklouf. As armas e os varões. *piauí*, ed. 31, abril 2009. <piaui.folha.uol.com.br/materia/as-armas-e-os-varoes>. 2 set. 2019.

_____. O julgamento que tirou Bolsonaro do anonimato. *O Estado de S.Paulo*, 1 abr. 2018. Política. <politica.estadao.com.br/noticias/geral,o-julgamento-que-tirou-bolsonaro-do-anonimato,70002249929>. 2 set. 2019.

CASTRO, Celso. *General Villas Bôas*. Rio de Janeiro: FGV Editora, 2021.

CHAGAS, Carlos. Brasília não vê JK chorar. *O Estado de S. Paulo*, São Paulo, 18 jan. 1972. Estadão acervo. <acervo.estadao.com.br/noticias/acervo,carlos-chagas-1811972-brasilia-nao-ve--jk-chorar,12772,0.htm>. 2 set. 2019.

COELHO, Marcelo. Itamar encena mito do "homem qualquer". *Folha de S.Paulo*, 2 jan. 1994. Ilustrada. <www1.folha.uol.com.br/fsp/1994/12/30/ilustrada/17.html>. 2 set. 2019.

COLLOR, Fernando. Campanha presidencial de 1989. <youtube.com/watch?v=Bda2hEt8xPU&t=8s>. 2 set. 2019.

_____. Discurso no Palácio do Planalto. <youtube.com/watch?v=eKky7ZpXxU4>. 2 set. 2019.

CONTI, Mario Sergio. *Notícias do Planalto*. São Paulo: Companhia das Letras, 2012.

COSTA, Emília Viotti da. *Da Monarquia à República*. 9. ed. São Paulo: Unesp. 2010.

COUTO, Ronaldo Costa. *O essencial de JK*. São Paulo: Planeta, 2013.

CRUZ, Adelina Novaes; MOREIRA, Regina da Luz. *Volta ao poder*: A correspondência entre Getúlio Vargas e a filha Alzira. 1946-1950. Rio de Janeiro: FGV, 2018. 2 v.

D'ARAÚJO Maria Celina; CASTRO, Celso. *Ernesto Geisel*. Rio de Janeiro: FGV, 1997.

DARÓZ, Carlos. *O Brasil na Primeira Guerra*: A grande travessia. São Paulo: Contexto, 2016.

DE BOLLE, Monica. *Como matar a borboleta azul*: Uma crônica da era Dilma. Rio de Janeiro: Intrínseca, 2016.

DEL PRIORE, Mary. *Histórias da gente brasileira*: Colônia. São Paulo: Leya, 2016. v. 1.

_____. *Império*. São Paulo: Leya, 2016. v. 2.

_____. *República*. São Paulo: Leya, 2017. v. 3.

DIEGUEZ, Consuelo. A cara do PMDB. *piauí*, ed. 45, jun. 2010. <piaui.folha.uol.com.br/materia/a--cara-do-pmdb>. 2 set. 2019.

_____. Direita, volver. *piauí*, ed. 120, set. 2016. <piaui.folha.uol.com.br/materia/direita-volver>. 2 set. 2019.

DORIA, Pedro. *Tenentes*: A guerra civil brasileira. Rio de Janeiro: Record, 2016.

DULLES, John W. F. *Carlos Lacerda, a vida de um lutador*. Rio de Janeiro: Nova Fronteira, 1992. v. 1.

_____. *Carlos Lacerda, a vida de um lutador*. Rio de Janeiro: Nova Fronteira, 1992. v. 2.

ENTREATOS. Direção de João Moreira Salles. 2004 (117 min.).

ENTREVISTA com Carlos Lacerda. <youtube.com/watch?v=C4clBd80S4c>. 2 set. 2019.

FALCÃO, Márcio. Moraes anula decisão de Bretas que transformou Temer e Moreira Franco em réus na Lava Jato. G1, 20 abr. 2021. <https://g1.globo.com/politica/noticia/2021/04/20/moraes-anula-decisao-de-bretas-que-transformou-temer-e-moreira-franco-em-reus-na--lava-jato.ghtml>. 7 dez. 2021.

FAUSTO, Boris. *Getúlio Vargas*. São Paulo: Companhia das Letras, 2006.

_____. *História do Brasil*. 14. ed. São Paulo: Edusp, 2013.

FERREIRA, Jorge. *João Goulart*: Uma biografia. Rio de Janeiro: Civilização Brasileira, 2011.

FICO, Carlos. *História do Brasil contemporâneo*. Da morte de Vargas aos dias atuais. São Paulo: Contexto, 2015.

_____. *Além do golpe*: Versões e controvérsias sobre 1964 e a ditadura militar. Rio de Janeiro: Record, 2004.

FOGUEL, Israel. *1932: a epopeia paulista*. Brasil: Clube da leitura, 2018.

FOLHA DE S.PAULO. Acervo Folha. Edições: 24 mar. 1955; 13 maio 1987; 17 set. 1992; 13 out. 1996; 13 maio 1997; 25 dez. 1999; 6 jun. 2005; 7 dez. 2007; 14 set. 2010; 19 dez. 2010; 15 maio 2011; 3 jul. 2011; 10 maio 2013; 21 set. 2013, 25 mar. 2014; 9 abr. 2014; 25 abr. 2014; 11 dez. 2014; 13 maio 2016; 23 maio 2016; 11 abr. 2017; 15 maio 2017; 16 maio 2017; 20 jan. 2018; 4 abr. 2018; 10 maio 2018; 15 out. 2018; 18 out. 2018; 19 abr. 2019; 8 nov. 2019; 17 out. 2019; 9 nov. 2019; 15 fev. 2021; 6 mar. 2021; 9 mar. 2021; 22 mar. 2021; 24 jun. 2021; 25 ago. 2021; 26 ago. 2021; 29 ago. 2021; 27 out. 2021.

_____. Especial 40 anos do AI-5. <www1.folha.uol.com.br/folha/especial/2008/40anosdoai5>. 2 set. 2019.

FRAGA, Plínio. *Tancredo Neves, o príncipe civil*. Rio de Janeiro: Objetiva, 2017.

FRANCO, Itamar. Discurso sobre Plano Real. <youtube.com/watch?v=gVdmwRfBYrQ>. 2 set. 2019.

G1. Bolsonaro, a imunidade de rebanho e o caso Covaxin. 26 jun. 2021. <http://especiais.g1.globo.com/politica/cpi-da-covid/2021/bolsonaro-cpi-da-covid-imunidade-de-rebanho-caso--covaxin/?_ga=2.144397494.223752466.1636828710-bff5a17f-08fd-8a8d-605e-cc7bc-98d29b9>. 7 dez. 2021.

_____. Datafolha aponta que prisão de Lula foi justa para 54% e injusta para 40%. 15 abr. 2018. <https://g1.globo.com/politica/noticia/datafolha-aponta-que-prisao-de-lula-foi-justa-para-54-e-injusta-para-40.ghtml>. 7 dez. 2021.

GASPAR, Malu. *A organização*. São Paulo: Companhia das Letras, 2020.

GASPARI, Elio. *A ditadura envergonhada*. 2. ed. Rio de Janeiro: Intrínseca, 2015. v. 1.

_____. *A ditadura escancarada*. 2. ed. Rio de Janeiro: Intrínseca, 2015. v. 2.

_____. *A ditadura derrotada*. 2. ed. Rio de Janeiro: Intrínseca, 2015. v. 3.

_____. *A ditadura encurralada*. 2. ed. Rio de Janeiro: Intrínseca, 2015. v. 4.

_____. *A ditadura acabada*. Rio de Janeiro: Intrínseca, 2016. v. 5.

GEISEL, Ernesto. Pronunciamento. Dez. 1974. <youtube.com/watch?v=9jcH7mKp-Vs>. 2 set. 2019.

GHIROTTO, Edoardo. Ao procurar velhos aliados, Lula diz que sempre foi um político de centro. *Veja*, 30 abr. 2021. <https://veja.abril.com.br/blog/maquiavel/ao-procurar-velhos-aliados--lula-diz-que-sempre-foi-um-politico-de-centro/>. 7 dez. 2021.

GLOBONEWS. Reportagem sobre Castelo Branco. <youtube.com/watch?v=6TFFDTKEVos>. 2 set. 2019.

_____. Entrevista com Fernando Collor. <g1.globo.com/globo-news/jornal-das-dez/videos/v/fernando-collor-admite-ter-errado-com-o-congresso/1408668>. Acesso em: 2 set. 2019.

_____. Entrevista com Fernando Henrique Cardoso. *Manhattan Connection*. <youtube.com/watch?v=ZZcmGBRLNf8>. 2 set. 2019.

GOMES, Laurentino. *1889*: Como um imperador cansado, um marechal vaidoso e um professor injustiçado contribuíram para o fim da Monarquia e a Proclamação da República no Brasil. Rio de Janeiro: Globo Livros, 2014.

GOULART, João. Discurso de posse. <youtube.com/watch?v=ycnowDvYpvo>. 2 set. 2019.

HELIODORO, Affonso. *JK: exemplo e desafio*. Thesaurus Editora, 2015.

HISING, Ederson et al. Ex-ministro Palocci diz em delação que Dilma 'deu corda' para Lava Jato implicar Lula. G1, 18 jan. 2019. <https://g1.globo.com/pr/parana/noticia/2019/01/18/ex--ministro-palocci-diz-em-delacao-que-dilma-deu-corda-para-lava-jato-implicar-lula.ghtml>. 7 dez. 2021.

HOLANDA, Marianna; VARGAS, Mateus; CHAIB, Julia. Temer fez ponte entre Bolsonaro e Moraes e ajudou a redigir nota de recuo do presidente. *Folha de S.Paulo*, 9 set. 2021. <https://www1.folha.uol.com.br/poder/2021/09/temer-fez-ponte-entre-bolsonaro-e-moraes-e--ajudou-a-redigir-nota-de-recuo-do-presidente.shtml>. 7 dez. 2021.

IMAGENS do Estado Novo. Direção de Eduardo Escorel. <canalcurta.tv.br/series/serie.aspx?serieId=563>. 2 set. 2019.

ISTOÉ. Edição de 1 jul. 1992.

JARDIM, Lauro. Dono da JBS grava Temer dando aval para compra de silêncio de cunha. *O Globo*, 17 maio 2017. <oglobo.globo.com/brasil/dono-da-jbs-grava-temer-dando-aval-para-compra-de-silencio-de-cunha-21353935>. 2 set. 2019.

KUBITSCHEK, Juscelino. Discurso na inauguração de Brasília. <youtube.com/watch?v=lAL8B9yheYY>. 2 set. 2019.

_____. Último discurso antes da cassação. <youtube.com/watch?v=J2N6262iBG0>. 2 set. 2019.

LACERDA, Angela; THOMÉ, Clarissa; COLETTA, Ricardo Della. Lula compara Aécio Neves e o PSDB aos nazistas. *O Estado de S. Paulo*, 21 out. 2014. <https://politica.estadao.com.br/noticias/eleicoes,lula-compara-aecio-neves-e-o-psdb-aos-nazistas,1580453>. 7 dez. 2021.

LACERDA, Matheus de Medeiros. *Diplomacia presidencial de Epitácio Pessoa*: da Conferência da Paz à volta ao Brasil. Análise da política externa do presidente eleito. Curitiba: Appris, 2013.

LEITÃO, Miriam. *Saga brasileira*: A longa luta de um povo por sua moeda. Rio de Janeiro: Record, 2011.

LIMA, Valentina da Rocha, RAMOS, Plínio de Abreu (org.). *Tancredo fala de Getúlio (depoimento)*. 2ªed. Porto Alegre: L&PM Editores, 1986.

LINDNER, Julia. Bolsonaro aprova dois projetos em 26 anos de congresso. *O Estado de S. Paulo*, São Paulo. 23 jul. 2017. Caderno Política. <politica.estadao.com.br/noticias/geral,bolsonaro--aprova-dois-projetos-em-26-anos-de-congresso,70001900653>. 2 set. 2019.

LUSTOSA, Isabel. *Histórias de presidentes*. Rio de Janeiro: Agir, 2008.

LYNCH, Christian Edward Cyril. *Da monarquia à oligarquia*: História institucional e pensamento político brasileiro (1822-1930). São Paulo: Alameda, 2014.

MAGALHÃES, Vera. Entrevista: Fernando Henrique lança livro de memórias, relembra trajetória e diz que "não sente falta" de ter poder. *O Globo*, 14 maio 2021. < https://oglobo.globo. com/brasil/entrevista-fernando-henrique-lanca-livro-de-memorias-relembra-trajetoria--diz-que-nao-sente-falta-de-ter-poder-25016921>. 7 dez. 2021.

MEMORIAL DA DEMOCRACIA. <memorialdademocracia.com.br>. 2 set. 2019.

MINISTÉRIO das Relações Exteriores. *Discurso selecionados do presidente João Goulart*. Clube de Autores, 2016 (e-book).

MORAES NETO, Geneton. *Dossiê Brasília: os segredos dos presidentes*. São Paulo: Editora Globo, 2005.

NAPOLITANO, Marcos. *1964*: História do regime militar brasileiro. São Paulo: Contexto, 2014.

NETO, Lira. *Castello*: A marcha para a ditadura. São Paulo: Contexto, 2004.

_____. *Getúlio*: Dos anos de formação à conquista do poder (1882-1930). São Paulo: Companhia das Letras, 2012. v. 1.

_____. *Getúlio*: Do governo provisório à ditadura do Estado Novo (1930-1945). São Paulo: Companhia das Letras, 2013. v. 2.

_____. *Getúlio*: Da volta pela consagração popular ao suicídio (1945-1954). São Paulo: Companhia das Letras, 2014. v. 3.

NUNES, Wálter. *A elite na cadeia*. São Paulo: Companhia das Letras, 2019.

O CRUZEIRO. Rio de Janeiro: Diários Associados, v. 45, n. 45-52, 1973.

OLIVEIRA, Mariana. Justiça do DF absolve Lula, Dilma, Palocci, Mantega e Vaccari no processo do "quadrilhão do PT". G1, 4 dez. 2019. <https://g1.globo.com/politica/noticia/2019/12/04/justica-do-df-absolve-lula-dilma-palocci-mantega-e-vaccari-no-quadrilhao-do-pt.ghtml>. 7 dez. 2021.

OYAMA, Thaís. *Tormenta*. São Paulo: Companhia das Letras, 2020.

PARANÁ, Denise. *Lula, o filho do Brasil*. Rio de Janeiro: Objetiva, 2009.

PAULA, Christiane Jalles; LATTMAN-WELTMAN, Fernando (Coord.). *Dicionário histórico-biográfico brasileiro*. 3. ed. São Paulo; Rio de Janeiro: FGV-CPDOC, 2010. <fgv.br/cpdoc>. Acesso em 19 ago. 2019.

PINHEIRO, Daniela. A afilhada rebelde. *piauí*, ed. 97, out. 2014. <piaui.folha.uol.com.br/materia/a--afilhada-rebelde>. 2 set. 2019.

PLAYBOY. Playboy entrevista Lula. Jul. 1979.

QUADROS NETO, Jânio; GUALAZZI, Eduardo Lobo Botelho. *Jânio Quadros: memorial à história do Brasil*. Rideel, 1996.

REDETV! Jair Bolsonaro, deputado federal pelo Rio de Janeiro. *É Notícia*, 9 maio 2017. <redetv. uol.com.br/jornalismo/enoticia/videos/todos-os-videos/jair-bolsonaro-deputado-federal--pelo-rio-de-janeiro>. 2 set. 2019.

REIS, Daniel Aarão. *Ditadura e democracia no Brasil*: Do golpe de 1964 à Constituição de 1988. Rio de Janeiro: Zahar, 2014.

REPORTAGEM sobre Tancredo Neves. <youtube.com/watch?v=E4qq7dLZoC4>. 2 set. 2019.

REVISTA MANCHETE. Edição de 1 set. 1984.

RIBEIRO, José Augusto. *Tancredo Neves*: A noite do destino. Rio de Janeiro: Civilização Brasileira, 2015.

ROSE, R. S. *Uma das coisas esquecidas*: Getúlio Vargas e controle social no Brasil — 1930-1954. São Paulo: Companhia das Letras, 2001.

SAFATLE, Claudia; BORGES, João; OLIVEIRA, Ribamar. *Anatomia de um desastre*. São Paulo: Portfolio-Penguin, 2016.

SAINT-CLAIR, Clóvis. *Bolsonaro, o homem que peitou o Exército e desafia a democracia*. Rio de Janeiro: Máquina de Livros, 2019.

SALLUM JR., Brasílio. *O impeachment de Fernando Collor*: Sociologia de uma crise. São Paulo: Editora 34, 2015.

SÃO PAULO (Estado). Secretaria de Cultura e Economia Criativa. Nilo Peçanha. Museu Afro Brasil. <museuafrobrasil.org.br/pesquisa/hist%C3%B3ria-e-mem%C3%B3ria/historia-e--memoria/2014/07/17/nilo-pe%C3%A7anha>. 2 set. 2019.

SARNEY, José. Pronunciamento em rede nacional. 1989. <youtube.com/watch?v=JLe6SyFg9Wk>. 2 set. 2019.

SBT. *Semana do presidente*. 1992. <youtube.com/watch?v=N2hnO2vtRBo>. 2 set. 2019.

_____. Entrevista com Dilma Rousseff. *Conexão Repórter*, 21 ago. 2016. <youtube.com/watch?v=wl7SCn4JWp4>. 2 set. 2019.

SCHMIDT, Paulo. *Guia politicamente incorreto dos presidentes da República*. Rio de Janeiro: Leya, 2016.

SCHWARCZ, Lilia M.; STARLING, Heloisa M. *Brasil:* Uma biografia. São Paulo: Companhia das Letras, 2015.

SILVA, Luiz Inácio Lula da. *A verdade vencerá*. Rio de Janeiro: Boitempo Editorial, 2018.

SINGER, André. *Os sentidos do lulismo*: Reforma gradual e pacto conservador. São Paulo: Companhia das Letras, 2012.

_____. *O lulismo em crise*: Um quebra-cabeça do período Dilma (2011-2016). São Paulo: Companhia das Letras, 2018.

SODRÉ. Nelson Werneck. *História militar do Brasil*. Rio de Janeiro: Civilização Brasileira, 1965.

SPEKTOR, Matias. *18 dias*: Quando Lula e FHC se uniram para conquistar o apoio de Bush. Rio de Janeiro: Objetiva, 2014.

TEMER, Michel. *Anônima intimidade*. Topbooks, 2012.

TEMPO de resistência. Direção de André Rustin. Produção de Edgard de Castro. Versátil Digital, 2004 (115 min.).

TV BANDEIRANTES. *Debate na Band*. 1994. <youtube.com/watch?v=7hSts8TK7Ls>. 2 set. 2019.

_____. Entrevista com Jair Bolsonaro. *Câmara aberta*. <youtube.com/watch?v=qIDyw9QKIvw>. 2 set. 2019.

TV CULTURA. Reportagem sobre morte de Tancredo Neves de 22 abr. 1985. <youtube.com/watch?v=LP4kWuSnjFI>. 2 set. 2019.

TV GLOBO. Debate Collor x Lula 1989. *Memória Globo*. <memoriaglobo.globo.com/erros/debate--collor-x-lula.htm>. 2 set. 2019.

_____. Reportagem sobre revelações de João Figueiredo. *Fantástico*. 26 dez. 1999. <youtube.com/watch?v=f-h0e2flvMw&t=267s>. 2 set. 2019.

_____. Entrevista com Luiz Inácio Lula da Silva. Jul. 2005. <youtube.com/watch?v=rhDBXbWS8eI>. 2 set. 2019.

_____. Entrevista com Jair Bolsonaro. *Programa do Jô*, 2005. <youtube.com/watch?v=tOCuftuLhUc>. 2 set. 2019.

_____. Impeachment de Fernando Collor (1992): 2ª parte. *Memória Globo*. Arquivo on-line. <memoriaglobo.globo.com/es/mobile/videos/idvideo/2505745/title/webdoc-jornalismo--impeachment-de-fernando-collor-1992-2-parte.htm>. 2 set. 2019.

_____. Presidente eleito Tancredo Neves morre em São Paulo. *Jornal Nacional*, 22 abr. 1985. <youtube.com/watch?v=pRU360VGgvE>. 2 set. 2019.

_____. Entrevista com João Figueiredo. *Bom dia Brasil*. 1983. <youtube.com/watch?v=agv2gCvRRjs&t=3s>. 2 set. 2019.

TV MANCHETE. Entrevista com João Figueiredo. <youtube.com/watch?v=DDY7V5bHsBI>. 2 set. 2019.

VALENTE, Rubens. Opinião: Livro do general Villas Bôas expõe democracia frágil. *UOL*, 10 fev. 2021. <https://noticias.uol.com.br/colunas/rubens-valente/2021/02/10/general-villas--boas-depoimento-fgv-politica.htm>. 7 dez. 2021.

VEJA. Edições: 8 maio 1974; 3 set. 1986; 28 out. 1987; 27 maio 1992; 28 set. 2018.

VILLA, Marco Antonio. *Década perdida*: Dez anos de PT no poder. Rio de Janeiro: Record, 2013.

_____. *Collor presidente*. Rio de Janeiro: Record, 2016.

VISCARDI, Cláudia Maria Ribeiro. *O teatro das oligarquias:* Uma revisão da "política do café com leite". Belo Horizonte: Fino Traço, 2011.

WAINER, Samuel. *Samuel Wainer I (depoimento, 1996)*. Rio de Janeiro, CPDOC/ASSOCIAÇÃO BRASILEIRA DE IMPRENSA (ABI), 2010. <fgv.br/cpdoc/historal/arq/Entrevista1015.pdf>. 2 set. 2019.

Créditos das imagens

Deodoro da Fonseca: Marc Ferrez/Wikimedia Commons; **Floriano Peixoto:** Museu Paulista da USP/Wikimedia Commons; **Prudente de Morais:** José Rosael/Hélio Nobre/ Museu Paulista da USP/Wikimedia Commons; **Campos Sales:** FGV/CPDOC; **Rodrigues Alves:** Acervo da família/Wikimedia Commons; **Afonso Pena:** André Koehne/Wikimedia Commons; **Nilo Peçanha:** Acervo Arquivo Nacional/Wikimedia Commons; **Hermes da Fonseca:** A Ilustração Brasileira, ano 8, n. 110/Fundação Biblioteca Nacional; **Venceslau Brás:** FGV/CPDOC; **Delfim Moreira:** Arquivo Nacional/Wikimedia Commons; **Epitácio Pessoa:** Wikimedia Commons; **Artur Bernardes:** Annunciato Photo/Arquivo Público Mineiro/Wikimedia Commons; **Washington Luís:** FGV/CPDOC; **Getúlio Vargas (1):** Claro Jansson/Wikimedia Commons; **Eurico Gaspar Dutra:** Abbie Rowe/National Archives and Records Administration/Wikimedia Commons; **Getúlio Vargas (2):** Correio da Manhã/ Acervo Arquivo Nacional/Wikimedia Commons; **Café Filho:** FGV/CPDOC; **Juscelino Kubitschek:** Athayde de Barros/Arquivo Histórico Wanda Svevo/Fundação Bienal de São Paulo; **Jânio Quadros:** Acervo Arquivo Nacional/Wikimedia Commons; **João Goulart:** Correio da Manhã/Acervo Arquivo Nacional; **Castelo Branco:** FGV/CPDOC; **Costa e Silva:** FGV/CPDOC; **Emílio Garrastazu Médici:** Correio da Manhã/Acervo Arquivo Nacional; **Ernesto Geisel:** Correio da Manhã/Acervo Arquivo Nacional/Wikimedia Commons; **João Figueiredo:** FGV/CDPOC; **José Sarney:** FGV/CPDOC; **Fernando Collor:** Roberto Jayme/ Folhapress; **Itamar Franco:** Sérgio Lima/Folhapress; **Fernando Henrique Cardoso:** Agência Senado/Wikimedia Commons; **Luiz Inácio Lula da Silva:** Ana Carolina Fernandes/ Folhapress; **Dilma Rousseff:** Pedro Ladeira/Folhapress; **Michel Temer:** Beto Barata/PR; **Jair Bolsonaro:** Pedro Ladeira/Folhapress.

As fotografias creditadas ao Museu Paulista da USP, ao Acervo Arquivo Nacional, ao Arquivo Público Mineiro e à Fundação Biblioteca Nacional são de domínio público. Algumas imagem foram editadas para melhor adequação à página do livro. Todos os esforços foram feitos para contatar e creditar devidamente os detentores dos direitos das imagens. Eventuais omissões de crédito não são intencionais e serão devidamente solucionadas nas próximas edições, bastando que seus proprietários contatem a editora.